本书系司法部2019年度国家法治与法学理论研究项目重点课题
“美国经济制裁法律的域外适用与中国对策研究”研究成果
（项目编号：19SFB1009）

# 美国金融法规域外管辖

## 法理、制度与实践

# Extraterritorial Jurisdiction of American Financial Laws and Regulations

## Jurisprudence, System and Practice

郭华春 /著

北京大学出版社
PEKING UNIVERSITY PRESS

**图书在版编目(CIP)数据**

美国金融法规域外管辖:法理、制度与实践/郭华春著.—北京:北京大学出版社,2021.7

ISBN 978-7-301-32325-0

Ⅰ.①美… Ⅱ.①郭… Ⅲ.①金融法—管辖权—研究—美国 Ⅳ.①D971.222.8

中国版本图书馆 CIP 数据核字(2021)第 140724 号

**书　　名** 美国金融法规域外管辖:法理、制度与实践
MEIGUO JINRONG FAGUI YUWAI GUANXIA:
FALI、ZHIDU YU SHIJIAN

**著作责任者** 郭华春　著

**责 任 编 辑** 孙维玲　刘秀芹

**标 准 书 号** ISBN 978-7-301-32325-0

**出 版 发 行** 北京大学出版社

**地　　址** 北京市海淀区成府路 205 号　100871

**网　　址** http://www.pup.cn　新浪微博:@北京大学出版社

**电 子 信 箱** sdyy_2005@126.com

**电　　话** 邮购部 010-62752015　发行部 010-62750672　编辑部 021-62071998

**印 刷 者** 河北滦县鑫华书刊印刷厂

**经 销 者** 新华书店

730 毫米×1020 毫米　16 开本　17 印张　269 千字

2021 年 7 月第 1 版　2021 年 7 月第 1 次印刷

**定　　价** 68.00 元

---

# 前　言

域外管辖(extraterritorial jurisdiction)是国际法和国内法上共同的经典议题,也是一个模糊且存在争议的议题。美国在域外管辖领域有大量的法律实践,在金融领域尤为明显。美国是金融市场、金融体系最为发达的国家之一,美国金融法的域外适用增强了美国对他国及国际金融法律制度的影响,增加了企业的合规风险与成本,并对国际关系产生了重要影响,成为国际社会关注的重要现实议题。挖掘美国金融法域外管辖及其背后的支撑制度具有重要的理论和现实意义。

美国2010年颁布的《多德-弗兰克华尔街改革与消费者保护法》(以下简称《多德-弗兰克法案》),通过修法的形式,力图从整体上改革美国金融监管体制,正影响着他国的金融法规与市场交易。本书以美国金融法规为对象,重点围绕《多德-弗兰克法案》域外管辖,从法理、制度与实践层面论证金融法规域外管辖的正当性,挖掘其适用方式和所需要的条件支撑。

本书力图论证"真实联系"(genuine connection)因素所建立的控制能力和正当性是确立管辖的两个核心因素。国际法上确立的管辖权依据包括基于属地、属人、利益等"真实联系"因素,具有"权力""权利"属性,在某些情况下甚至具有"义务"属性。管辖权的行使不仅要考虑管辖依据,建立在一国能够实际控制被管辖对象的基础之上,还要考虑管辖权的行使结果,强调行使管辖权的正当性。

在此基础上,本书力图论证域外管辖系统性风险的跨境影响效果应成为金融法域外管辖正当性的"真实联系"依据。美国法律的域外管辖依托金融市场及其基础设施的支撑,具有经济和金融体系方面的优势。美元的国际货币地位和美元支付系统,为美国法律管辖全球金融与经济交易活动提供了管辖"真实联系"依据。域外管辖需要平衡金融市场参与方、东道国、母国之间的利益,为行为监管和审慎监管规范的实现提供保障，更需要维护国际金融市场的稳定。

本书重点从如下两个角度进行关于域外管辖制度的法理分析：(1) 美国的立法、司法和执法管辖制度；(2)《多德-弗兰克法案》关于证券、银行和互换交易等三个领域的相关规定及其域外适用的司法和执法实践。在制度层面，域外管辖并非单方面扩张本国的管辖权，而是立法、司法和执法密切配合的过程，存在自我限制和反规避等机制安排。从实践看，美国金融法的域外管辖的确存在裁量权过大、超越系统性风险防治之需求等现象，并对美国金融市场自身也造成了不利影响。

美国金融法规的域外管辖增强了美国配置全球金融资源的能力，值得我们从法理、制度和实践角度予以讨论和分析。本书的研究表明，域外管辖具有法理层面的正当依据，一国有权根据本国需求推动本国公法的域外管辖体系建设。美国金融法规的域外管辖在立法、执法、司法层面不同程度滥用了美元国际货币地位和美国金融体系的优势地位，削弱了美国金融法规域外管辖的正当性，这一点值得关注！

# 缩 略 语 表

（按缩略语字母排序）

| 缩略语 | 英文全称 | 中文全称 |
| --- | --- | --- |
| ADR | American Depositary Receipt | 美国存托凭证 |
| CCP | Central Counter Party | 中央对手方 |
| CFTC | Commodity Futures Trading Commission | 美国商品期货委员会 |
| CHIPS | Clearing House Interbank Payment System | 纽约清算所银行同业支付系统 |
| DPA | Deferred Prosecution Agreement | 暂缓起诉协议 |
| FCPA | Foreign Corrupt Practices Act | 《反海外腐败法》 |
| FinCEN | Financial Crimes Enforcement Network | 金融犯罪执法网络 |
| IOSCO | International Organization of Securities Commissions | 国际证监会组织 |
| MOU | Memorandum of Understanding | 谅解备忘录 |
| NPA | Non－Prosecution Agreement | 不起诉协议 |
| OFAC | Office of Foreign Assets Control | 海外资产控制办公室 |
| SDN 名单 | Specially Designated Nationals List | 特别指定国民名单 |
| SEC | Securities and Exchange Commission | 美国证券交易监督委员会 |
| SWIFT | Society for Worldwide Interbank Financial Telecommunication | 环球银行间金融电信协会 |

# 目　录

# 第一编

# 美国金融法规的法理与制度

美国域外管辖的做法长期以来散落于不同实体法领域，且含义灵活多变。界定域外管辖权需要弄清楚“域外”和“管辖权”这两个关键要素。“管辖权”及其管辖依据的含义具有多样性，“域外”含义的不确定性使得域外管辖问题变得更加复杂，降低了交易活动的可预见性，但也为一国域外管辖权的构造提供了便利。因此，有必要从法理角度梳理域外管辖权存在的基础。在此基础上，进一步从制度层面分析美国金融法规域外适用赖以运行的立法、司法和执法制度基础，从而验证本书关于域外管辖的法理依据主张。

# 第一章　美国金融法规域外管辖的法理依据

本章从法理角度论证管辖权的三种属性、三种类型及管辖的“真实联系”依据。在此基础上，阐述域外管辖的含义，探讨域外管辖所依据的法理，特别是其正当性的塑造和支撑此种正当性的核心条件。

## 第一节　管辖权的依据、类型及核心要素

从国际法上国家管辖权依据的演变可以看出，管辖权的多种管辖依据、管辖类型及其互动关系为域外管辖提供了空间和渠道。管辖国与被管辖对象之间存在真实的联系，成为习惯国际法划分国家间管辖权的最基本要求，也是管辖国对被管辖对象实施控制和管辖的核心要素。

### 一、管辖权的属性、类型

管辖权是主权权力的体现，体现在一国的对内最高权和对外关系的独立权两个方面，具有鲜明的权力属性。管辖权不仅涉及国家间主权权力的分配，还构成管辖国公权力对被管辖对象的干预和救济，需要考虑被管辖对象权利因素，在特定范围内甚至具有义务属性。管辖权的权力属性体现为一国制定、执行和适用法律，由立法机关、司法和行政机构具体行使，形成立法、司法和执法管辖权三种管辖形式。

#### （一）管辖权的三种属性

传统上和通常意义上，管辖权是一国主权权力在国内法上的行使及体现，具有鲜明的权力属性。随着人员、财产等国家据以实施管辖的要素跨境流动，管辖权成为主权国家间平等关系的重要议题，具有国际法上的权利属性，并形

成相关的国际法规则。

1. 管辖权的权力属性

随着现代主权国家的兴起，领土与管辖权的关系变得更加密切。国家是特定领土范围内公共利益与价值的维护者，需要通过管辖权这一法律制度来履行此种控制功能。一国的移民、海关和市场准入等体现国家主权权力的法律制度，维持了领土范围内地域共同体的存续。

主权国家的核心要素包括主权、固定的领土、定居的居民，领土、居民要素成为主权国家与被管辖对象之间真实的联系基础。管辖权应根据与法律争端具有最强联系的共同体来确定。这种共同体不一定建立在领土地域标准之上，可以基于文化、经济或技术联系。

对特定领土及该领土范围内居民的实际控制权成为国际社会承认主权国家的重要判断要素。在主要以主权国家构成的国际社会中，领土和居民成为一国行使主权权力——管辖权的核心联系依据。国际法发展过程中形成了国家主权、主权平等和不干涉他国内政等管辖权原则，并形成了基于领土、国籍的管辖标准，即管辖权的基础依据。[①]

但是，主权观念本身也处于发展演变之中。众所周知，1648 年威斯特伐利亚和会确认了主权国家及其对本国境内的统治权，确立了管辖权的主权权力属性。第二次世界大战（以下简称“二战”）以来，随着人权国际保护制度的完善，主权国家对被管辖对象的保护义务受到关注，管辖权的内涵属性也随之发展完善，并逐步形成了管辖权的权利属性和义务属性。

2. 管辖权的权利属性

传统国际法上，关于管辖权，主要关注国家间权力分配及其标准，对私人关注不够，甚至将私人作为国际法上的客体。管辖权的权利属性表现在以下两个方面：

首先，在国际层面，主权国家需要相互间分配管辖权力，这种平等主体间的权力分配在法律上具有权利属性，尽管这种“权利”在现实中很大程度上受国家间实力等权力因素的影响。管辖权的行使范围和行使方式成为国际法关注的

---

① 美国哈佛研究所 1935 年发布的《关于刑事犯罪管辖权的哈佛公约草案》将国家刑事管辖权原则划分为领土原则、国籍原则、保护原则、被动属人原则和普遍管辖原则等五项原则，将国际法上的管辖权规则向前推进了一大步。

问题。

其次，管辖权具有主权权力的裁量属性，但立法、司法和执法通常都会指向私人权益，影响被管辖对象的权利，权力和权利两个层面的属性相互作用。一方面，管辖权是宪法规定的主权国家制定和适用法律的权力；另一方面，管辖权可能对个人的权利产生影响，因而宪法需要规范国家的此种权力。实践中，私人通过改变国籍、居住地、行为地等方式来选择立法管辖权、司法管辖权和执法管辖权，发挥了国际法分配各国管辖权的功能。

随着法治化程度的提升，平等主体间的交易关系法律化，主权国家对领土、人员的控制更多通过立法、司法和执法来体现。管辖权力以主权权力为依据，在国内需要遵守宪法的规定和立法机关制定的国内法，体现了管辖国本国国民的全体意志，具有合法性和民主正当性。很明显，这种权力的域外适用需要取得境外被适用对象和外国国家的同意，体现为当事人的意思自治和外国国家对判决等跨境事项的承认与执行等。从民主角度看，域外管辖实际上是将管辖国的法律适用于没参加立法过程的被管辖对象，没有为被管辖对象提供可问责的机制，降低了所适用法律的正当性。从历史上看，由于缺乏同外国公司的直接接触机制，美国国会之类的立法机关并不太愿意增强立法域外管辖权的可问责性，在经济领域尤其如此。

3. 管辖权的义务属性

管辖权不仅具有权力和权利属性，一国还可能根据国际法承担立法、司法和执法领域的管辖义务。

首先，现代国际法的发展使得管辖在性质上不仅是国家的权力，同时也在一定范围内成为国家的职责和义务。根据《公民权利及政治权利国际公约》第 2 条第 1 款的规定，缔约国有义务保护本国管辖范围内的个人根据该公约所享有的权利，无论侵害行为来自何地。根据经济合作与发展组织（以下简称“经合组织”）等制定的《国际商务交易活动中反对贿赂外国公职人员公约》（以下简称《经合组织反腐败公约》）第 4 条，缔约国对部分或全部发生在该国境内的贿赂外国公职人员的行为承担管辖义务。

其次，管辖权不仅是一国的权力或对他国承担的义务，还有可能是一国对私人承担的管辖义务。国家之间相互承担义务，给予外国人国民待遇、公平公正待遇，不得对外国人拒绝司法。起初，此种管辖义务通过母国外交保护实现。

随着国际投资仲裁法律体制的发展，根据一些国际投资协定，东道国必须为投资者提供救济，不得拒绝司法，投资者获得对东道国管辖外资的行为提起国际仲裁的权利。

（二）管辖权的三种类型

在美国，根据管辖权的功能，将管辖权划分为立法、司法和执法三种类型，相应由国会、法院和行政机构负责行使。[①] 这三种管辖权具有不同的特征，为美国管辖域外事项提供了空间。

1. 立法管辖权

立法管辖权是一国制定实体性法律调整某些人或事项的权力。立法管辖权通常是指公法领域的立法管辖权，管辖标准较为宽泛，权力行使主体通常是立法机关，但不限于此。立法机关行使立法管辖权通常注重民主参与和协商程序，即法律的正当性问题。

首先，立法管辖权的讨论更多是基于公法事项而言。在涉外民商事交易领域，当事人可以通过意思自治的途径约定各自的权利义务或选择特定国家的法律来解决法律适用问题。在公法所调整的事项领域，当事人选择立法管辖权的空间相对较小，更多需要关注立法管辖问题。

其次，立法管辖的标准相对较为宽泛。现代国际法并未一概明确禁止国家对域外事项行使管辖权，而只是要求此种管辖权与被管辖对象之间存在实质和善意的联系。[②] 属地和国籍是构成此种“真实联系”的最为基础性的标准。

再次，立法管辖权的行使主体并不局限于立法机关，还可能由司法和执法机构行使。立法机关无法创制涵盖一切、完美无缺的法律规则，需要司法、执法机构根据立法机关的委托、授权，以司法解释、监管规则等形式发挥创制法律规范的功能，行使立法权。从现实看，国内公法很少会就法律的属地管辖范围作出明确的规定，因而公法适用的空间范围就成为司法和执法实践中的法律解释问题，成为司法和执法机关行使立法管辖权的重要事项内容。

---

① 值得注意的是，各国对管辖权的此类划分存在差异。例如，英国传统上将管辖权划分为立法管辖权和执法管辖权，认为没有必要将司法管辖权单独划分出来。See James Crawford, *Brownlie's Principles of Public International Law*, 8th ed., Oxford University Press, 2012, p. 456.

② See Ian Brownlie, *Principles of Public International Law*, 7th ed., Oxford University Press, 2008, p. 311.

最后，立法管辖权的规定赋予官方机构司法和执法管辖依据，也为原告提供了寻求救济的实体权利依据，即原告依此获得提起诉讼的诉权。司法管辖权是判断法院是否有权管辖原告的诉讼、裁判案件是非曲直的前提条件，对涉外法律关系的识别、法律适用和判决的承认与执行产生影响，影响到案件的最终解决。立法机关不仅负责立法，还经常通过执法检查、听证质询、发布专项执法调查报告等方式评估法案的执行情况，推动法律的实施与执行。

2. 司法管辖权

司法管辖权是一国司法机关管辖特定案件的权力，属于程序事项，但又涉及立法管辖权和执法管辖权两个方面的因素，实际上是建立在立法管辖权和执法管辖权基础上。以法院为代表的司法机关注重程序上的中立、程序与实体的公平与公正。

司法管辖或诉讼管辖制度决定了当事人应在哪个法院提起诉讼，并会影响案件实体法的确定。在涉外私法诉讼中，立法、司法和执法管辖权经常出现分离，一国法院行使司法管辖权，但可能根据冲突规范的指引适用其他国家的法律。在公法性质的案件中，被告出现在管辖法院境内，便利了法院对被告本人的控制和强制，是法院行使司法管辖权的前提，并增加了法院对被告行使执法管辖权的可能性。但是，这种控制不应该成为法院适用法院地国实体法调整被告域外行为的理由。法院在取得对被告的对人管辖权后，还需要基于被告与法院地的“真实联系”来确定案件是否属于本国立法管辖的范畴。换言之，司法管辖确定案件所应适用的程序法、实体法（立法管辖权的选择）及其执行，最终会影响当事人的诉讼成本负担和合法权益。

司法管辖既要维护投资者利益，也要防止被告滥用诉权和法院滥用司法管辖权。

3. 执法管辖权

执法管辖是指一国使用强制性力量惩罚违法行为，保障法律得到遵守，以及履行政府职能。执法管辖权具有自身的特殊性，与其他管辖权也具有一定的关联性。

首先，执法管辖是使用强制性力量保障法律得到遵守。一国法院向诉讼当事人送达传票、裁定冻结扣押资产的行为属于行使司法管辖权，但对违反上述行为的执行、处罚则属于行使执法管辖权。这也使得执法管辖权的行使主要限于本国领土范围内，受到的限制更多。

其次，以监管机构为代表的执法管辖强调灵活性，以应对变动的现实个案情况。法院在其管辖范围内通过冻结、扣押财产等强制执法施加压力，会推动本国管辖权在其他国家境内得到认可。一国监管部门可以通过本国金融市场及其基础设施的全球影响力来推动本国法律规范的域外影响力。一国可以同意他国在本国领土上行使执法管辖权，此种同意可以通过临时个案方式，也可以采取签署国际协定的形式。

再次，执法管辖权的行使主体、内容、方式具有特殊性。执法管辖权行使主体不仅包括行政机构，也可能涉及法院。执法内容既包括执行本国法律，也包括执行外国法律。一国可以通过适用外国法等方式承认外国立法管辖权，也可以承认或拒绝执行外国判决，进而影响他国的司法管辖权。一国执法机构主要包括承担调查、起诉和扣押等职能的机构，这些机构需要借助政府强制力量，容易受到其所在国的政治影响。

最后，行政执法机构更容易与境外同行签署合作协议，便于跨境行使管辖权。执法机构通过与司法部及政府其他部门之间的合作沟通建立起跨境执法机制。这种执法合作机制有助于避免与外国政府发生冲突，并推动外国政府接受管辖国的法律规范。

## 二、管辖依据的“真实联系”

主权国家对被管辖对象行使管辖权，需要双方存在某种“真实联系”。法律关系的主体、客体和权利义务关系位于不同国家，与不同国家形成程度各异的“真实联系”。这种“真实联系”使得管辖国产生了行使管辖权的利益诉求，并赋予管辖国对被管辖对象的现实控制能力，使得管辖成为可能。“真实联系”的主要依据经历了“身份”“地域”等多种标准的演变与发展，形成属地管辖、属人管辖、保护性管辖和普遍管辖的管辖依据。这些管辖依据都建立在国家的领土、居民和政府等构成要素的“真实联系”基础上。

### （一）基于属地联系的管辖依据

领土边界划定了一国主权权力行使的空间范围，也赋予主权国家在该空间内行使管辖权的正当性。一国对其领土属地范围内的人、行为和事项行使管辖权，成为划分国际法上各国管辖权的最主要标准，并在此基础上逐步派生出基于影响效果的管辖。属地管辖不仅是一国维护本国主权权力的“盾”，还成为对域外事项实施管辖的“矛”，是目前各国最主要的管辖依据。

1. 基于领土的属地管辖

在主权平等的国际社会，领土、主权和管辖权三者之间存在着内在的关联关系。行使管辖权的重要条件是被管辖行为的绝大部分发生在管辖国领土上。但是，这种属地管辖的正当性构造经历了发展演变的过程。

首先，领土是主权国家的构成要素之一，是国家在该空间范围内享有最高权力的物理基础。领土是一国国民的主要居住地，为居民的生存与发展提供了土地、动植物等经济利益资源。

领土空间范围内的历史与文化资源的沉淀塑造了国民身份认同，推动了基于领土划分标准的国家共同体形成。[①] 在《威斯特伐利亚和约》签署之前，属地格局就已经经过了几个世纪的演化和积累。中世纪欧洲的封建结构、经济关系的货币化、罗马法上私人财产权利制度的形成等都对领土属地管辖制度的形成起到了铺垫作用。在《威斯特伐利亚和约》签署之后，民主逐渐发展成为一国内部政治生活的组织原则，赋予特定领土空间范围内的居民以民主权利，人民主权塑造了一国的身份认同，进一步强化了领土属地管辖制度的合法性与正当性。

其次，在以英美为代表的普通法系国家，实行属地管辖的主要理由有一个发展演变的过程。起初，属地管辖的重要考虑是司法实行陪审制度和便于取证，服务于正当程序，维护当事人的权益。[②] 在陪审团模式下，为了便于就事实作出判断，陪审团成员来自行为发生地。因此，管辖权规则需要考虑审判地，侵权行为通常由侵权行为地管辖，合同通常由缔约地管辖，土地或其他财产通常由财产所在地管辖。随着证人证言制度的兴起，这一理由的说服力逐渐减弱。嗣后，不干涉他国内政是坚持属地管辖的另一个理由。[③] 在美国，实行属地管辖的最初考虑是保障美国摆脱英国的殖民统治、争取独立和避免英法干预美国的

---

① 这种功能探讨参考了 Abhimanyu George Jain, The 21st Century Atlantis: The International Law of Statehood and Climate Change-Induced Loss of Territory, *Stanford Journal of International Law*, Vol. 50, No. 1, 2014, p. 23。

② See Cedric Ryngaert, *Jurisdiction in International Law*, 2nd ed., Oxford University Press, 2015, p. 50.

③ Ibid., pp. 63-64.

内政。这一阶段，美国主要从国际法的角度论证属地管辖的正当性。二战结束后，随着美国国力的增强和对外经贸全球化程度的提升，美国并没有采取类似帝国扩张领土的方式，而是通过将本国法适用于他国境内事项来实现本国的扩张。[①] 在理论依据上，美国不再将管辖问题交由国际法判断，而是更多地依托国内法来调整属地管辖原则。

最后，领土限定了各国主权权力的空间范围，是组织国际关系的基本原则。1648 年《威斯特伐利亚和约》的签署确立了欧洲各国的政治边界和主权国家体制，全球基于领土划分被区分为不同的国家。基于领土的管辖秩序划定了国家行使主权的空间范围和各国的管辖边界，为一国免受来自境外他国的侵害提供了安全保障，标志着现代主权国家的产生和以领土为基础的世界秩序格局形成。随着帝国体制的瓦解、《联合国宪章》确立主权平等和不干涉他国内政等国际法基本原则以及 20 世纪中期非殖民化运动的开展，管辖权的属地标准得到强化并成为国际法上最基本、最主要的管辖标准。

一国领土的地理界限基本分明，在各国境内的人员只在本国境内活动的前提下，管辖范围与领土地域范围存在一致性。

2. 属地管辖的延伸：基于影响效果的属地管辖

随着一国领土范围内的人员及其资金、财产或行为的跨境移动，并与其他国家产生关联，其他国家也产生了管辖的“真实联系”依据。严格基于领土空间范围来划分管辖权增加了属地管辖法律冲突的可能性，属地管辖标准需要进行发展，基于影响效果的属地管辖即是典型。

一国基于属地依据行使管辖权所针对的事项内容可以是该行为发生在本国境内，或者在境外发生但对该国产生了影响后果的行为，后者即效果管辖。值得注意的是，与客观属地管辖标准不同，效果原则并不要求被管辖行为的某个要素发生在管辖国内，只要行为是有意要在管辖国境内产生实质影响即可。效果原则通常适用于反垄断、证券监管等经济公法领域，一些国家还允许私人基于这一管辖标准提起执法和赔偿诉讼。一些国家甚至还管辖域外谋划在管

---

① See Kal Raustiala, Empire and Extraterritoriality in 20th Century America, *Southwestern Law Review*, Vol. 40, 2011, p. 605.

辖国内造成影响的行为，尽管这种影响效果最终并没有在管辖国境内发生。[①]

效果管辖改变了传统的基于领土所划定的各国管辖范围，赋予一国管辖本国领土空间以外事项的权力。但是，基于影响效果的属地管辖更容易引发管辖权的冲突。首先，一国对发生在本国境外的部分事项行使管辖权，一个管辖行为涉及多个国家，影响行为发生地国的属地管辖权和利益，成为国家间管辖权冲突的重要法律诱因。其次，影响效果可能是物理、经济甚至心理上的，对“效果”的评估具有很强的主观性。一国在何种程度上可以对跨境人员、财产和行为行使管辖权？此种管辖在何种程度上属于属地管辖？这些现象和疑问使得属地管辖权的划分标准更为模糊。

如何协调效果管辖所引发的管辖权冲突成为国际法和国内法共同面临的问题。在国际法无法就此直接作出明文规定的情况下，取决于各国从国内法角度对管辖权的行使进行自我限制。这为各国管辖本国境外的事项提供了广泛的空间并引发了诸多争议。

### （二）属人管辖

属人管辖在基于领土地域划分的主权国家产生之前就已经存在。在古代，世界是由以宗教、种族、民族等为纽带组成的各个共同体所共同构成的。例如，古代罗马人适用万民法、外国人适用万国法，是以属人标准划分法律管辖权的典型实践。换言之，此时的管辖权在很大程度上以人员或身份共同体为纽带，地域并非最关键的因素。现今的属人管辖的标准通常包括国籍和居住地等。

#### 1. 基于国籍的属人管辖

国籍是私人存在于一国领土空间范围内的重要法律地位资格。国籍在国际法层面将私人“分配”给特定国家，是私人与国家之间联系的法律纽带。国际法通过人权保护等制度来介入一国对私人权利的保护“质量”。

国籍的确定通常需要考虑一国与私人之间的真实联系。国籍赋予一国管辖其本国自然人、法人之权力，无论其行为发生在何地。在现代政治体制下，一国拥有基于国籍的属人管辖权，但以私人享有民主权利、参与本国立法决策为条件，进而确立管辖的正当性。

---

① See The American Law Institute, Restatement (Fourth) of the Foreign Relations Law of the United States, Pt. Ⅳ, Ch. 1, § 409 cmt. b, c.

属人管辖依据没有止步于管辖国的领土边境,而是依托于国籍国对其国民的控制,随着国民的财产、行为等因素的跨境流动延伸至境外。属人性质的管辖在刑法、税收等领域较为常见。

国籍管辖存在积极国籍和消极国籍两种标准,都涉及对域外行为的管辖。积极国籍管辖标准是指一国对本国国民在境外的不法行为实施管辖,建立在管辖保护对象的身份基础之上。消极国籍管辖标准是指一国对境外损害本国国民的行为实施管辖,建立在被管辖对象的身份基础之上。这两种标准为一国管辖域外事项提供了法理依据。

2. 基于居住地的属人管辖

基于居住地的属人管辖标准在确立主权国家管辖权力的同时,也赋予受管辖的人之主观意思在管辖权确立过程中的重要性。在以住所或居住地为属人管辖标准的情况下,受管辖自然人居住的事实和久居的意思具有重要的作用。

公司是跨境经济领域最重要的交易主体,可以通过选择在不同国家注册成立公司或从事经营活动等方式来选择和规划国籍。借助公司"面纱"和壳公司来掩饰公司实际控制人的真实身份,是跨境经济交易和违法犯罪活动常用的手段。对此,"穿透"公司的属人标准,成为一国管辖域外事项的重要动向。

### (三)基于利益的保护性管辖

保护性管辖主要针对的是外国人在管辖国境外严重危害受害国的政治、军事、经济安全等核心利益的严重犯罪行为。由于被管辖对象及其行为均位于管辖国境外,保护性管辖的实施在很大程度上依托于国际刑事司法协助制度。

保护性管辖具有属地管辖权和属人管辖权的一些要素。与效果管辖相类似,保护性管辖也是基于境外行为对境内的影响效果,但这种影响指向的是管辖国的利益且行为构成了犯罪。

### (四)基于价值的普遍管辖

普遍管辖是基于国际社会共同利益的管辖,而非基于犯罪行为与管辖国的联系。普遍管辖所指向的罪行主要集中在种族灭绝、反人类、战争等针对人类整体的犯罪行为,国际社会就打击此类犯罪的实体法达成共识并形成普遍的国际法,体现了国际社会共同的价值观。但是,此类法律的实施主要依靠各国行使司法管辖权和执法管辖权。普遍管辖权可能导致各国寄希望于其他国家行使管辖权,最终导致没有国家行使管辖权。

（五）基于共同体的管辖

建立在属地管辖基础上的各种管辖依据都可以从共同体的角度进行分析，包括属地管辖的区域共同体、属人管辖的身份共同体和普遍管辖的价值共同体。

随着人员流动和跨境交流联系的增强，时空观念和领土地域作为组织原则的重要性降低。很多人不再具有单一的文化或地域身份，而是可以归属于多个共同体。① 这种共同体建立在文化、经济或技术“真实联系”的基础之上。随着市场超出领土边界，境外的行为会影响一国境内的利益，属地管辖标准在提供公平、可行的解决方案方面存在局限性，对一国管辖域外事项提出了要求。

以共同体为基础的管辖权理念更具技术性，并降低了对政府和国家的依赖。在基于共同体的管辖模式下，国家立法、司法管辖权仍然存在，但管辖权的连接因素分析中包含非领土关联因素，功能“边界”逐渐侵蚀领土“边界”划分管辖权的功能。例如，特定行业的非政府组织的职责使命和解决问题的范围并不是基于领土边界来划分，更多是基于行业共同体，降低了领土地域在管辖权划分中的作用。跨境争端解决中要加入共同体模式的管辖权分析，将与争端具有最强联系的共同体纳入管辖标准。

综上，管辖权的“真实联系”依据不仅存在于人员的跨境流动之中，商品、资金、技术的跨境流动同样成为连通各国关系的重要因素，使得市场在管辖权中具有重要地位。对于同一事件或行为，各国基于自身的利益诉求并依据“真实联系”主张管辖权，发生管辖权冲突的可能性加大，直接影响当事人权益。属地标准是法律最主要的管辖标准，但基于效果的属地管辖、属人管辖、保护性管辖和普遍管辖表明法律的属地性特征并没有完全排除法律域外适用的可能性。管辖事项的裁量性增加了国家间行使管辖权的模糊空间，为一国行使域外管辖权提供了灵活性，也增加了管辖权协调的需求。

## 第二节　域外管辖的法律空间

三类管辖权、多元管辖依据为一国行使域外管辖权提供了“真实联系”空

① See Paul Schiff Berman, From International Law to Law and Globalization, *Columbia Journal of Transnational Law*, Vol. 43, No. 3, 2005, p. 515.

间。管辖权的“真实联系”因素确立了管辖国对被管辖对象的实际控制权力,为一国行使域外管辖权提供了空间。一国法律的域外性涉及国际法/国内法、实体法/程序法、立法/司法/执法等多层关系,被认为是跨国法的结构性规则。①

## 一、域外管辖存在的法律空间

域外管辖权含义的灵活性、管辖依据的多元化和裁量性,为一国管辖域外事项提供了法律上的可能性。域外管辖权与司法管辖权、执法管辖权密切相关并容易产生混淆。

### (一)域外管辖权含义的灵活性

“域外”是一个含义丰富但又非常容易引起争议的概念。管辖的“真实联系”依据处于发展变动之中,这种变动的背后是为了回应社会对空间、距离和共同体的理解变化。② 随着跨境交流带来的“真实联系”依据增多,“域外”与“域内”变得不易区分,增加了域外管辖权含义的灵活性。

1.“域外”含义的法律属性

从理论与实践看,“域”并不完全与一国的领土范围一致,“域外”也不完全是指处于一国的领土范围之外,发生在一国领土范围之外的事项也可能被定性为“域内”事项。

首先,“域”突破了领土范围的物理空间限制,“域外”并不完全是指一国领土范围之外,在很大程度上是法律上拟制的一个概念。如果要求特定案件的所有连接点都必须位于法院地国境内才属于属地管辖案件,那么只要案件的任一连接点位于法院地国境外,该案件就具有域外性,适用法院地国法律调整此等案件即属于域外管辖。③ 如果只要求案件的某一(些)连接点位于法院地国境内,法院即可行使属地管辖权,那么只有案件的全部连接点都位于法院地国境外,该案件才具有域外性,适用法院地国法律调整此等案件才属于域外管辖的

---

① See William S. Dodge, The Structural Rules of Transnational Law, *ASIL Proceedings*, Vol. 97, 2003, p. 318.

② See Paul Schiff Berman, *Global Legal Pluralism: A Jurisprudence of Law Beyond Borders*, Cambridge University Press, 2012, p. 202.

③ See Lea Brilmayer and Charles Norchi, Federal Extraterritoriality and Fifth Amendment Due Process, *Harvard Law Review*, Vol. 105, 1992, p. 1218.

情形。[1] 但是，这两种情况都属于域外管辖权含义界定的极端，难以解释现实。

在冲突规范的理论与实践中，“行为地”包括“行为发生地”和“行为结果地”。在此种情况下，当两个“行为地”位于不同国家时，这两个国家都有可能被认定成行为地国，都可以基于属地原则行使管辖权，都不构成域外管辖。国际法属地管辖权的“主观属地管辖”“客观属地管辖”也属于此种情况。

其次，“域外”在很大程度上是指法律关系存在涉外性。从法律关系的角度看，“域外”会涉及主体、客体或标的位于领土范围之外的现象。随着金融市场日益国际化和互联互通，人员、资产和信息突破一国领土范围限制，进行跨境流动。发行人、投资者跨境发行和交易证券在很大程度上通过电子网络进行，当事人本身并不跨境，使得域外管辖权的行使变动更加复杂。一国对市场的管辖权也可能随之突破地域限制，对外扩张。但是，对行为和财产的管辖仍然需要将其属地化。例如，行为发生地、行为结果地都涉及“地点”这一地域因素。对债务、资产的管辖也需要先将其地域化，再由相关地域所属国行使管辖权。

最后，明确争议事项的属地性，考察法律所调整事项是否位于法院地国境内。如果该事项位于法院地国境内，则法律适用不具有域外性，否则就具有域外性。例如，本书后面章节会讨论的美国联邦最高法院 Morrison v. National Australia Bank 案（以下简称“Morrison 案”），首次确立了判断法律管辖地域范围的“法规聚焦”标准：如果法律所聚焦的事项发生在美国境内，那么就不涉及域外性问题。如果法律所关注的事项发生在美国境外，那么就存在域外性问题。不同法律条款聚焦的事项可能不同，对法律域外管辖的定性会产生很大的影响。美国经常将境外利用美国支付结算等金融系统的行为解释为美国境内的行为，进而对境外行为进行调查和处罚。欲明确美国执法所针对的行为是否与美国存在足够关联，进而成为美国境内的行为，需要考察所适用法律条款关注的事项。

一国的域外管辖权要受到他国领土主权的限制，但国际法与国内法对管辖权事项的规定具有裁量的空间，要证明一国对与本国存在联系的域外事项缺乏管辖权，并不容易。

---

① The American Law Institute, Restatement (Fourth) of the Foreign Relations Law of the United States, Pt. Ⅳ, Ch. 1, § 402, Reporters' Notes 1.

2. 域外管辖与管辖的域外效果

由于各国的相互关联性，一国针对本国国民或境内行为的管辖可能对他国产生影响。这与域外管辖存在不同，但达到了类似域外管辖的效果。例如，美国法律禁止本国国民与特定国家或他国国民从事出口交易活动，被管辖对象是本国国民，管辖的内容是本国企业的进出口行为，但却会对其他国家的进出口产生影响，即国内管辖产生了域外效果。相反，如果美国法律禁止他国企业进口或出口某种货物，被管辖对象是他国国民，管辖的内容是他国企业的进出口行为，属于域外管辖。

境外行为对境内的影响效果在何种程度上可以构成管辖依据，是域外管辖领域较容易引发争议的问题。影响效果可能是物理意义或经济意义上的，也可能是心理意义上的。如果被告在域外的行为对管辖国境内造成损害，管辖国是否可以管辖此种损害行为？管辖国在何种程度上可以基于境外行为的境内损害后果实施管辖？是否行使管辖权，不仅涉及一国的主权权力，还会影响到原告能否获得救济，被告的合法权益能否得到保障。

（二）域外管辖的空间

前文关于管辖权依据的讨论表明，随着跨境联系的增多，各国在立法上享有广泛的裁量权来调整域外行为，这些行为与该国存在属地或属人等联系因素。一国通过本国法的域外适用来管辖域外行为存在自由裁量空间，并不必然违反国际法。

1. 域外管辖存在国际法上的“空间”

首先，国际法并没有禁止一国的域外管辖权。常设国际法院在“荷花号”案的判决中指出，国际法并没有一般性地禁止各国将其本国法及其法院管辖权适用于领土之外的人、财产和行为。这一判决奠定了国际法上管辖权制度的基本论调：除非存在禁止性规定，否则各国可以在本国领土范围内对域外发生的行为行使管辖权。但是，除非另有明文规定，否则一国不得以任何形式在另一国领土内行使权力，这是国际法对各国的首要限制。[①] 可以看出，“荷花号”案的判决确立了有利于国家行使域外管辖权的论断。

---

① See the Case of the S. S. “LOTUS”, Collection of Judgements, 1927 P. C. I. J. (ser. A) No. 10, (Sept. 7), p. 18, https://www. icj-cij. org/public/files/permanent-court-of-international-justice/serie_A/A_10/30_Lotus_Arret. pdf, last visited on 2020-8-10.

其次，国际法上的管辖依据对域外管辖具有包容性。国际法上的各类管辖依据并无明确的等级效力，为域外管辖权的设置及其行使提供了空间。如前所述，属地管辖划分了主权国家的权力边界，是管辖权的最基本依据。在此基础上，一国可以基于国籍对境外的本国国民行使管辖权，也可以基于被害人国籍原则对境外侵害本国国民的行为行使管辖权。一国还可以对他国境内发生的侵害本国领土完整、安全和政治独立等国家利益的行为行使保护性管辖权。一国立法甚至还可以基于国际社会共同价值取向，就域外发生的侵害国际社会整体利益的犯罪行为行使管辖权。这些管辖依据使得一国行使域外管辖权存在可能。从这些管辖依据可以看出，国内法对域外某些事项的调整具有国际法上的依据，至少不违反国际法。

随着人员、资金、信息突破领土边界，进行跨境流动，一些国家可以对本国领土之外的人、财产和行为行使控制权，实现维护本国国民的利益或公共利益等正当目标，进而形成了效果管辖等新的管辖原则，但这仍然是建立在一国对领土和国民（包括自然人和法人）的控制权基础之上。

立法、司法和执法领域的域外管辖范围受法律所调整事项的性质影响。在公法事项上，立法、司法和执法管辖的范围通常是一致的，而在私法事项上则并不一定一致。

2. 域外管辖的历史实践

历史上，域外管辖曾充当建构帝国的手段。在立法、司法和执法过程中，相关机关或机构通过将本国法适用于域外，以典型案例、法律解释、司法审查和司法文件等司法和执法活动传播本国的法律。在 19 世纪，西方发达国家在对外推行殖民主义过程中，就曾“出口”本国的立法、司法和执法管辖权，在中国、日本、泰国等东亚国家境内均存在此种实践。20 世纪以来，域外管辖是推动美国法律“出口”的常用手段，①成为构建国际关系的第三种策略，比传统帝国形式更容易让人接受。某些不符合礼让原则的美国法域外适用则在实践中被称为“法律帝国主义”。

一国可以通过刑法等强制性立法管辖域外的人或事项，也可以通过“劝说”

① 法律是美国出口的“三大件”之一，另“两大件”是摇滚音乐、牛仔裤。See V. Rock Grundman, The New Imperialism: The Extraterritorial Application of United States Law, *The International Lawyer*, Vol. 14, No. 2, 1980, p. 257.

性质的标准规范域外公司或个人的行为,特别是在行使此种立法管辖权的国家是这些域外公司或个人的居住地、营业活动所在地或财产所在地的情况下。在商业与金融领域,国籍管辖和效果管辖成为一些国家行使域外管辖权的主要依据。

## 二、域外管辖的行使机制:管辖权的互动

域外管辖需要一国多个部门的配合才能实现管辖目标。立法管辖权是国际法对管辖权的直接分配、初次分配,司法管辖权和执法管辖权则是在一国之内对此种管辖权的再次分配,是实现立法管辖权的途径。一国立法、司法和执法主体各司其职,在管辖的地域范围、事项内容等方面并非完全一致。这便利了一些国家利用三类管辖权之间的互动关系,对域外事项行使管辖权。域外管辖问题依托于国际法、国内关于管辖权限的规定,并涉及立法、司法和执法机关对法律的解释和适用。

### (一)三类管辖权的互动

首先,法律的域外管辖权可以通过立法、司法和执法管辖实现,受制于立法机关的域外管辖权限和意愿。立法机关的域外管辖权限需要根据一国承担的国际法义务和国内宪法规定。立法机关的域外管辖意愿需要从立法本身的条文进行解读,涉及法律解释。换言之,即使一国有权就域外事项进行立法,还需要考察一国立法机关在特定法律中是否具有调整域外事项的意愿。

其次,立法管辖、司法管辖和执法管辖三种管辖类型,以及属地管辖、国籍管辖、效果原则等管辖依据的存在,使得管辖含义具有灵活性,为一国行使域外管辖权提供了各种依据与便利。一国基于国籍管辖或效果管辖原则行使管辖权时,其所管辖的行为或事项通常发生在境外,产生域外管辖问题。立法、司法和执法管辖权及其互动关系为域外管辖进一步提供了可能。域外管辖的实现依托于三类管辖权的互动。鉴于管辖依据、三类管辖权及其在管辖内容和管辖权行使方式上的互动性,属地管辖与域外管辖的区分并非泾渭分明。

### (二)管辖要素的相互匹配

管辖权的行使主体、管辖权的内容、管辖指向的事项内容和管辖权的行使方式等要素之间的组合,可以扩大一国对域外事项的管辖能力。

1. 管辖权行使主体的管辖权力匹配

徒法不足以自行，一国行使立法管辖权所创制的法律规范需要通过司法、执法活动才能实现立法目标。例如，一国通过立法调整域外犯罪行为，但是如果没有通过司法、执法活动实施该法律规定，则并不会实际产生域外效果。如果法院地国对诉讼事项同时享有立法管辖权，则司法管辖权就更容易被接受。司法判例和行政执法解释是解释法律的重要途径，也成为法院、行政机构与立法机关共同创制法律规范的重要途径。

首先，立法管辖权与司法管辖权、执法管辖权相互交织。法院在对个案行使司法管辖权的过程中，也可能通过解释法律的形式行使立法管辖权。普通法法院经常通过成文法的解释来决定立法的跨境影响后果。在涉外诉讼中，法院考察立法机关是否具有域外适用法律的意图。如果立法机关在国内法中明确规定了法律可以域外适用，则存在域外管辖。但是，在立法机关没有明确规定法律可以域外适用的情况下，则在法律适用过程中推定立法机关反对域外适用。

其次，金融监管机构具有解释和适用金融监管法规的职能。立法机关通过立法创设了金融监管机构，并赋予其解释和适用法律的职责。金融监管机构获得了金融领域的立法和执法管辖权。

2. 管辖权与域外事项内容的匹配

管辖权是一国主权权力的体现，但指向的对象会涉及私人权益。管辖权的公私内涵对探讨域外管辖权具有重要意义。

首先，管辖权是国家主权权力的体现，决定了管辖权的属地性。在各国联系日益密切的情况下，一国行使管辖权会产生“溢出”本国领土范围的效应，引起他国公法层面的关注，对于大国而言尤其如此。例如，进口大国基于属地管辖依据，禁止违反环境保护、劳工保护的外国产品进入本国市场，会对出口大国产品的销售、生产甚至就业等产生影响。一国过度行使域外管辖权不仅会干涉他国主权权力，还会侵害私人权利。但是，礼让、不干预等克制管辖权行使的行为，关注的主要是国家主权权力而非私人权利。

其次，对管辖权的私法维度同样应予以关注。法律的管辖对象主要是私人及其行为活动，国际法关于管辖权的规定涉及私人权益。传统国际法关注一国对待外国人的待遇标准，并确立了最低标准性质的若干待遇标准。随着跨境交流的发展，私法与公法的交织增多，国家对域外事项的管辖兴趣增加，私人权益成为国际法重要的关注对象。

一国不仅要尊重私人权益，还要通过立法、司法和执法积极维护私人权益。向私人提供救济不仅涉及私人权益保护、裁判管辖权，而且涉及一国的人权保护义务。在司法管辖权方面，国家对私人行使管辖权需要遵守正当程序原则，并且不得拒绝司法。2019 年 7 月，海牙国际私法会议第 22 届外交大会通过了《承认与执行外国民商事判决公约》，全面确立了民商事判决国际流通统一规则，从国际法角度规范国家裁判管辖权，维护私人权益。据此，在国内法和国际法上，私人不仅是被管辖对象，而且能够享有和行使管辖权利。

最后，在私法事项上，立法管辖权与裁判管辖权出现了分离。私法主要通过当事人意思自治、最密切联系原则、行为地等连接点来构造域外适用的正当依据，并通过司法途径来执行和实现。但是，私人原告提起诉讼以维护自身权益为目标，通常不会考虑到诉讼所可能产生的对外关系等因素。

3. 管辖权的行使方式对属地范围的突破

在管辖权的行使方式上，一国可以采取司法和官方执法的方式来执行本国的立法，也可以通过私人诉讼或合规等途径实现官方执法所要达到的目的。管辖权行使方式的差异会影响法律适用的地域范围和域外的影响效果。

首先，执法管辖可以约束立法管辖权的实际行使范围。一国可以在全球范围内行使立法管辖权，但通常只能在本国境内行使司法管辖权和执法管辖权。在取得他国同意的情况下，一国可以在域外执行本国的立法，当然其前提是本国对被管辖对象享有立法管辖权。在裁判结果需要得到他国的承认与执行的情况下，执法管辖权实际上对立法管辖权和裁判管辖权的过度扩张构成了约束与限制。

其次，一国可以在不享有立法管辖权或执法管辖权的情况下，根据本国冲突规范或国际条约的规定，在涉外民商事司法裁判过程中适用外国法。一国也可以在不享有立法和司法管辖权的情况下，通过承认和执行外国判决来行使执法管辖权，无论此种裁决事项内容属于私法或公法性质。同样，一国通过法院行使执行本国法律的管辖权，也必须以本国享有司法管辖权为前提。

再次，合规可以提升一国公法的域外管辖范围和管辖效果。执法体系的影响力在很大程度上依靠公司治理、信息披露和承诺等方式实现。公司等私法主体可以通过跨境持有境外公司的股权、股东会决议等方式管理域外持股公司的交易活动。美国监管机构基于属地、属人管辖依据要求境内外的公司遵守美国的监管规范，进而通过美国的母公司促使境外的子公司遵守美国的合规要求。

最后，立法管辖权域外行使的分析标准不能照搬司法管辖和执法管辖领域的分析标准。

## 第三节 域外管辖的正当性问题

域外管辖的正当性问题源于管辖权的属性要求。在国家间管辖权分配具有较大裁量空间的背景下，一国在多大范围内可以行使管辖权，不仅涉及一国对被管辖对象的控制能力问题，更需要结合该国的对外关系和私人权利来评估权力的比例关系，即管辖权的正当性问题。

探讨管辖的正当性不仅对维护被管辖对象的合法权益、协调管辖国同受管辖影响的其他国家之间的关系具有重要意义，而且对推动国际社会共同的价值与利益的建构具有重要意义，应成为域外管辖的理论基础支撑。

### 一、“真实联系”的控制功能与正当性的不足

“真实联系”在管辖国与被管辖对象之间建立了管辖利益关系，赋予管辖国对此种利益关系的控制权，并通过一定的法律程序成为确立管辖权的法律依据，使得管辖权的行使成为可能。基于联系而产生的控制权和利益冲突，需要各国平衡利益诉求，表现为正当性的构造。

#### （一）“真实联系”的控制功能

“真实联系”为管辖国控制被管辖对象、行使管辖权提供了着力点。主权具有属地性，在很大程度上基于国家对其领土、居民、财产和行为的控制权力。保护性管辖、普遍管辖权力的实际行使同样有赖于管辖国在本国领土范围内对被管辖对象的实际控制能力。

1. 国际社会的现实结构

在主权国家林立的国际社会，各国的管辖权力建立在本国对被管辖对象的人身、财产的实际控制能力的基础之上。国际社会形成了基于领土空间范围的国家控制体系，划分了各国的管辖权范围。

2. 管辖权的权力属性

管辖权是具有强制力的主权权力的体现。领土是主权国家行使主权权力的空间范围，划分了各国对土地等资源和人员的控制范围，为主权国家强制控制居民、财产提供了物理空间的支持。

属地管辖是基础，支撑其他管辖依据的行使。司法领域对人管辖、对物管辖权力的行使都需要属地管辖的支撑，以被管辖对象与管辖国的"真实联系"或出现在管辖国境内为条件。普通法上一般管辖的最重要基础是送达能在本国境内完成，而这意味着能在本国境内控制被告，也就意味着能让其在本国出庭。属人管辖权为法院地国管辖位于境外的本国自然人或法人提供了依据，但此类自然人、法人位于母国的居所、财产等属地管辖因素是管辖得以实际进行的极其重要的因素。立法、司法和执法机构的划分为行使此种控制权提供了组织制度保障。即使国家基于本国利益或国际社会共同的价值诉求对域外事项享有保护性管辖和普遍管辖权力，管辖权的实际行使也都依托于被告或其财产位于管辖国境内，即管辖国具有控制被告的能力。

3. 并行的各国管辖权实际行使能力、效果

在多元管辖依据并存的国际格局下，一国能否将"真实联系"转化成"控制"，取决于该国的软硬实力。

首先，一国只有进行对外贸易、投资和融资等经济活动，境外的资产和人员才可能位于该国境内，进而具备属地、属人等管辖依据与能力。大国由于其经济、市场和资金等优势地位增强了其聚集能力，外国人在大国从事贸易、投资和融资等经济活动，这些"真实联系"因素的存在，赋予大国管辖外国人的依据和能力。正如美国联邦最高法院 Scalia 大法官所指出的，美国适用域外管辖权的案件或多或少都与美国存在属地联系。[①] 同时，大国的对外"辐射"能力更强，在世界各地从事投资和贸易等活动，对本国域外事项存在更强烈的管辖利益诉求。

其次，域外管辖不仅要体现在立法条文上，还要通过司法和执法活动来实施。基于市场规模和基础设施方面的差异，强国显然具有更强的管辖能力或市场等"杠杆"。

最后，两类国家在监管需求和监管能力上存在不对等，有能力实施域外管

① See Morrison v. National Australia Bank, 561 U. S. 247 (2010), at 266.

辖的国家通常是少数强国，其他国家难以通过互惠来限制此类国家扩张域外管辖权。对于强国的域外管辖扩张，弱国难以针锋相对地实施域外管辖。这也是造成域外管辖正当性不足的一个重要原因。

（二）"真实联系"与管辖权的正当性

"真实联系"便利控制权的行使，但是"真实联系"性质的管辖依据并不代表管辖权一定具有正当性。在享有控制权的基础上，还需要证明这种控制权具有正当性。这是因为，"真实联系"视角是从管辖国的权力角度分析管辖权，没有充分顾及被管辖对象的权利保护以及其他国家根据"真实联系"所产生的实际控制权和管辖利益诉求。

1. "真实联系"没有关注其他国家的管辖控制权和利益诉求

"真实联系"关注的是一国行使管辖权的依据，没有考虑到受影响的其他国家的管辖权和利益诉求。如前文所论证，管辖权具有权力属性。国际法构造的属地、属人这两大传统管辖基础，依托于各国能够对其本国领土和定居的居民行使主权权力，成为划分主权国家行使管辖权的标准和确立管辖的合法依据，获得了正当性。但是，在管辖依据多元化和具有裁量权的情况下，经常会出现多国对同一对象享有控制权的情形。一国行使管辖权不仅需要遵守本国的宪法和法律，还需要评估管辖权的行使对国际关系和被管辖对象的影响。例如，腐败贿赂对经济的不利影响后果成为美国管辖海外腐败行为的重要依据。这种做法被认为是将西方的反腐标准强加于具有不同价值观的其他地区，构成"道德帝国主义"（moral imperialism）。[①] 一国在何种比例程度上可以行使或不行使管辖权，即管辖权的正当性问题，集中体现在管辖权合理性的裁量分析方面。一国根据本国法享有管辖权，但可能对被告或其他国家造成不利影响，为此需要对本国的管辖权行使的程度（或"比例"）进行分析，体现管辖权的正当性。

2. 管辖权的权利属性要求"真实联系"考虑被管辖对象的权利诉求

管辖权涉及管辖国与被管辖对象之间的纵向管制关系，会影响被管辖对象

---

① 关于这个问题的争论，可参阅 Philip M. Nichols, The Myth of Anti-Bribery Laws as Transnational Intrusion, *Cornell International Law Journal*, Vol. 33, No. 3, 2000, p. 627; Steven R. Salbu, Extraterritorial Restriction of Bribery: A Premature Evocation of the Normative Global Village, *Yale Journal of International Law*, Vol. 24, No. 1, 1999, p. 223。

的正当权益。因此,管辖权应考虑当事人的诉讼权益和便利、管辖国与他国之间的权益等多种因素,管辖权的权利属性应成为"真实联系"的管辖依据限制。域外管辖在管辖权扩张实现政策诉求的同时,需要尊重法治与私人权利。

首先,域外管辖使得投资者和发行人无法自行选择法律体制来调整相关的行为,限制了私人意思自治。从管辖权的权利属性角度看,被管辖对象通过意思自治方式,主动选择进入某国,可以推定接受该国立法、司法和执法管辖。但是,如果被管辖对象并非自愿、主动选择进入该国,或者并没有预见到其行为会对该国产生影响效果,此时管辖权的正当性就成为问题。

其次,域外管辖带来的监管规范重合或冲突增加了跨境交易当事人的监管合规成本。一国立法、司法和执法管辖权的域外行使可能与其他国家的管辖行为构成并存的管辖权,使得被管辖对象面临双重合规义务或者双重诉讼,增加交易成本和当事人的负担。

最后,监管规范跨境适用的不确定性导致当事人无法合理预期其行为的管辖后果。特别是在金融领域,立法、司法和执法主体过度管辖境外事项,会导致过度的金融管制,侵害私人权益、影响金融市场的发展。

从实践角度看,法院地国对位于境外的他国自然人、法人行使管辖权存在较大难度,因为此类主体与法院地国的属地连接因素(即控制)较弱。地理距离及其对被告造成的负担,在很大程度上成为法院判断司法管辖权正当程序的重要原则。例如,通过产品的流通,原告与被告建立了法律关系,进而使得被告与法院地可能产生了联系,但能否赋予法院对被告行使管辖权的正当性则存在争议。在效果管辖模式下,域外行为的域内效果通常表现为对原告的不利影响,法院对被告行使管辖权"真实联系"依据通常也在此,但在具体案件中是否足以行使管辖权则存在争议。

3. "真实联系"程度差异与管辖权的正当性

"真实联系"的合理性分析主要论证一国在某个事项上享有管辖权,并不代表其管辖法律特定实体内容的正当性。从实体角度看,单边行使管辖权的正当性需要区分其管辖事项内容。

在控制权模式下,管辖权所指向具体实体法内容的正当性并非最重要的因素。在属地管辖和属人管辖情形下,管辖的事项内容在管辖权分配中并非最重要的因素,无须过多考虑管辖目的、内容或效果方面的因素,但并不意味着具体管辖内容或效果无须遵守一国所承担的国际法义务。

普遍管辖、保护性管辖以及基于效果的属地管辖都是基于法律所保护的实体事项利益。保护性管辖和普遍管辖并非基于领土地域这一空间的“真实联系”，而是基于利益和价值，前者是基于维护本国的利益，后者是基于维护国际社会共同的价值和利益。在此种情况下，管辖的正当性就需要考察管辖标准的实体内容或外部因素。基于效果的属地管辖是基于维护本国人的私人利益或秩序利益，管辖权的正当性尤其应当受到重视。

在法理上，管辖权从一国的权力发展到国家的义务与责任，主权是国家用作防御本国利益受到侵害的“盾”，不仅是权力，也应是一种责任。在功能上，国际法上的管辖权从划分国家间的管辖权限发展到一国扩充本国影响力的手段。这些因素在一定程度上赋予域外管辖权以正当性。从操作层面看，为了证明实施域外管辖具有正当的理由，管辖国需要确保与被管辖对象之间存在某种足以行使控制权的关联。这种控制可以建立在属地或属人基础上，管辖国基于此种联系而产生了管辖利益。

## 二、域外管辖正当性的构造需要考虑的因素

“真实联系”赋予一国对被管辖对象的管辖利益和控制权，但仅此并不足以完全确立管辖权的正当性。这是因为，管辖权具有权利属性，并会影响其他国家的利益。管辖权需要在“真实联系”基础上进行正当性的塑造，以此获得被管辖对象的接受和协调国际关系。换言之，管辖权的正当性构造需要考虑国内和国际两个层面。

从国内层面看，一国通过宪法和法律赋予国家机构以立法、司法和执法管辖权，将其领土空间范围内的主权权力及其行使转变成具有正当性和合法性的职权。从国家间关系层面看，一国拒绝对境外事项行使管辖权通常是基于两个方面的考虑：(1) 避免冒犯外国国家；(2) 避免给外国被告应诉造成过高的负担或不便。这两个方面既考虑到了外国国家的管辖利益，也顾及私人权益。不干涉他国内政、利益平衡、正当程序等国际与国内法律原则都构成对“真实联系”管辖依据的限制，并与“真实联系”共同构成管辖的正当性构造要素。美国国内法以“礼让”这一含义灵活的说辞限制域外管辖，实际上为美国管辖域外事项争取了空间。

（一）不干涉他国内政原则

根据不干涉他国内政原则，一国不得干预他国内部事务。但是，“内政”的范畴处于发展变动之中，“干涉”的表现形式也难以判断，如何确定一国行使管辖权在何种程度上会构成干涉他国内政，存在难度。

传统的管辖依据都是建立在与一国存在接触或关联基础之上的。多个国家可能与同一管辖对象存在“真实联系”，都主张属于自己的立法、司法或执法领域的“内政”，引发管辖冲突。如果不干涉他国内政原则被严格限于立法管辖权领域，对跨境事务的管辖就可能违反国际法，与现实并不相符。

上述因素使得不干涉他国内政这一国际法基本原则难以在个案中约束美国域外管辖权实践。

（二）礼让与合理性原则

礼让原则与域外管辖制度密切相关。威斯特伐利亚体系模式的国际社会建立在属地管辖基础上，其有序运行有赖于各国互不干涉、相互尊重他国主权，表现为对他国行使主权权力行为的承认与对自己行使主权权力的约束。根据具体行使主权权力的主体不同，礼让原则存在于立法、司法和执法领域。①

1. 礼让原则与域外管辖的关系及其体现

礼让要求一国考虑是否存在他国的主权利益，在他国法具有更强（通常是属地）联系的情况下，一国主动限制本国法的适用，适用他国法律，意在平衡一国利益与国际社会利益之间的关系，表现为合理性的分析。这使得礼让理论在研究中也被称为“对外关系理论”，并且与遵从外国主权的理论存在相互通用的现象。②

礼让与域外管辖既可能存在一致性，也可能存在冲突。一国基于礼让考虑他国的利益，并不等于禁止本国管辖域外事项。一国可能基于礼让承认他国法律的域外管辖，但也可能认为他国法律的域外管辖干涉了本国内政，进而违反了礼让原则。本书后文所讨论的推定国会反对域外适用、抵制性立法及其效力主张等都不同程度地体现了礼让原则。

礼让仅是要求礼貌和善意，还是一国承担的承认他国法律的实体性法律义

---

① 本部分关于礼让原则在美国的缘起、适用，较多地参考了 William S. Dodge, International Comity in American Law, *Columbia Law Review*, Vol. 115, No. 8, 2015, p. 2071。

② See Eric A. Posner and Cass R. Sunstein, Chevronizing Foreign Relations Law, *Yale Law Journal*, Vol. 116, No. 6, 2007, pp. 1173-1182.

务，这个问题存在争议。[①] 这在一定程度上导致礼让原则的适用会因时、因事和因人而异，缺乏可预见性。

2. 礼让原则的适用

礼让原则可以适用于立法、司法和执法管辖领域，但在不同国家的适用存在差异，其适用存在较大的裁量性。从历史的角度看，为了解决国际贸易所面临的管辖权不确定问题，17 世纪，荷兰国际私法学家 Ulicus Huber 提出了国际礼让说，论证法院地国为什么要适用外国法，以此为商业提供便利和服务于私人利益。在这里，礼让体现为司法机关对其他国家立法管辖权的礼让。

礼让学说被 Joseph Story 引入美国后，在适用的领域和理由方面都得到了发展。起初，礼让原则主要适用于美国承认与执行外国判决领域，同样为私人的跨境活动提供便利。其后，礼让原则从民商事领域拓展到了国际法领域，成为论证外国主权豁免、外国国家在美国法院提起诉讼、国家行为理论等议题的重要论据，依然体现为承认其他国家的立法管辖权，但背后已经存在将维护美国与外国的友好关系作为考虑因素，并具有约束美国管辖权的功能。

进入 20 世纪后，随着法律管辖的严格属地性特征逐步开始松动，美国立法、司法和执法向域外扩张，礼让进入美国法的域外管辖领域，对管辖权的约束功能进一步体现出来。在司法管辖领域，为解决美国境内外的平行诉讼等问题，礼让原则成为《联邦宪法》正当程序条款限制对人管辖权、域外取证和“不方便法院”等的重要佐证依据，推定国会反对域外适用和外国主权强制理论均体现了对他国立法的礼让。

在联邦制结构下，法院处理的法律冲突案件主要表现为州际法律冲突。美国法院在礼让原则的适用方面更为娴熟，并将这一主观性的原则发展成为客观性程度更大的合理性原则。合理管辖规则要求管辖国与被管辖对象之间存在的重要联系应可以被识别出来。这要求在权衡管辖国自身的联系以及同其他相关国家之间的利益基础上识别最真实的联系。合理管辖规则比“真实联系”更进一步，是对“真实联系”标准的支撑与限制，其核心是利益平衡。

（三）利益平衡

美国《对外关系法重述（第三次）》（以下简称“第三次重述”）第 403 条规定，

---

① See Joel R. Paul, Comity in International Law, *Harvard International Law Journal*, Vol. 32, No. 1, 1991, p. 27.

一国主张特定的管辖权本身如果不违反不干涉他国内政的原则，可以进行利益平衡分析。克劳福德指出，管辖权的充分性通常会考虑其他国家相关的权利。[①]这种利益平衡分析主张管辖权应赋予与管辖对象具有很强甚至最强联系的国家。但如何由一国国内立法、司法和执法机关适用利益平衡理论，且该理论多大程度上会得到遵循，难以确定。

首先，一国与境外行为存在实质利益关系，使得该国产生了管辖利益诉求，并便于该国行使控制权和获得正当性。

其次，考察管辖的事项内容本身是否应受到法律管辖。对管辖事项内容达成全球共识的程度反映了管辖的必要性。如果管辖所指向的是国际社会普遍认为有害，就应该行使管辖权。特别是为履行本国所承担的国际法义务而实施域外管辖，由于存在国际合作共识，域外管辖便于通过司法管辖和执法管辖实现。反之，如果各国对管辖所指向的行为的基本价值存在分歧，在域外管辖方面就应保持克制。

最后，为促进国际法治而实施域外管辖。如果管辖事项存在共识，在缺乏跨境执法多边机制的情况下，特定国家实施域外管辖具有一定的必要性。如果存在多边执法的合作，则一国实施域外管辖需要进行相应的合作与协调。其他国家的“对抗”有助于行使域外管辖权的国家更加审慎地单边行使管辖权，促成域外管辖权成为促成集体行动、形成跨境治理的一种方式。

### （四）正当程序

正当程序是指法院运用司法权力审查行政权力，保护私人免受司法及政府其他机构独断专行的侵害，体现了管辖权的权利属性。正当程序条款可以从程序和实体两个角度来考虑，两者相辅相成。

1. 正当程序条款的实体与程序相辅相成

首先，正当程序与其所保护的权利之性质密切相关。实体权利越重要，则在立法、执法和司法上得到的程序保障就会越强。当涉及剥夺、限制公民的生命、自由和财产时，正当程序尤为重要，必须提供充分的理由以证明其必要性和正当性，否则法院有权以违反正当法律程序为由宣布其无效。这一原理适用于

---

① See James Crawford, *Brownlie's Principles of Public International Law*, 8th ed., Oxford University Press, 2012, p. 457.

刑事、民事和行政法律领域。其次，不仅法律的制定、实施过程要符合正当性，法律的内容和目的也要体现正当性。一国根据本国法律程序行使立法管辖权，可能产生内容不合理的法律。域外管辖权的行使需要满足正当程序，至少管辖权的行使不应独断或根本不公平。

2. 域外管辖的正当程序

域外管辖的正当性在于促进全球问题的解决从单边管辖向多边体制方向发展。增强本国立法、司法和执法的透明度是塑造域外管辖正当性的重要措施。

首先，拓宽法律规范创制的公众参与度。管辖权具体的分析判断标准构成对被管辖对象的“通知”。“真实联系”实际上起到了一种事先的通知作用，让当事人知道其行为可能适用某国法，以免破坏其正当预期。当调整行为的实体法存在国际法时，国际法律规范本身的规定就构成了一种事先的通知。

其次，通过司法和执法机构同境外被管辖对象、法院、监管机构的对话交流以及法庭之友之类的机制安排予以缓解。允许外国受影响方参与立法的民主协商不仅有利于增强法律规范的正当性，还有利于增强法律的跨境实施与执行。[①] 外国利益相关者参与一国的域外监管已有先例可循。例如，在虾和海龟案中，世界贸易组织上诉机构要求美国征询受影响的外国运营商的意见。[②]

最后，监管机构与外国同行存在日常的工作交流沟通，可以相互提出本国的主权利益诉求。与之不同，法院缺乏与外国国家及其代表机构的日常互动机制安排，在及时顾及外国主权利益方面存在难度。此时，通过司法途径行使域外管辖权更容易造成正当性的不足。

## 第四节 金融法规域外管辖的系统性风险防治依据

### 一、为什么要以金融法规为对象探讨美国法的域外管辖问题

首先，金融监管涵盖立法、司法和执法领域，域外管辖的诸多实践和争议均发生在与美国相关的金融领域，是讨论美国域外管辖制度的重要素材。

---

① See Nico Krisch, The Decay of Consent: International Law in an Age of Global Public Goods, *American Journal of International Law*, Vol. 108, No. 1, 2014, p. 9.

② See WTO, US: Import Prohibition of Certain Shrimp and Shrimp Products—Report of the Appellate Body (12 October 1998), WT/DS58/AB/R, para. 172.

其次，法律不是孤立的社会现象，金融法律制度与整个经济和社会体系相互关联，为美国法的域外管辖提供了支撑。金融监管法规的域外适用受金融市场、法律冲突和国际关系等多种因素共同作用影响，建立在管辖国的市场基础设施和法律制度能对他国产生影响力的基础之上。

最后，金融系统性风险对美国法的域外管辖提出了新的基础性问题。在金融市场开放、网络信息技术发展等因素的共同推动下，资金、交易信息传递速度更快，大量的资金能够瞬间实现跨境流动，各国金融相互联系程度日益增强。金融风险的跨境传播是否可以成为一国管辖域外金融事项的"真实联系"依据？根据这种"真实联系"所形成的控制权在金融领域具有何种特殊性？美元的国际货币地位和支撑国际金融中心所形成的金融市场基础设施赋予美国域外适用本国监管法规的属人、属地管辖优势，便利了对域外金融事项的管辖控制权。

金融法的域外适用具有试验性和探索性，有助于推动适于系统性风险监管的全球法律规范的形成，赋予金融法规域外管辖权以正当性。但是，单边行使域外管辖权应仅限于防治系统性风险之目标，不应成为金融保护主义的手段，避免滥用管辖权侵害他国及其私人利益，因此域外管辖需要辅以自我限制机制。

## 二、金融监管的目标、利益诉求与域外管辖范围区分

金融本身的流动性和跨境特征赋予金融监管多层目标和监管利益诉求，便利了各国根据自身的"真实联系"行使管辖权。金融监管法规的域外适用应考虑到监管目标和利益的层次性，分别赋予其不同程度的域外管辖范围。

金融监管服务于维护投资者权益、金融机构稳定和市场秩序，涵盖立法、司法和执法管辖，包括监管规范的创制、交易主体及产品的审批、登记、信息披露等手段。金融全球化程度的提升为多国提供了据以行使管辖权的"真实联系"依据。

### （一）多层监管目标、两种性质监管利益诉求

金融监管通常涵盖三个层面的对象和目标，即行为监管、微观审慎监管和宏观审慎监管，指向金融市场消费者、金融机构和金融体系。金融监管的对象、目标不同，立法管辖的基础、司法或执法手段的侧重点也会存在差异。

行为监管在目的上关注金融机构行为的公平、透明，保护投资者和消费者

的利益；在手段上侧重于反欺诈、信息披露、反洗钱和反恐融资，强调监管规则的完善。基于规则实施监管，可以通过司法或执法手段来解决，私人可以通过诉讼等方式来推动行为监管。

微观审慎监管与宏观审慎监管都强调维护金融稳定这一目标，前者主要关注维护单个金融机构的安全与稳健，后者则致力于维护金融系统的稳定性。在手段上，微观审慎监管更侧重于官方的执法监督检查，宏观审慎监管则更需要跨境的监管协调。

在此基础上，金融交易的国际化促使一国监管机构还需要考虑提升本国金融市场效率和国际竞争力，金融监管面临金融市场有效性、公平性和国际竞争力等多层目标诉求取舍难题。

可以看出，多层监管目标和不同性质的监管利益诉求都要在立法、司法和执法过程中体现。金融监管规范的创制与执行在很大程度上依托于金融监管机构等官方机构，并通过官方机构提起执法诉讼和私人提起民事诉讼等司法途径来实施。金融领域的执法管辖主要是指对金融机构违法违规行为的处罚等事后行为，侧重于法律规范的运用，同样可以包含在金融监管范畴之中，并在反映政府推动金融市场发展这一利益诉求中具有重要作用。

### （二）合规及跨境协调在金融监管中具有更重要地位

金融监管不仅要关注金融机构的行为，更要关注其背后行为所蕴含的不利后果，明确行为与后果之间的关系，进而确定管辖依据与责任的分配。金融风险引发的金融危机给各个国家和私人造成损失，但是风险与损失在归责意义上很难建立因果关系，主要通过审慎监管的方式来监管金融风险，使得监管在金融领域尤其具有重要地位。国际层面的金融法律通常所要求的义务性规定或强制性管辖可以发挥协调、合规和执行等功能，美国乔治城大学法学教授 Chris Brummer 称之为“国际金融法的合规论”。

根据多层监管目标和监管利益诉求的区分，金融监管法规的域外适用范围也应该有所差异。

建立全球统一的监管规范的前提是，这种监管规范必须是最优的、能够实现监管目标的规范。实践表明，金融始终处于动态发展之中，且具有很强的跨境流动性。这种流动性便利了具有金融市场优势的美国在域外适用本国的监管规范，推动各国监管机构和金融市场参与方相互学习、理解美国的监管规范。

## 三、系统性风险的“相互关联”与属地监管的“相互分割”

系统性风险是金融市场参与主体及多国面临的共同风险。防范系统性金融风险、维护金融稳定成为各国共同的目标诉求，但面临属地监管的“相互分割”之困境。

### （一）系统性风险的“相互关联”特征

跨境融资、投资以及相随的跨境金融服务增加了金融监管的难度。当各国市场相互联系的程度提高，跨境系统性风险爆发的可能性就增大，传统的领土边界难以起到“防火墙”的作用。系统性风险防治需要从属地管辖走向行业共同体管辖。

金融机构的规模、相互关联性和功能的不可替代性使得金融交易及其风险传导突破地域限制，一国境内金融机构的倒闭容易引发跨境系统性违约，全球金融机构之间形成“一损俱损”的利益攸关关系。

1. 系统性风险与经济周期相互关联

系统性金融风险具有“顺周期性”的特征，与一国经济周期呈正相关性。当经济处于上行周期，系统性金融风险会被低估；而当经济处于下行周期，系统性金融风险则会迅速暴露、严重恶化，进而引发金融不稳定。系统性风险与一国经济周期密切相关，增强了一国在系统性风险防治过程中的本国利益诉求。

2. 系统性风险的传导具有相互关联性

相互关联是金融机构得以日常运营的基础，是金融体系的应有之义。随着一国经济与世界经济关联性的增强，系统性风险的形成、传导与分布于全球各地的金融机构、产品密切相关。金融交易在很大程度上依托于账户资金的流动，银行间往来账户的相互连通便利了资金跨境流动和全球交易，并促进了全球性金融机构的形成。金融市场主体通过市场交易金融产品，交易主体、清算和结算服务机构相互关联，构成金融交易的生命周期链条。投资者机构化和信息技术的发展，使得一国境内的散户投资者也可以借助机构投资者进行跨境投资，跨境金融机构经营风险的社会影响力更加强大，以至于“太大而不能倒”。小金融机构或金融产品也会因与整个金融体系“过于关联而不能倒”，即使这些金融机构并非系统重要性机构。一国市场上的资金供求或价格变化会影响另一国金融市场和经济、社会活动，导致资金跨境流动加快，出现金融流动性迅速枯竭或泛滥的现象，冲击金融市场的稳定性，造成“太快而无法救助”。

可以看出，通过金融体系的交易链条进行传导，相互关联性构成系统性风险的重要特征。金融业务涉及投资、交易、交易后处理、结算等诸多环节，各环节高度关联，并且任何一个环节都可能成为系统性风险的源头，外溢效应明显。这使得系统性风险的防治需要得到境外其他国家的配合和支持。

（二）属地监管分割了市场，便利了监管套利

系统性风险监管需要对金融市场交易进行全方位、全过程、全周期的风险管控。这种相互关联性与“各自为政”的属地金融监管存在矛盾。系统性风险防治面临“太散而无法救助”的问题，本身可能成为新的风险来源。

在属地监管模式下，跨境金融交易需要同时遵守不同国家的监管规范，增加了交易成本。各国在金融监管领域的立法、司法和执法需求、能力存在差异，监管不足与监管过度并存。不同国家的监管规范有时存在冲突，不但降低了金融市场准入的实际效果，还会造成金融不稳定，全球金融市场被人为割裂成不同组成部分。各国利用监管规范的差异来吸引金融业务、发展本国的金融市场，市场主体会利用各国监管规范的差异实施监管套利。

依靠政府间谈判、缔结国际条约形成防治系统性风险的国际法律制度安排，虽然满足了程序正当的要求，但目前难以实现。即使在立法层面形成全球统一的监管规则，各国在执法、司法中需要对这些规则进行解释适用，仍然可能回到监管的“碎片化”状态。“一刀切”的统一实体规范不一定有利于金融市场竞争和金融风险的防治。从现实看，金融全球治理诉诸公与私、国内与国际等多层面的互动，呈现相互分割的特征，并成为新的风险来源。

## 四、金融法规域外适用的正当机制：协调的“单边主义”

防治系统性风险可以成为一国域外适用金融监管规范的正当性依据。美国金融法规域外管辖具有维护美国投资者利益和美国市场秩序完整性、跨国传播美国监管规范等方面的作用。美国通过限制国际支付来获得其他国家在官方制度层面支持美国行使域外管辖权，美元金融基础设施在某种程度上赋予美国为全球金融“立法”的地位。过度的域外管辖不仅不利于系统性风险的防治，而且不利于提升一国金融市场的竞争力。美元金融基础设施不仅是美国的金融基础设施，也是国际公共资源，应具有可问责性。据此，金融法规域外适用的

正当性需要满足正当性要求。

（一）金融风险防治需要金融大国承担更高程度的管辖义务

防范系统性风险要求大国采取更为主动的措施防范跨境金融风险，并为治理全球金融进行监管规则的“试验”。

首先，金融领域的管辖权具有义务属性。在高度相互关联的世界，金融风险容易跨境传播并构成跨境损害，甚至引发系统性风险。一国有义务事先采取审慎措施，监管本国境内的金融机构交易的风险外溢，降低系统性风险，维护金融稳定。通过立法和监管方式来防范系统性风险，不仅是一国主权权力的体现，也是国际法上预防义务的要求。

其次，金融大国的监管规范推广适用于其他国家境内，推动全球监管规范的形成，成为防治系统性风险的重要现实途径。通过法律域外管辖这一“自上而下”的单边行动，各国在个案利益冲突与协调中逐渐探索出治理全球金融的最佳做法。从现实角度看，二十国集团（G20）、巴塞尔银行监管委员会等跨政府组织网络主要是国家或政府部门主导的，其监管内容仍然源自国际金融中心所在特定国家的监管实践。

最后，国际投资贸易体制自由化，为跨境金融投资和交易提供了法律制度保障。电子信息技术和互联网的发展，为跨境金融交易提供了技术支撑。随着新的国际金融中心的兴起和欧盟金融市场的发展，美国金融法需要顾及美国金融市场竞争力的维护问题，在金融法规域外适用问题上进行国际合作的意愿增强。但是，三权分立的政治现实使得美国很难通过有约束力的国际协定来推动国际金融监管合作。美国对域外金融问题的管辖在很大程度上仍然要依托于美国金融监管法规的域外适用。

（二）美国金融法规域外适用的市场优势

美国拥有纽约等重要金融中心，聚集了金融机构、金融产品和金融基础设施等金融要素，各类要素相互关联，协同发挥聚集和辐射资源的强大能力。国际金融中心赋予美国的属人、属地管辖的优势，为其行使域外管辖权提供了有力的“连接点”。

1. 美元的国际货币地位优势

以美元金融基础设施为代表的国际金融体系为美国法域外管辖提供了市场基础。货币是金融的源头和基础，金融是经济的血液，并成为影响国际关系的重要权力。无形的货币交易和流动需要合同、文件承载的法律关系予以保障，金融监管法规在其中发挥着重要作用。金融数据的跨境流动、支付系统等金融基础设施连接形成全球金融体系，美元和美国金融市场在其中占据主导地位，为美国金融监管法规的域外适用提供了厚实的市场基础和权力支撑。布雷顿森林体系崩溃后，美国不再承担国际货币义务，但基于市场支持仍然享有国际货币“特权”。美国国债、美元互换网络、美元支付结算系统等金融基础设施在国际金融市场中具有绝对的优势地位，美国金融市场的广度、深度承载的巨额金融资源对各国金融资源的供需具有重要影响作用。在此基础上，调整美元的美国法律在信用货币体系的组织中发挥着重要作用，为域外管辖提供了支撑。

美元的国际货币地位及其支付系统便利了美国管辖以美元计价、支付的全球经济活动，美国经济在全球市场中的地位为美国法的域外管辖提供了杠杆支撑。美元在全球经济交易活动中充当了交易媒介、计价单位和价值储藏手段等货币职能，外汇交易和国际贸易以美元计价、支付并持有美元几乎成了国际经济活动的“标准配置”。

2. 美元金融基础设施的公共属性

如果说金融是现代经济的核心与枢纽，货币是金融的基础和灵魂，那么清算体系是货币流通和金融运行的血脉和经络。[①] 金融基础设施对金融交易而言具有不可或缺性和共用属性，是金融市场的组织者，具有公共产品的非分割性、非竞争性和非排斥性等属性。美元的国际货币地位赋予美元金融基础设施国际公共产品的属性。

首先，金融基础设施的非分割性。金融基础设施为具体的金融交易提供支付、结算、清算、存管以及记录等必备的基础服务，为金融交易提供关键节点的支撑。若某一节点没有正常发挥作用，则会导致金融交易无法形成完整的生命周期，可能引起流动性风险或信用风险，甚至传播、蔓延，影响整个金融体系的正常运转。支付系统、中央证券托管系统（CSD）、证券结算系统（SSS）、中央对手方（Central Counter Party，以下简称“CCP”）和交易报告库（TR）将整个金融体系联系起来，支撑金融体系功能的正常发挥。

---

① 参见王永利：《记账清算与货币金融》，载中国人民银行清算总中心编：《支付清算文集》（2019 年第 1 辑），中国金融出版社 2019 年版，第 69 页。

其次,网络效应和规模效应赋予金融基础设施非竞争性和非排斥性的特征,具有先发优势效应。从需求方的角度看,由于金融基础设施位于金融体系的关键节点,接入金融基础设施的使用者越多,不仅不会降低任何一个人对该产品的消费数量和质量,反而会提升使用该金融基础设施的价值,具有消费上的非竞争性。因此,使用者通常选择被更多人选择的金融基础设施,使得金融基础设施天生具有集聚资源、集聚市场的特点。[①] 金融基础设施的使用规模越大,供应能力越强,经济效益也越高,具有供应上的非排他性。另外,金融基础设施一旦形成规模以后,很难在短期内被其他方替代,金融基础设施的建设具有先发优势。这也使得市场上的国际金融基础设施数量有限,且主要聚集在国际金融中心所在国。金融市场的这些发展,降低了美国以效果原则、行为原则域外适用本国法的必要性。

从现实角度看,全球金融交易的托管、支付和结算等事项主要由少数几家机构提供。银行等金融机构、环球银行间金融电信协会(Society for Worldwide Interbank Financial Telecommunication,以下简称"SWIFT")、纽约清算所银行同业支付系统(Clearing House Interbank Payment System,以下简称"CHIPS")和联邦储备通信系统(Fedwire)构成美元支付和结算的核心基础设施,成为美国实施金融制裁的基础。Fedwire 和 CHIPS 是通信、结算系统,前者主要负责国内美元结算,后者承担世界上 95%以上的银行同业美元支付清算与 90%以上的外汇交易清算,是国际贸易资金清算和外汇交易的通道。无论以何种途径,美元交易最终都要通过在美国境内的金融机构代理账户进入美元清算系统进行清算,美国据此获得了相应的管辖依据。[②]

SWIFT 是 1973 年成立于比利时布鲁塞尔的全球最大国际支付清算组织。SWIFT 两大交换中心之一位于美国纽约。SWIFT 支付报文系统有助于解决跨境交易面临的语言障碍、交易成本与效率等问题。位于不同国家的银行之间转账,需要通过 SWIFT 系统以标准化方式将电码发到 SWIFT 中心进行解码,

---

① 参见焦瑾璞等:《中国金融基础设施功能与建设研究》,社会科学文献出版社 2019 年版,第 13—14 页。

② 关于这个问题的研究,可参阅石佳友、刘连炻:《美国扩大美元交易域外管辖对中国的挑战及其应对》,载《上海大学学报(社会科学版)》2018 年第 4 期。代表性的英文文献可参阅 Rachel R. Gerstenhaber, Freezer Burn: United States Extraterritorial Freeze Orders and the Case for Efficient Risk Allocation, *University of Pennsylvania Law Review*, Vol. 140, No. 6, 1992, p. 2333。

然后再发送给结算行，通过国内支付平台或者外国的代理银行(correspondent bank)完成支付信息传递和清算活动。尽管美国境外存在多个平行于CHIPS的跨境交易系统，[①]均可从事本币或多边货币的清算，但此类交易系统仍然依赖于SWIFT进行报文转换。各银行的跨境款项收付数据信息掌握在SWIFT总部的数据中心手中，SWIFT成为国际金融交易的"神经中枢系统"。

支付结算基础设施高度集中于CLS(外汇)、DTC(证券)、TARGET Ⅱ(欧元区的国内、跨境结算)、明讯与欧清(证券)、SWIFT(为各种支付结算系统传输信息)等少数几个支付结算系统。纽约梅隆银行、摩根大通和花旗银行是最重要的几个托管银行。

3. 国际金融中心带来的属地与属人管辖优势

金融机构通常需要获得各国监管机构的审批才能成立。金融基础设施可以涵盖系统性风险防治的各要素，影响金融交易的各方面，但仍然由以中央银行为代表的国家实体控制，为金融法规域外管辖提供了支撑。

在美国，全球金融机构的控股股东云集，通过合同、公司内部控制和股权控制关系，控制分布在各地的金融机构、金融市场、交易主体、产品和服务。美国可以利用金融市场准入、运营等监管权力"杠杆"，将其国内法经由跨国公司的内部治理和对外交易等私法路径和合规监管等公法路径传导给其他国家，"撬动"国内监管法规域外管辖功能的发挥。

美国证券法领域的域外管辖问题是美国法律域外管辖的典型实践，主要体现为私人根据美国1934年《证券交易法》第10(b)条(以下简称"10(b)条款")提起证券欺诈诉讼。私人提起金融诉讼不仅在主观上有利于维护私人权益，在客观上也有助于维护金融市场的诚信、可靠等公共利益。在此种意义上，私人诉讼原告被称为"私人总检察官"(private attorney general)。[②]

在司法层面，美国群体诉讼制度、证据开示制度和风险代理制度为金融诉讼提供了良好的制度保障，增强了当事人接受美国法院管辖、适用美国法的意

---

① 例如，欧洲的TARGET(泛欧实时全额自动清算系统)、英国的CHAPS(伦敦银行自动清算支付系统)和我国的CNAPS(中国现代化支付系统)。

② See W. B. Rubenstein, On What a "Private Attorney General" Is—And Why It Matters, *Vanderbilt Law Review*, Vol. 57, No. 6, 2004, p. 2129; B. G. Garth, I. H. Nagel and S. Jay Plager, The Institution of the Private Attorney General: Perspectives from an Empirical Study of Class Action Litigation, *Southern California Law Review*, Vol. 61, 1988, p. 353.

愿。通过司法渠道规范私人跨境金融交易，有助于降低金融监管机构在个案中的跨境监管协调困难。

（三）美元金融基础设施存在被滥用的可能

金融基础设施为全市场所有参与者提供服务。利润最大化的市场化目标可能损害参与者的利益。金融基础设施所属国也可能利用此种“公器”服务于本国的对外关系需求，影响他国利益，不当损害来自其他国家的市场主体的利益。

美国“9·11”事件后，为了打击全球性恐怖主义，美国总统根据《国际紧急经济权力法》（IEEPA）启动了“恐怖分子融资跟踪项目”（TFTP），授权美国财政部海外资产控制办公室（OFAC）可从 SWIFT 调取和恐怖组织相关的金融交易与资金流通信息，要求 SWIFT 共享数据，增强了美国对 SWIFT 系统的控制力。美国通过 SWIFT 数据了解和控制恐怖组织的资金往来，也使得 SWIFT 成为美国对与其有冲突的国家进行经济制裁的重要武器，便利了实施跨境执法管辖所需要的信息。

美元金融基础设施具有市场和政治双重属性，两者在发生冲突或“共谋”的情况下，都可能导致美元金融基础设施被滥用于侵害他国的利益。

（四）金融领域的单边域外管辖应服务于防治系统性风险

单边行使管辖权与多边主义并不必然对立，也可以服务于多边主义的目标。WTO 在虾和海龟案的裁决中指出，保护共同的资源是国际社会共同的价值，域外贸易措施如果涉及共同的资源，原则上是正当的。[①] 按照此种立场，金融领域的单边域外管辖应服务于防治系统性风险。

首先，域外管辖可以弥补监管缺漏。当前国际金融监管整体上呈软法状态，一国可能与某些监管事项具有密切的关联，但却因利益权衡因素而不愿意行使管辖系统性风险的权力。管辖缺漏会影响全球金融市场的稳定性。一国金融监管法规的适度域外管辖有助于维护投资者利益和金融市场秩序。与美国 1934 年《证券交易法》通过关注美国境内交易来化解欺诈风险不同，2008 年金融危机以来，《多德-弗兰克法案》域外适用被赋予防治系统性风险、维护金融

---

① See WTO, US: Import Prohibition of Certain Shrimp and Shrimp Products—Report of the Appellate Body (12 October 1998), WT/DS58/AB/R, para. 31.

稳定这一使命，同时也符合国际社会共同利益。《多德-弗兰克法案》域外适用的范围取决于系统性风险对美国的影响程度，沃尔克规则和互换交易监管的域外适用是典型。

同理，在其他法域监管规范能够达到等效防治系统性风险的情况下，可以不进行域外适用，承认其他国家的立法、司法和执法，彰显域外管辖防治系统性风险这一共同体的目标诉求。即使不考虑主权因素，《多德-弗兰克法案》本身的内容也并非完美无缺，其带有缺陷性规范的域外适用无助于系统性风险的防治。不合理的域外管辖也会对美国金融市场的竞争力产生影响。特朗普总统于 2017 年 2 月 3 日签发第 13772 号行政令，确立了监管美国金融体系的核心原则，包括赋能美国企业在国内外市场上同外国企业的竞争能力，在国际监管谈判和会议场合推进美国的利益。

其次，域外管辖是国家间法律竞争的手段，但应顾及对其他国家的影响。域外管辖打破了基于属地管辖权所形成的对金融监管的垄断，建立起以市场竞争为导向的监管体制，促使各国在监管规范方面"竞优"。在资本、人员的跨境流动增强的背景下，各国监管差异对当事人利益的影响表现得更为明显，激励了当事人通过挑选法院、选择准据法来实现自身利益的最大化。美国诉讼程序和实体法方面的便利，使得美国在域外适用竞争方面获得优势。例如，美国在程序方面的证券集体诉讼制度和在实体方面的欺诈市场理论都为美国成为跨境证券诉讼中心提供了重要条件，进而为美国在证券监管领域的话语权提供了机制支撑。即使美国金融法无法将立法管辖权延伸适用于域外事项，但依托于美元的国际货币地位和美国金融市场的作用，美国金融法规在本国境内行使属地管辖权也可能产生域外影响效果。金融机构一旦被 CHIPS 切断支付通道，就无法进行跨境美元业务；一旦被 SWIFT 切断报文转换通道，则不仅无法进行美元跨境清算，人民币、日元和欧元等国际清算业务也无法进行。[①] 在缺乏管理的情况下，金融基础设施自身也会成为风险传播的源头，危害金融稳定。美国在境内行使控制权的行为应当顾及对其他国家的影响。

---

① 例如，2012 年，美国曾切断 SWIFT 与伊朗金融系统的报文转换通道，伊朗的银行无法与他国银行进行货币结算，被迫通过以物易物来完成交易，进出口规模急剧下滑，进口物资不足引发了恶性通胀。2012 年 7 月，中国昆仑银行因涉及与伊朗部分被制裁银行交易而被美方制裁，昆仑银行的外汇业务、汇款业务、融资业务均无法正常运营，甚至大额交易和频繁支付也无法进行。

### （五）金融法规域外适用需要协调系统性风险防治与管辖国利益冲突

国内法的属地性和国际法的“同意”模式对一国法律的域外管辖形成了约束。系统性风险监管的价值观相对中立，为一国行使域外管辖权留下了空间。但是，系统性风险具有跨境负外部性，管辖国在监管过程中很容易产生自身利益与国际社会系统性风险防治利益之间的冲突。

首先，系统性风险防治符合国际社会的共同利益诉求，但面临现实的集体行动困境。正是担心在共同利益实现过程中为特定国家利益所挟持，国际法院前法官 Bruno Simma 将国际共同体利益界定为一种共识，认为对某些基本价值的尊重不是交由国家负责，而是应由国际法决定。[①] 但是，强制性权力集中到超国家组织手中，不一定就有利于全球共同目标的实现。一些大国同样会通过各种方式说服、影响甚至给其他国家施压而使其在多边组织中接受自己的主张。

其次，在司法和执法领域过度行使域外管辖权，有可能导致金融市场的“碎片化”。美国司法在跨境经济交易中发挥的能动作用为美国世界第一经济强国地位和价值诉求起到了“保驾护航”的作用。但是，美国较高保护标准的金融法规域外适用，一旦超出了系统性风险防治需求这一目标诉求，可能降低该国金融市场对境外资本的吸引力。例如，证券领域的域外管辖加速了中国概念股的“去红筹”。沃尔克规则域外适用同样导致了外国银行压缩其在美国的市场规模，或者不愿意以美国人为交易对手进行交易，将金融市场进行人为分割，以避免出现与适用该国法律相关的连接点。

---

① See B. Simma, From Bilateralism to Community Interest in International Law, in Recueil des Cours, *Collected Courses of the Hague Academy of International Law*, Martinus Nijhoff Publishers, 1997, pp. 217, 233.

# 第二章　美国金融法规域外管辖的机制基础

本书所讨论的金融法规作为公法，其域外管辖功能的发挥具有公法域外管辖所需要的普遍性条件，同时也具有自己的特殊性。本章主要考察美国金融法规域外管辖的机制基础。金融法规的域外管辖权体现在立法、司法和执法三个方面。一国在立法本身没有就其法律规范适用的地域范围作出明确规定的情况下，主要是在法律实施过程中通过国内司法诉讼或监管机构解释法律的方式予以明确，市场因素在其中发挥着基础性的保障支撑作用。

## 第一节　美国的立法管辖权

立法管辖权的分配需要考虑国家之间、国家与被管辖对象之间的关系，涉及国际法和国内法两个层面。在美国，立法管辖权的分配受到联邦制结构的影响，体现为《联邦宪法》对美国立法管辖权的纵横分配及其限制规定。立法管辖权的演变和《对外关系法重述（第四次）》（以下简称“第四次重述”）表明，推定国会“反对域外适用”成为美国确定立法域外管辖权的最主要方法。

### 一、立法管辖权的分配

美国立法管辖权需要符合美国承担的国际法义务和国内主权权力配置。如前所述，国际法提供了一国行使立法管辖权的法理依据，但通常不会关注一国如何在其国内行使立法管辖权。美国立法管辖权的范围及其行使在很大程度上取决于《联邦宪法》等国内法的规定，《对外关系法重述》同时对此作出了较为系统的阐述。

#### （一）立法管辖权的纵横分配

受联邦制影响，《联邦宪法》对美国立法管辖权在立法、司法和执法机构之间的横向分配以及在联邦与州之间的纵向分配作了规定。

1.《联邦宪法》关于管辖权分配的规定

《联邦宪法》关于管辖权的分配主要体现在如下几个方面：

首先，《联邦宪法》规定，立法管辖权可以由国会、联邦法院和行政机构行使，但没有对立法管辖域外事项作出明确的限制。《联邦宪法》第1条第1款将立法权赋予参议院与众议院组成的合众国国会；第8款涵盖了美国绝大多数的立法权，其中经常会影响美国对外关系的款项包括第1项(税收、国防与全民福利)、第3项(对外贸易)、第4项(归化)、第10项(界定与惩治针对美国的犯罪)、第11项(宣战)和第12—14项(征兵及给应供养)等。《联邦宪法》第3条赋权联邦法院创制联邦普通法，国会还可以授权行政机构行使部分立法权。

其次，联邦法优先。一般情况下，美国各州可以像联邦政府一样调整域外事项。但是，各州的法律如果与联邦法发生冲突，则优先适用联邦法。《联邦宪法》第1条第10款特别提及各州不得从事的对外关系活动，包括缔约、征收关税和从事战争活动。《联邦宪法》第6条第2款及其第十三、十四、十五修正案对各州的立法管辖权也作出了限制。

《联邦宪法》第1条第8款第3项的对外贸易条款(Foreign Commerce Clause)在美国立法管辖域外事项方面具有重要地位。对外贸易条款调整三类交易，即“美国州际(among the several states)贸易”“美国与外国(with foreign nations)的贸易”“与印第安部落(with the Indian Tribes)的贸易”。

2.《对外关系法重述》

美国法律协会(ALI)是成立于1923年的非官方组织，致力于澄清、简化法律，让法律更好地适应社会需求。美国法律协会起草的《对外关系法重述》虽非美国官方法律文本，但在国际法和对外关系领域的影响力巨大。《对外关系法重述》涉及国内法和国际法两套法律体系，与其他法律重述在形式上存在一些差异。每隔一段时间，美国法律协会就会对美国对外关系法的规则进行编撰，先后形成了1965年的第二次重述、1987年的第三次重述和2017年的第四次重述版本。

第四次重述的编撰主要由 William Dodge、Anthea Roberts 和 Paul Stephan 三位教授负责，目前形成了第四部分，于2017年获得美国法律协会年会批准通过。其中，第一、二、三章分别规定了立法管辖权、司法管辖权和执法管辖权，第四章就管辖权与其他国家的法律作出规定，这四章的内容与本书的研究直接相关。

第四次重述第401条对管辖权的立法、司法和执法管辖权三种类型的划分作出规定，第402—413条分两个部分就立法管辖权作出规定。这些规定展现了美国对立法管辖权分配的一般态度。

### （二）立法管辖权分配的“真实联系”标准

第四次重述第407—413条从习惯国际法角度对立法管辖权的“真实联系”作出规定。其中，第407条规定了被管辖对象与行使管辖权的各州之间需要存在“真实联系”。在“真实联系”意义上，习惯国际法是判断一国管辖权是否符合国际法的基础性标准。[①] 这种“真实联系”通常建立在领土、效果、积极人格、消极人格、保护性原则等具体联系的基础上。第408—413条就国际法上这几种传统的管辖依据作出规定。这些因素与领土、人口、主权等国家构成要件密切关联，进而在被管辖对象与管辖国之间构成了充分的联系依据。普遍管辖则是建立在各国对于打击某些犯罪活动的共同关注这一联系的基础之上。

根据“真实联系”要求，只有利益相关国才对相关的人、财产或行为享有立法管辖权，但是实践中不可避免地会出现多个国家与被管辖对象都存在相关利益，进而使得“并存的立法管辖权”(concurrent prescriptive jurisdiction)成为国际法上常见的现象。[②] 国际法并没有就并存的立法管辖依据的位阶等级作出规定。[③] 据此，美国对立法管辖权的分配存在较大的裁量空间。

### （三）立法管辖权扩张的迹象：强调消极人格管辖

第三次重述仅在第402条的评论g中提到这一管辖依据。鉴于消极人格管辖在美国和各国实践的增多，第四次重述第411条以“黑体字条款”(black-letter provision)的形式强调了消极人格管辖：国际法承认一国对侵害其国民利益的某些境外行为行使立法管辖权。[④] 这一变动体现了消极人格管辖在管辖权中的地位得到提升。消极人格管辖标准具有模糊性，无疑会为域外管辖提供更

---

① See The American Law Institute, Restatement (Fourth) of the Foreign Relations Law of the United States, Pt. Ⅳ, Ch. 1, § 407, Reporters' Notes 3.

② Ibid., § 407 cmt. d.

③ Ibid.

④ Ibid., § 411, cmt. d.

宽泛的空间。

## 二、立法管辖权的正当程序限制及其模糊性

美国的立法管辖权受到联邦结构限制，联邦政府或任何州或两者的任何组成机构都不得超越《联邦宪法》的限制行使立法管辖权。第四次重述第 403 条就《联邦宪法》关于立法管辖权的限制进行了讨论。就本书的研究主题而言，正当程序原则与立法礼让尤其具有重要意义。

### （一）正当程序条款含义的模糊性

正当程序原则体现在《联邦宪法》第五修正案、第十四修正案中，在美国管辖权分配与限制实践中具有特别重要的影响力。但是，这两个修正案中的正当程序条款含义存在模糊性，导致正当程序对管辖权的限制作用存在不确定性。

《联邦宪法》第五修正案规定，未经正当法律程序，不得剥夺任何人之生命、自由或财产。《联邦宪法》第十四修正案规定，任何州未经正当法律程序，不得剥夺任何人之生命、自由或财产。《联邦宪法》第五修正案适用于联邦政府行为，第十四修正案适用于各州政府行为。"生命、自由或财产"的含义直接影响正当程序条款的适用范围，但《联邦宪法》并未对此予以明确。

首先，哪些被剥夺的利益需要受到正当程序保护？其次，何种程序才算是"正当"的？在程序上，这表现为国家职权的分工和法律的实施要求。在实体上，这表现为对政府监管权力的限制，实体性的正当程序保护何种"自由"是存在较大争议的问题。正当程序诉讼实践主要涉及的争议是"财产"和"自由"利益。

就域外管辖而言，联邦法或州法的适用必须存在充分的联系，以避免独断或根本不公平。核心问题是如何判断域外管辖是否符合《联邦宪法》第五修正案。美国联邦法院在司法实践中提出了各种经常相互冲突的分析标准，甚至引发混淆。一些法院认为美国法的域外适用要符合正当程序标准，被告与美国之间必须存在某种"关联"；另一些法院则认为不需要此种"关联"。另外，一些原先主张"关联"要求的法院近年来在一些特定案件中放弃了此种要求。这使得正当程序原则的适用进一步复杂化。[①]

---

① See Dan E. Stigall, International Law and Limitations on the Exercise of Extraterritorial Jurisdiction in U. S. Domestic Law, *Hastings International and Comparative Law Review*, Vol. 35, No. 2, 2012, pp. 347-372.

（二）正当程序条款适用的不确定性

在美国涉外诉讼中，《联邦宪法》第五修正案是正当程序原则的典型体现。私人可以通过《联邦宪法》第五修正案的正当程序条款来挑战立法管辖权。实践中，一些法院将司法管辖权领域对人管辖的正当程序要求搬用于立法管辖权领域，将第五修正案的正当程序与对人管辖的“最低接触”标准等同，混同了立法管辖权与司法管辖权。

首先，“最低接触”标准可能导致立法管辖权行使不足。在普遍管辖的情况下，如果美国通过国内法来执行国际法层面所承担的普遍立法管辖义务，则美国法并不存在域外行使立法管辖权问题。即使美国境外的行为与美国没有关联，也需要适用美国法（即履行国际法义务），否则会有悖于美国的外交承诺，甚至违反国际法。

其次，“最低接触”标准可能导致立法管辖权的过度行使。在民事诉讼中，只要被告短暂出现在美国，而且法院对其进行了送达，即构成对人管辖。如果被告的被诉行为早于被告现身美国这一事实，“最低接触”标准无疑会造成美国法在空间意义上的追溯适用。

## 三、立法管辖权的礼让限制：法律解释

相比《联邦宪法》的明文限制，美国立法领域的域外管辖主要是法律解释问题。联邦法律由国会创制，在没有明确规定能否域外适用时，立法领域的域外管辖问题在一定程度上就转化成对国会意图的考察，司法因解决纠纷而在域外管辖意图的解释上占据了重要地位。联邦法律的司法解释实践表明，美国在立法管辖权领域在一定程度上遵循礼让原则。

（一）立法礼让的含义及其裁量性

1. 立法礼让的含义

一国根据既定的管辖权规则行使立法管辖权时，需要进行合理性分析并根据国际法的要求限制管辖权的行使。美国联邦最高法院将此种合理性诉求解释为“立法礼让”（prescriptive comity）。[1] 其他国家的正当利益是美国立法礼让

---

① See F. Hoffmann-La Roche Ltd. v. Empagran S. A., 542 U. S. 155, 165 (2004).

的考虑因素，[①]国会、行政机关和司法领域均存在立法礼让的实践。[②] 礼让分析的首要问题是确定外国法与美国法是否存在真实的冲突。如果存在真实的冲突，法院应寻求调和两国法律关注的核心问题，对外国利益、美国利益和国际法律体制顺利运行进行分析。

2. 立法礼让的裁量性

基于国际礼让，立法、行政和司法机关都会在立法管辖权方面保持克制。联邦最高法院将此种合理性诉求解释为“立法礼让”。[③] 但是，此种礼让在性质上并非习惯国际法上的要求，在适用上处于变动之中。

在过去的三十多年里，当遇到国际礼让和取证方面的请求时，美国法院会在外国利益与美国利益之间进行平衡，但最终几乎是一致采取有利于美国利益的立场，外国被告几乎无法成功利用国际礼让作为抗辩理由。[④]

3. 礼让原则限制域外管辖的三种法律解释方法

第四次重述第 405 条规定，作为立法礼让，美国法院解释法律时可以对其可适用性进行其他限制，避免不合理干预他国的主权权威。美国法院关于法律适用地域范围的法律解释原则更为具体，在实践中形成了体现立法礼让的推定“反对域外适用”（第 404 条）、合理解释（第 405 条）和符合国际法的解释（第 406 条）。其中，推定“反对域外适用”最为重要，其他两项法律解释原则是对“反对域外适用”的补充。

### （二）合理解释

美国基于传统管辖依据取得立法管辖权仅具有初步效力，还应考虑其他国家的正当利益，对之进行合理性分析。在存在直接的利益冲突的情况下，应遵从利益明显最大国的管辖。如果两国行使管辖权都不存在不合理性，两国的立法就会产生冲突，两国都有义务评估本国及他国行使管辖权的利益。

1. 合理解释适用的情形

第四次重述认为，合理解释是立法礼让原则的体现，不属于拒绝适用联邦

---

① See The American Law Institute, Restatement (Fourth) of the Foreign Relations Law of the United States, Pt. Ⅳ, Ch. 1, § 402(2).

② Ibid., § 402, Reporters' Notes 3.

③ See F. Hoffmann-La Roche Ltd. v. Empagran S. A., 542 U. S. 155, 165 (2004).

④ See Diego Zambrano, A Comity of Errors: The Rise, Fall, and Return of International Comity in Transnational Discovery, *Berkeley Journal of International Law*, Vol. 34, No. 1, 2016, p. 160.

法的司法裁量原则。[①] 立法礼让并非要避免干预他国主权权威，而是要避免不合理干预此种权威。如果法律条文清楚地表达了国会的立法意图，法院必须适用这个条文，即使此种适用会干涉其他国家的主权。如果适用美国联邦法符合美国的正当利益，干预他国主权权威或许就是合理的。[②] 因此，第四次重述第405条仅适用于含义模糊的制定法。[③]联邦最高法院在2004年Empagran案的判决中即已经指出这一点。[④]

2. "合理"评估标准变化

从第三次重述到第四次重述，合理解释的评估标准发生了变化，从逐案解释发展到了逐条解释。

第三次重述第403条从正反两个方面列举出合理解释在个案中应具体考虑的具体因素，需要结合各类因素进行平衡解释，但没有穷尽这些因素。在解释方法上，合理与否需要结合领土地域、国籍、正当预期、各州的利益、国际体制的利益和冲突的可能性及其他因素来综合平衡判定。这些关联因素是从管辖国的角度出发的，不仅考虑到其他国家的利益，还考虑到受管辖权影响的当事人利益，注意到了管辖对正当预期的保护或损害。这些因素在不同情况下的重要性各不相同，适用也没有明确的优先次序，适用方法过于复杂，导致法院在司法实践中享有较大的裁量权限，实践操作的难度较大。因此，联邦最高法院在实践中更多地根据推定国会"反对域外适用"和避免不合理干预他国主权权威的原则来决定美国法的域外适用范围。

第四次重述认同联邦法院的解释实践，主张根据法律条文本身的规定及条文的历史、目的进行解释，针对不同的条款规定合理解释标准。第四次重述第402条指出，基于礼让的考虑，美国行使立法管辖权会考虑其他国家因并存管辖而存在的正当利益。这一条同时指出了另外两项界定立法管辖权的法律解释原则：推定国会"反对域外适用"和"遵守国际法"。

（三）推定国会"反对域外适用"

推定国会"反对域外适用"是指美国法院应将联邦法解释为仅适用于美国

---

① See The American Law Institute, Restatement (Fourth) of the Foreign Relations Law of the United States, Pt. Ⅳ, Ch. 1, § 405, cmt. a.

② Ibid., § 405, cmt. b.

③ Ibid., § 405, cmt. a (Am. Law Inst. 2018).

④ See F. Hoffman-La Roche Ltd. v. Empagran S. A., 542 U.S. 155, 164 (2004).

境内，除非存在清楚的情况表明国会具有相反的意图。推定国会“反对域外适用”在美国的地位经历了一个发展演变的过程，近年来更出现了里程碑式的发展。

（四）避免违反国际法

避免违反国际法是联邦最高法院长期以来确立的法律解释原则，即Charming Betsy 原则。尽管国会有权推翻立法管辖权方面的国际法规定，但美国需要因此承担违反国际法的责任。

## 四、美国立法域外管辖的历史考察

一百多年来，美国金融法规域外适用经历了一个发展演变的过程，从坚持法律严格的属地性、反对域外适用到推定国会“反对域外适用”，再到立法明确域外适用条款。美国法律属地性立场演变的背后是管辖权在不同历史时期功能定位的变化，包括对他国利益的礼让、对美国当事人利益的保护等不同的价值诉求。这种诉求变化受到美国国家权力和世界政治的变化影响。在这个演变过程中，推定国会“反对域外适用”成为解释联邦法律域外管辖范围的主要方法。

（一）坚持法律严格的属地性，反对域外适用

美国在建国后至 19 世纪晚期，坚持法律的属地性，认为立法机关创制法律和法院审理案件的权限都建立在属地原则基础之上，明确反对域外适用：主权权力限于主权国家领土范围之内，行使域外管辖权违反国际法，应予以禁止。[①]美国坚持法律严格的属地性，在法理依据上经历了发展演变的过程。自 20 世纪以来，美国开始逐步放弃国际法对国家立法权严格的属地限制的立场。

1. 遵守国际法

在 18 世纪晚期和 19 世纪早期，国际法主要采取属地管辖的立场，美国的国内法同样采取此种立场。联邦最高法院认为，如果存在其他可能的解释，解释国会的立法不应违反国际法，并据此确立了著名的 Charming Betsy 原则。[②]

---

① 例如，Marshall 大法官指出，一国境内的管辖权必然是排他和绝对的，属地范围界定了一国法律适用的地域范围。See The Schooner Exchange v. M'Faddon, 11 U. S. (7 Cranch) 116, 136 (1812).

② See Murray v. The Schooner Charming Betsy, 6 U. S. (2 Cranch) 64, 118 (1804).

根据 Charming Betsy 原则，在存在其他可能的法律解释的情况下，对国会立法的解释不应违反国际法。[①] 换言之，除非国会明确授权法律违反国际法，否则禁止以违反国际法的方式解释美国成文法。具体到域外管辖领域，在没有明确规定的情况下，法律适用的地域范围应符合国际法。如前文所述，在习惯国际法上，一国可以基于效果、国籍、消极人格、保护性原则和普遍管辖等依据行使域外管辖权。换言之，根据 Charming Betsy 原则，一国享有比较宽泛的域外管辖权。美国早期没有行使域外管辖权，主要是基于本国利益诉求。

现代国际法的某些规定已经开始要求主权国家就域外事项行使管辖权，或者通过国内法来实施国际法。在此种情况下，国内法的域外适用实际上已经通过条约或习惯国际法获得他国的同意，"反对域外适用"所基于的前提——避免产生对外关系的冲突已经不存在，这时仍然坚持"反对域外适用"存在不妥。

2. 国际礼让

随着习惯国际法在立法管辖权方面的属地立场逐渐放松，"反对域外适用"的依据也走向多元化。在 20 世纪初，联邦最高法院从解决法律冲突、基于国家间的礼让角度阐述"反对域外适用"的理论依据。美国联邦最高法院在美国香蕉案的判决中确立了一项"普遍规则"：推定所有立法都是属地的，[②]一项行为是否合法必须由行为地所在国法律判断。[③] 这种属地原则约束了法院的管辖权，美国法院的管辖权终止于美国的领土边界。这一观点实际上为推定国会"反对域外适用"提供了铺垫。

此种立场的历史背景在于，此时的美国尚处于大国起步阶段，不愿意欧洲强国干预美国的内部事务，具有浓厚的对外关系考虑色彩。因此，美国对其本国立法管辖权的行使保持克制态度，礼让他国利益，坚持严格的属地管辖原则。

(二) 法律属地立场的缓和，推定"反对域外适用"

20 世纪以来，美国对法律严格的属地立场有所缓和，典型表现是联邦法院对国会立法管辖地域范围的解释，由"反对域外适用"发展到了推定"反对域外适用"，为美国法的域外适用提供了一定的空间。所谓推定"反对域外适用"，是指在解释联邦法能否适用于域外事项时，除非存在相反的规定，否则联邦法院

---

① See Murray v. The Schooner Charming Betsy, 6 U.S. (2 Cranch) 64, 118 (1804).

② See American Banana Co. v. United Fruit Co., 213 U.S. 347 (1909).

③ Ibid., 213 U.S. 347, 356 (1909).

通常会推定国会立法时不具有将法律域外适用的意图。

1. 推定“反对域外适用”的基本原理

推定国会“反对域外适用”是联邦法院广泛采纳的法律解释方法，最初建立在推定国会不愿意违反国际法这一原理之上。其后，避免因域外适用美国法而与外国法发生冲突，引起国际关系的紧张，以及国会主要关注国内事项的职权划分，成为推定“反对域外适用”的基本原理。

首先，避免国际冲突。推定“反对域外适用”是为了避免美国法适用于美国域外的行为所可能产生的冲突。在国会没有就法律的域外适用作出明确规定的情况下，应推定国会“反对域外适用”。

其次，立法、司法和执法权力分立的考虑。美国《联邦宪法》第 1 条将立法权赋予国会。国会立法主要关注国内事务，行政部门负责对外事务，在对外关系中发挥着主要作用。法院解释适用法律时，要避免造成行政部门预期之外的对外关系冲突。[①] 换言之，问题的关键并不在于美国成文法与外国法之间是否存在冲突的风险、域外适用所引起的对外关系后果，而在于法院是否具有判断此种后果的职权和能力。

由于政府在对外关系方面享有相应的权力，随着行政权力在实践中的扩张，国会越来越多地授权行政机关制定各种规章。在政府机构提起诉讼的情况下，鉴于政府与法院在诉讼中的结合，法院自然可以降低“反对域外适用”的推定程度。相反，在私人提起诉讼的情况下，法院会更容易推定“反对域外适用”。但是，一国并非总是反对适用外国法，在一些情况下反而会欢迎适用外国法。[②]

最后，节约法律资源。推定“反对域外适用”也是为了节约法律资源，避免管辖与美国无关的域外事项。

2. 推定“反对域外适用”的发展演变

20 世纪以来，美国从债务大国转型为债权大国并进行了全球扩张，需要国内法在其中发挥一定的作用，美国法开始朝着域外扩张，在反垄断、证券监管和刑法等领域都表现突出。这种域外管辖现象及其具体依据自 20 世纪后半期以

---

① 联邦最高法院在以下案件中指出了这一点：Kiobel v. Royal Dutch Petroleum Co., 133 S. Ct. 1659, 1664(2013)；RJR Nabisco, Inc. v. European Community, 136 S. Ct. 2090, 2100 (2016)。

② See Kiobel v. Royal Dutch Petroleum Co., 133 S. Ct. 1659, 1669 (2013).

来得到明显发展，被认为是美国“出口”的“三大件”之一。[①]

冷战时期，域外管辖成为美国在商业领域重要的斗争策略，在推广美式自由资本主义、遏制苏联、扩大美国的影响力等方面发挥了重要作用。1965 年，第二次重述将推定“反对域外适用”纳入其中，明确规定“除非另有明确规定，美国的制定法(无论是联邦还是州制定)仅适用于美国境内的行为以及对美国境内产生影响的行为”。但是，1949 年至 1987 年，联邦法院层面没有适用过此种推定。1987 年，第三次重述甚至删除了“反对域外适用”推定。

冷战结束以后，美国在全球进行市场开拓，以实现资源的全球优化配置。美国法律的域外适用诉求需要从防御欧洲列强干预、构造国家霸权、美苏争霸转变成维护美国在全球的商业利益和美国当事人的利益，增强美国在全球(特别是商业领域)的影响力。域外管辖成为既施加美国影响力又避免承担国际义务的有效方式，同时也是跨境传播美国法律规范的有效方式。自 1989 年以来，联邦最高法院在很多案件中采纳了“反对域外适用”推定的方法，[②]第四次重述再次将“反对域外适用”议题纳入其中。

第四次重述第 404 条就推定“反对域外适用”作出了规定，并采取更为中性的“地域范围”(geographic scope)来指代“域外”(extraterritorial)这个词，以避免混淆。[③] 第 405 条规定，推定“反对域外适用”并不妨碍法院采取其他礼让性质的限制解释，法院可以采用体现立法礼让的其他限制性标准来补充“反对域外适用”这一推定，只要这样做符合法律条款的文字规定、历史和目的。[④]

综上，法律适用的地域范围之主张处于发展变动之中，服务于维护本国的利益，而非僵化地固守“反对域外适用”推定。美国为了避免在管辖权和实体法适用方面同外国发生冲突，采纳了推定国会“反对域外适用”，主要是基于国内

---

① See V. Rock Grundman, The New Imperialism: The Extraterritorial Application of United States Law, *International Lawyer*, Vol. 14, No. 2, 1980, p. 257.

② 这些案件包括：Argentine Republic v. Amerada Hess Shipping Corp., 488 U. S. 428, 440-441 (1989); E. E. O. C. v. Arabian American Oil Co., 499 U. S. 244, 248 (1991); Microsoft Corp. v. AT&T Corp., 550 U. S. 437, 454-456 (2007); Morrison v. Nat'l Austl. Bank, Ltd., 561 U. S. 247, 255 (2010); Kiobel v. Royal Dutch Petroleum Co., 133 S. Ct. 1659, 1664-1665 (2013); RJR Nabisco, Inc. v. European Community, 136 S. Ct. 2090 (2016)等。

③ See The American Law Institute, Restatement (Fourth) of the Foreign Relations Law of the United States, Pt. Ⅳ, Ch. 1, § 402, Reporters' Notes 1.

④ Ibid., § 405, cmt. c.

法的因素考虑。在一国立法仅关注国内事项,致力于实现国内的价值诉求和偏好的情况下,国内法自然应仅适用于本国域内。

但是,在一国转化适用国际法的情况下,关于国内法适用的地域范围之推定解释,需要考虑一国创制国内法的权力来源,不能简单地推定立法机关“反对域外适用”。首先,在一国承担国际法义务进行立法的情况下,国内法成为实施国际法的手段,国内法域外适用所需要考虑的“语境”内容包括国际法、部门法等综合情况。换言之,推定“反对域外适用”解释的方法并没有变,变化的是解释所参照的“语境”内容,不再局限于国内法。如果国际法明确要求各国承担域外管辖义务,推定相应国内法“反对域外适用”显然不合适。

## 第二节 推定国会“反对域外适用”的“两步法”

不同的法律需要不同的解释规则,如行政执法诉讼需要遵循切夫朗原则,私人民事诉讼需要遵循 Charming Betsy 原则,刑事诉讼需要遵循从宽解释原则。随着推定国会“反对域外适用”成为美国解释法律域外管辖立场的最主要方法,联邦法院的法律解释技术同样得到发展,从“明确声明”规则到“两步法”。在近年的一些案件中,法院不仅考察立法是否具有域外管辖的意图,还自行解释什么是域外管辖,域外管辖的立场更具有迷惑性。

### 一、从“明确声明”规则到“两步法”

“明确声明”规则认为,只有法律本身明确规定了域外适用,该法律才可以域外适用。换言之,要推翻国会“反对域外适用”这一推定,立法条文必须存在其可以适用于域外的明确规定。很明显,这种方法简单明了,但已经无法解释域外管辖权的实践。

在 2010 年的 Morrison 案中,联邦最高法院没有简单地遵循“明确声明”规则来推定国会“反对域外适用”,而是确立了从法律和事实两个层面判断国会意图的“两步法”,通过法律解释的方式来考察立法是否存在推翻“反对域外适用”的意思,进一步发展了推定“反对域外适用”这一解释方法。

### 二、“两步法”的具体含义

“两步法”是联邦法院分析联邦法适用地域范围的两个步骤。首先,如果国会就域外适用事项作出明确的规定，则按规定执行。其次，如果国会没有作出规定，则需要进一步考察可能适用的法律条款所关注的事项是否发生在美国境内。如果法律条款所关注的事项没有发生在美国境内，仍然适用这个条款就构成了域外适用。

### （一）法律条文层面的明确规定

法院推定国会“反对域外适用”是法院对国会立法意图的解释，并没有限制国会的立法权。如果立法在法律适用的地域范围方面作出规定，则这种“反对域外适用”的推定可以被推翻。如果国会没有域外适用的意图，则需要考察法律条文所关注的事项是否发生在美国境内。换言之，判断法律是否应域外适用，法院需要考察国会的意图。实践中，美国法院发展出“效果标准”“行为标准”和国籍理论等依据来扩张立法管辖权。

值得注意的是，这种推定并非“明确声明”规则，法院对国会意图的考察已经不再是简单地查找法律是否就域外适用问题存在明文规定，[①]而是考察法律条文的“语境”、结构和立法历史。法院通过考察有关国会意图的各种证据，以决定这种推定是否应被推翻。

### （二）“焦点事项”是否发生在美国境内

在第二阶段，法院会考察具体法律条款关注的“焦点事项”是什么及其发生地点，以确定案件是否涉及国内适用该法。如果具体条文“聚焦”的是美国境内的事项，并且个案中的该事项发生在美国境内，则此时适用该条文属于正常的国内法律适用。如果“聚焦”的事项发生在美国境外，那么会构成域外适用，该条文无法得到适用。

首先，法院会考察所适用的法律条文所关注的事项是国内事项还是具有域外性的事项。推定国会“反对域外适用”并不是指美国法只能适用于美国境内的行为。联邦最高法院在 Morrison 案判决中明确否定了这种机械的理解，指示下级法院关注法律具体条款所“聚焦”的事项是否发生在美国境内。对“焦点事项”的判断需要结合整体法律条文和特定法律条文的解读来实现。有关确定法律规范含义的所有证据都可以用来确定国会立法时的“域外适用”意图。这些证据包括立法目的、立法历史。在 Morrison 案中，联邦最高法院在判断美国

① See Morrison v. Nat'l Austl. Bank, Ltd., 561 U.S. 247, 265 (2010).

《证券交易法》10(b)条款的域外适用范围时,考察了该部法律的其他条款,甚至还考察了与之相关的美国 1933 年《证券法》。[①] 如果与法律条文所关注事项相关的行为发生在美国,案件就可能适用美国法,即使案件中的其他行为发生在美国境外。反之,即使案件中的其他行为发生在美国境内,也不会适用美国法。

其次,不同法律条文所关注的"焦点事项"会存在差异。同一部法律的不同条文所关注的事项不同,可能存在一些条文可以域外适用,另外一些条文仅适用于本国境内的情形。值得注意的是,一些法律条文所关注的事项可能不具有地域性。从既有司法判决实践看,"交易""行为"和"损害"都有可能是特定法律规范条文的"焦点事项"。[②]

自联邦最高法院在 Morrison 案判决确立两步分析法后,"反对域外适用"解释方法及适用范围均出现了新动向。

首先,在适用范围方面,一般认为推定"反对域外适用"是对联邦实体法所适用地域范围的解释,针对的是法律所调整的行为而非法院的管辖权,不适用于联邦法院事项管辖权的解释。但是,在 Kiobel v. Royal Dutch Petroleum, Co. 案(以下简称"Kiobel 案")中,联邦最高法院指出,即使涉及 ATS 法案这样的管辖权(而非实体性的)法律规范,"反对域外适用"的解释方法仍然可以适用。[③]

其次,"反对域外适用"解释方法呈现出扩大的现象。ATS 法案授权美国地区法院管辖外国人提起的任何民事诉讼,只要被诉的侵权行为违反了国际法。但是,这部法案本身并没有就此种侵权诉讼规定实体性的条款和救济措施。在 Kiobel 案和 RJR Nabisco, Inc. v. European Community 案(以下简称"RJR Nabisco 案")中,联邦最高法院认为,法院必须推定国会"反对域外适用",无论所涉及的法律是调整行为、提供救济还是调整管辖权问题。[④] RJR Nabisco 案进一步扩大了"反对域外适用"的解释适用范围,[⑤]明确了《外国人侵权求偿法》不适用于完全发生在美国境外的行为。在 2018 年 4 月的 Jesner v. Arab

① See Morrison v. Nat'l Austl. Bank Ltd., 561 U.S. 247, at 267-268 (2010).

② See The American Law Institute, Restatement (Fourth) of the Foreign Relations Law of the United States, Pt. Ⅳ, Ch. 1, § 404, Reporters' Notes 8.

③ See Kiobel v. Royal Dutch Petroleum Co., 133 S. Ct. at 1664.

④ See RJR Nabisco, Inc. v. European Community, 136 S. Ct. 2090, 2101 (2016).

⑤ Ibid.

Bank, PLC 案判决中,联邦最高法院认为,根据《外国人侵权求偿法》,只能起诉自然人,不能起诉公司。

最后,国会与联邦最高法院的域外管辖立场存在差异。国会在一些立法中推翻了联邦最高法院推定"反对域外适用"的判决立场,最典型的体现就是《多德-弗兰克法案》关于官方执行《证券法》的域外适用规定。

## 三、推定"反对域外适用"的行政解释与司法遵从

法律的域外适用(或管辖)可以通过法院诉讼或监管机构的监管来实现,分别表现为联邦法院判决和监管机构的行政解释。从金融监管实践看,金融监管机构创制监管规范,通常是根据法律的一般性授权。但是,法律通常不会就具体条款适用的地域范围(或域外适用问题)授权监管机构创制规范。监管机构关于是否依法监管域外行为的决定是否应得到司法的遵从?法院关于法律域外适用范围的认定是否可以代替监管机构的行政解释?监管机构是否可以作出不同于法院的认定?法院应在多大程度上遵从监管机构的行政解释?这些问题是探讨一国金融法规域外管辖议题的基础。

### (一)司法遵从行政的基本原理

根据立法是否存在对行政的授权,司法遵从行政可以分解为以下两个层面的问题:首先,如果法律对域外适用问题有规定,则遵从法律的规定。法律也可以就域外适用问题不作明文规定,而是授权相应行政机构在其后的实践中予以规定。其次,如果立法没有明文授权行政机构来解释法律条文的域外适用问题,法院应在多大程度上遵从行政机构对法律的解释?这是问题的难点所在。

联邦最高法院在 1984 年的切夫朗(Chevron)案中回答了这一问题。在 1984 年之前,美国法院虽会考虑行政机关的法律解释,但会依照自己的独立判断来解释法律,即"斯基德莫遵从"(Skidmore Deference)。在切夫朗案中,联邦最高法院判决主张,当法律含义模糊不清时,行政机关的解释只要"合理",就对法院有拘束效果。[1] 这一分析框架在其后的实践中得到了完善,形成了切夫朗原则。

切夫朗原则建立在授权理论的基础之上。如果国会明确将问题留给行政

---

① See Chevron U. S. A. Inc. v. Nat. Res. Def. Council, Inc., 467 U. S. 837, 842-845 (1984).

机构来解决,其实是明确授权行政机构通过制定条例的方式阐释法律的特定条款。在此种情况下,法院应遵从行政机构的解释。推定国会“反对域外适用”实际上是国会没有将法律域外适用这一政策导向的决策权赋予法院,这种权力分配的背后是《联邦宪法》没有将政策制定权和对外关系方面的权力赋予法院,而是给了行政部门。如果国会没有就成文法适用的地域范围作出明确规定,但行政机构根据立法授权作出行政解释,那么法院应遵从此种行政解释。

推定国会“反对域外适用”适用于联邦成文法的实体条款以及明确或默示的联邦诉因,但不适用于赋予联邦法院事项管辖权的条款。

如果法律没有明确授权行政机构解释法律,在行政机构就法律条文存在合理解释的情况下,法院应尊重行政机构的合理解释,可以理解为默示授权。这是因为,相关行政机构更熟悉所主管的事项,能够更清楚地评判与之相关的法律规范意图。在 Arlington v. FCC 案中,联邦最高法院判决认为,行政机构在其自身的管辖范围上具有决定权。①

同理,如果立法没有就法律适用的地域范围作出明确规定,但行政机构就此存在明文规定,那么法院应遵从行政机构在授权范围内所作出的合理解释。从域外管辖的司法实践看,联邦最高法院确实遵循了切夫朗原则。②

### (二)“反对域外适用”推定解释中的“司法遵从行政”案例实践

在 Foley Bros. v. Filardo 案中,联邦最高法院首次讨论了“反对域外适用”推定解释与行政机构解释之间的关系。③ 这个案件涉及联邦《8 小时法案》中的加班工资规定是否适用于美国企业在境外签订的劳动合同。法院认为国会没有推翻“反对域外适用”的明确意图。④ 但是,在进一步考察了这部法律的行政解释是否就域外适用问题作了规定之后,法院指出,尽管行政解释没有直接涉及这部法律的域外适用问题,但倾向于限制这部法律适用的地域范围。⑤

---

① See Kiobel v. Royal Dutch Petroleum Co., 133 S. Ct. 1863, 1874 (2013).

② See The American Law Institute, Restatement (Fourth) of the Foreign Relations Law of the United States, Pt. Ⅳ, Ch. 1, § 404, Reporters' Notes 12.

③ See Foley Bros. v. Filardo, 336 U. S. 281 (1949).

④ See Foley Bros. v. Filardo, 336 U. S. at 285-288.

⑤ See Foley Bros. v. Filardo, 336 U. S. at 290; William S. Dodge, Chevron Deference and Extraterritorial Regulation, *North Carolina Law Review*, Vol. 95, No. 4, 2017, pp. 934-935.

在 K. Mart Corp. v. Cartier, Inc. 案[①]中，联邦最高法院适用了切夫朗案所确立的“两步法”分析框架来评估行政机构关于法律属地范围的解释。美国国会通过的关税法案禁止进口外国制造、美国国民持有商标的商品。美国海关据此发布的条例规定了“共同控制”和“授权使用”这两项例外。在利用“两步法”分析“共同控制例外”时，Kennedy 法官认为，“外国制造”这个词既可以指商品在国外制造，也可以指商品由外国公司制造；行政机构有权选择合理的界定方法来解释这部法律，并可以认定美国境内的外国分支结构生产的商品不属于“外国制造”。[②] 联邦最高法院采纳了海关关于“外国制造”的解释，将美国境内外国分支机构生产的商品排除在外，遵从了行政机构对这部法律适用地域范围的认定。

EEOC v. Arabian American Oil Co. 案[③]涉及联邦法院赋予 EEOC 1998 年解释 1964 年《民权法案》第七章（禁止就业歧视）域外适用范围的指南以何种地位。联邦最高法院认为，国会没有授权 EEOC 就第七章制定规章条例，指南的说服力很有限，无法否定国会“反对域外适用”的推定，因而无法适用于美国公司境外雇用美国公民的情形。[④]

通过司法遵从行政，联邦法院将美国监管机构扩张美国市场的理念和原理融入判决中，切夫朗原则对于美国国内法的跨国化具有重要影响。

## 第三节　美国的司法管辖权

金融法律制度除了界定法律关系主体相互之间的权利义务关系外，还需要规定法律责任制度，以落实和保障前述权利义务关系。法院诉讼是执行金融法律制度、界定权利义务关系、明确法律责任的保障措施。这一切都建立在法院对案件享有管辖权的基础之上。司法管辖连接立法管辖和执法管辖，不仅关涉诉讼的便利性，还会影响法律选择和案件的实体裁判结果，是美国法调整域外

---

① 关于本案的分析，参见 William S. Dodge, Chevron Deference and Extraterritorial Regulation, *North Carolina Law Review*, Vol. 95, No. 4, 2017, pp. 935-936。

② See K. Mart Corp. v. Cartier, Inc., 486 U. S. at 292-293.

③ 关于本案的分析，参见 William S. Dodge, Chevron Deference and Extraterritorial Regulation, *North Carolina Law Review*, Vol. 95, No. 4, 2017, pp. 938-939。

④ See EEOC v. Arabian American Oil Co., 499 U. S., at 259.

事项的程序保障。美国的金融诉讼制度以及金融法的域外适用是在联邦和州的双重司法体制框架下逐步发展起来的，联邦法院司法管辖权制度在其中发挥了重要作用。由于美国经济在全球的影响力和纽约的国际金融中心地位，美国法院在以外国人为被告的诉讼方面积累了丰富的判例。

## 一、联邦制结构下的司法管辖制度

在联邦制结构下，美国存在联邦法院与州法院两套几乎相互独立的司法系统，两类法院各有自己的司法管辖范围，进而影响到美国的司法管辖制度。原告在美国提起诉讼，首先需要明确在哪个州提起诉讼，然后需要按照纠纷内容确定应向该州的联邦法院还是州法院提起诉讼。前者表现为对人管辖权，后者表现为事项管辖权。此外，在符合对人管辖和事项管辖的情况下，还必须符合诉讼审判地的规定。在享有对人管辖权和事项管辖权的情形下，法院仍然可以基于"不方便法院审理"的理由拒绝行使管辖权。主张"不方便法院审理"的当事人负有举证责任。由于外国人在美国通常没有居所，因而《外国人审判地法》规定，以外国人为被告的诉讼不受一般或特别联邦审判地法律的限制。

### （一）事项管辖权：联邦与州法院管辖权划分

事项管辖权是指法院受理特定类型案件的权力，是在联邦法院与州法院之间划分管辖权的重要依据。此种权力不会由于当事人同意、放弃或禁止反言而丧失。事项管辖权的划分具有历史背景因素，进而决定了其特征、范围。

1. 事项管辖权的历史背景

美国独立前，13 个英属殖民地都有自己的法院系统。美利坚合众国成立后，13 个殖民地成为组成联邦的 13 个州，但各州都希望最大限度地保持自主性。这种矛盾同样存在于美国司法体制设计过程中，最终在《联邦宪法》第 3 条中达成妥协。

根据《联邦宪法》第 3 条第 1 款的规定，美国的司法权属于联邦最高法院以及国会随时规定设置的下级法院。联邦地区法院是在联邦法院体系中的基层法院，是具有一般管辖权的第一审法院。联邦上诉法院是美国司法系统中最具有影响力的法院之一，具有创建判例以及听取地区法院上诉的权责。大多数案件的终审判决均来自上诉法院，上诉法院对于美国司法有着极大的影响。在此结构安排下，联邦法院与州法院的职权划分就成为需要解决的问题。

2. 通过事项管辖权划分联邦与州的司法权

联邦法院与州法院的管辖权划分主要通过事项管辖权的规定来实现。《联邦宪法》第 3 条第 2 款对联邦法院事项管辖权作了简要的规定,成为联邦法院管辖案件的基本法律依据。根据这一条款的规定,属于联邦法院事项管辖权范畴的案件通常包括三类:

(1) 异籍案件

《联邦宪法》第 3 条授权联邦法院管辖一州或其公民与外国或外国公民或国民之间的诉讼。这需要当事人州籍不同且争议标的额达到法定标准。其中,对外国人的管辖案件通常涉及国际关系。为确保对外关系立场的一致性,《联邦宪法》第 3 条将一州或其公民与外国公民之间的诉讼纳入联邦法院管辖的事项范围。

(2) 联邦问题诉讼案件

联邦法院对依美国《联邦宪法》、法律或美国缔结的条约所产生的民事诉讼具有管辖权,即联邦问题事项管辖权。联邦最高法院认为,"联邦问题"必须是联邦法律创制了诉因或者原告的权利救济必须是基于联邦法律上的实质性问题的解决。[①] 美国很多实体性的联邦成文法授权联邦法院管辖此类成文法项下的民事诉讼。联邦层面的证券法、反垄断法、专利法等都授权联邦法院行使司法管辖权。在外国主权国家豁免诉讼中,如果被告外国主权国家放弃豁免,则联邦法院取得对被告的事项管辖权,因为《外国主权豁免法》赋予联邦法院对此种情形的事项管辖权。

(3) 补充管辖案件

国会授权联邦最高法院审查州法院涉及联邦问题的判决,并将某些基于联邦法抗辩的州法院诉讼案件移交给联邦法院。

3. 事项管辖权的特征

首先,事项管辖权是在联邦法院与州法院之间划分管辖权,是美国国内法上的问题。

其次,事项管辖权不属于当事人协议管辖的范围。如果某一事项不属于联邦法院管辖,则即使存在当事人协议选择联邦法院管辖或者法院对被告享有对

---

① 参见蔡彦敏、洪浩:《正当程序法律分析——当代美国民事诉讼制度研究》,中国政法大学出版社 2000 年版,第 86 页。

人管辖权，仍然无法确立联邦法院对该案件的管辖权。

最后，对事项管辖权的异议可以由当事人提出，也可以由法院主动提出，并且可以在终局判决作出前的任何阶段提出。

（二）事项管辖权与立法管辖权的区分

事项管辖权与立法管辖权在实践中常容易发生混淆，两者在性质上存在明显的不同。

事项管辖权是在联邦法院与州法院之间划分司法管辖权，是美国法院根据联邦法所享有的案件裁判权，属于程序问题。立法管辖权决定法律适用于域外的人或行为，关注实体法适用的地域范围，涉及法院对案件实体问题的裁判，是在美国与外国之间划分对案件实体问题的立法权。联邦成文法能否适用外国当事人或美国境外行为，是实体问题而非事项管辖问题。在决定联邦成文法条文适用的地域范围方面，联邦法院享有事项管辖权。如果法院认定某个条文无法适用于特定案件的实体问题，则法院驳回原告诉讼请求的理由是该诉讼请求在实体法上不成立，而非法院不享有事项管辖权。①

在 Hartford Fire Ins. Co. v. California 案中，联邦最高法院将《谢尔曼反托拉斯法》适用于域外行为解释为联邦地区法院的事项管辖权问题。② Scalia 大法官在该案的判决异议中指出，这个案件的问题不在于联邦法院是否应对被诉行为行使事项管辖权，而在于国会立法是否具有调整此种域外行为的意图，即《谢尔曼反托拉斯法》的法律解释问题。③ 在本书后文讨论的 Morrison 案中，联邦最高法院判决认为，将域外适用问题看作事项管辖权是错误的。10(b)条款的适用范围问题是要回答该条款禁止哪些行为，是一个实体问题。④

## 二、民事诉讼领域的对人管辖权

对人管辖权指的是法院有权让某人进入裁判程序并作出判决，关注法院是否有权管辖针对某个特定人的求偿。司法主权和《联邦宪法》正当程序原则共

---

① See The American Law Institute, Restatement (Fourth) of the Foreign Relations Law of the United States Pt. Ⅳ, Ch. 2, § 421, Reporters' Notes 8 (Am. Law Inst. 2018).

② See Hartford Fire Ins. Co. v. California, 509 U.S. 764, 798-99 (1993).

③ See Hartford Fire Ins. Co. v. California, 509 U.S. 764 (1993), at 813-821 (Scalia, J., dissenting).

④ See Morrison v. Nat'l Austl. Bank Ltd., 130 S. Ct., at 2877.

同划定了对人管辖权的范围。

（一）对人管辖权的地位与裁量性

相比事项管辖，对人管辖面临的问题更为复杂，是美国诉讼管辖权争议实践中经常重点讨论的问题，在立法、司法和执法管辖中具有基础性地位，显得更加重要。

1. 对人管辖权的重要地位

首先，在通过司法实现美国法域外管辖的情况下，法院取得对人管辖权才能行使裁判管辖权，进而美国实体法才有可能适用于案件，实现立法管辖和执法管辖。换言之，对人管辖会影响法院在案件审理阶段的实体法律选择，具有"筛选"立法管辖权的作用。有时，会出现美国法院与其他国家都对同一案件享有管辖权的情形。美国法院可以根据"不方便法院"原则驳回起诉，或者禁止当事人在国外提起平行诉讼，确保各州不会通过其辖区法院超越管辖限制行使立法管辖权而适用本州法律。早在 20 世纪 80 年代，联邦最高法院在判决中就曾指出，对人管辖具有司法和立法管辖两个方面的功能。[①]

其次，对人管辖是法院司法管辖权的核心内容。从管辖权是主权权力体现的角度看，对人管辖划分了美国州际司法管辖权。在行使裁判管辖权的过程中，美国法院可能要求受管辖的人提供证据，即使该人或证据位于美国境外，并对不遵守此种要求的人实施制裁，即使提供证据的行为可能违反外国强制性的规定。

再次，对人管辖权关注诉讼当事人的权益问题，具有保护被告免受外州（或外国）法院过度管辖的功能。管辖权的权利属性要求对人管辖权遵循《联邦宪法》正当程序要求，并受联邦法和州法调整。正当程序原则要求对人管辖考虑当事人的诉讼负担和便利性等因素，包括原告和被告。由于诉讼是由原告提起的，原告在某个法院提起诉讼通常就意味着其接受法院的管辖，因而对人管辖权实践中通常关注的是被告的权利。法院可以基于被告与法院所在州的各种联系（人、财产或成功送达）行使管辖权，被告的应诉成本与诉讼便利等因素是对人管辖权重要的考虑因素。当事人与法院所在州的最低限度联系成为评估对人管辖方面衡量当事人公平性的要素。

---

① See World-Wide Volkswagen Corp. v. Woodson, 444 U.S. 286, at 291-292 (1980).

最后，法院对属地范围内的当事人行使司法管辖权，借助当事人对境外事项的控制，进而间接实现法院将美国法适用于美国境外的事项。金融资产具有无形性，对人管辖权在美国金融法规的域外适用中具有更重要的意义。

2. 对人管辖权的裁量性

与事项管辖权不同，对人管辖方面的要求服务于保护被告这一个体的权利，被告可以放弃这些权利，同意接受法院管辖。在未经非本州居民被告同意的情况下，法院行使对人管辖权，需要符合正当程序条款。同样，当事人也可以通过意思表示选择适用特定国家的法律或接受特定国家的法院管辖。

（二）对人管辖权的正当程序要求

正当程序旨在保护私人免受不公平的司法待遇，主要关注公平、便利和合理性，推动对人管辖权的划分标准从属地、主权限制向着公平、诉讼当事人的权利方向发展。

由于《联邦民事诉讼规则》第 4 条的援引，《联邦宪法》第十四修正案关于正当程序的规定通常也适用于联邦诉讼。联邦最高法院将正当程序条款运用到司法管辖权领域，要求原告提供表面证据证明被告与法院所在州存在充分的最低限度联系，法院行使管辖权不会违反传统的公平竞争和实质正义理念。[①] “真实联系”和“合理”两个要素是正当程序在对人管辖方面的要求，即当事人与法院具有充分的联系，并且法院行使管辖权具有合理性。“真实联系”和“合理”侧重于考虑诉讼对当事人的影响，衡量原告、被告和国家的裁判利益，限制管辖权的不当行使，经历了属地管辖标准、“出现”标准、“最低限度的联系”标准。

1. 属地管辖标准与“充分信任与尊重条款”

在《联邦宪法》第十四修正案正当程序条款产生之前，对人管辖权的确定适用普通法（common law），受国际法属地管辖原理的影响，即主权国家对本国领土范围内的人与财产享有管辖权。在这期间，与管辖权相关的条款是“充分信任与尊重条款”（full faith and credit clause）。根据《联邦宪法》第 4 条规定的“充分信任与尊重条款”，对人管辖只有符合正当程序要求，法院所作出的判决才能获得美国其他州所在法院的“充分信任与尊重”，并得到有效的承认与执行。

---

① See International Shoe Co. v. Washington, 326 U.S. 310, 316 (1945).

2. “出现”标准与正当程序条款

“出现”标准关注的是人员或财产是在本州境内“出现”，即各州对本州境内的人员行使管辖权，但不得对境外的人员行使管辖权。

“出现”的具体判断标准经历了演变过程。早先，法院为确保被告能出庭，需从人身上控制被告。这种控制后来演变成只要被告位于美国领土范围内接受送达或自愿出庭，美国法院即可对其行使管辖权。随着原告及其律师承担送达任务，法院以向被告送达起诉书副本和传票来代替对被告人身的实际控制。

1877 年，联邦最高法院在 Pennoyer v. Neff 案（以下简称“Pennoyer 案”）的判决中，就非居民被告的对人管辖权所应符合的正当程序问题作出判决，成为“出现”标准的标志性判例。根据该案判决，除非被告同意，否则州法院通常仅管辖本州境内的人员或财产。[①] 这种“出现”的判断标准包括被告的居所或住所位于法院的辖区、被告出现在法院辖区以及被告放弃管辖权异议。尽管本案中法院管辖的是自然人，但这种管辖标准同样适用于在法院地从事经营活动的外国公司。[②] 针对法人而言，“出现”的判断标准包括在法院辖区内任命接受传票的代理人、设立公司办事处、开立银行账户等。Pennoyer 案之后，非居民的财产“出现”在法院地所在州，该州（或位于该州的联邦）法院即对与该财产相关的诉讼享有对人管辖权。即使非居民被告没有出现在法院地或者未同意接受管辖，法院仍然可以通过扣押被告在法院地的财产和送达通知的方式取得管辖权。但是，此类管辖仅在被管辖物的自身价值范围内对被告具有约束力。

可以看出，“出现”标准建立在对被告的实际支配能力基础之上，关注的是法院对被告的控制关系，是属地管辖的体现。这种属地管辖的逻辑背后是联邦各州相互尊重对方的主权，即“权力支配”理论。在刑事诉讼领域，美国法院仍然奉行“出现标准”：除非被告人在审判开始前出现在美国境内，否则美国法院不得对被告人行使刑事管辖权。

在 Pennoyer 案中，美国联邦最高法院进一步强化了属地管辖标准的地位，但对人管辖开始考虑到了正当程序因素。联邦最高法院认为，被告有权根据《联邦宪法》第十四修正案正当程序条款质疑法院的对人管辖权。法院只有在

---

① See Pennoyer v. Neff, 95 U.S. 714, 720 (1877).

② See Due Process Limits on the Jurisdiction of Courts: Issues for Congress (Updated September 14, 2017), p. 3.

其辖区所在州对被告进行了送达,才能取得管辖权。本案被告并非俄勒冈州居民,在该州无居所,没有出现在该州境内,俄勒冈州法院对被告作出的缺席判决无效。[①]《联邦宪法》正当程序条款开始与对人管辖权产生约束作用。

3. "送达"对"出现"标准的缓和

《联邦民事诉讼规则》第4(k)条规定,向被告送达传票或提交送达弃权声明,联邦法院即对被告取得对人管辖权。根据《联邦宪法》第五修正案、第十四修正案的正当程序精神,民事诉讼送达必须能够合理通知相关当事人诉讼的争议事项并给予其表示异议的机会。对于刑事诉讼而言,被告需要出现在美国境内。否则,美国需要借助国际合作,通过引渡方式将被告带回美国境内实施管辖。在此种限制性要求的基础上,各州法律授权州法院行使对人管辖权。在对被告实现适当送达或放弃送达权利的情况下,美国法院可以取得对被告的管辖权。

联邦法院在对人管辖权的规定方面与所在州法院存在很大的相似性。这是因为,多数的联邦诉讼都借用联邦法院所在州的对人管辖规则,包括各州制定的调整州法院对非居民被告管辖权的长臂管辖法规。这也使得联邦法院可能因所在州对人管辖权的差异而造成联邦法院层面在对人管辖范围上的差异。

《联邦民事诉讼规则》第4(k)(2)条就对人管辖权作了特殊规定,在成文法规定了全国性的管辖权的情况下,允许对被告进行全国范围内的送达,以被告与美国(而非美国的某个州)存在最低限度的联系确立管辖权。此种管辖权必须符合美国《联邦宪法》和法律,包括需要符合《联邦宪法》第五修正案规定的正当程序。第五修正案规定被告与美国的联系应被看成一个整体,而非仅限于被告与法院地的联系。

### (三)联邦法院对外国人的管辖情况

本书所讨论的外国被告是指美国境外的外国人被告。很长一段时间以来,联邦法院并没有严格区分国内诉讼案件和以外国人为被告的案件。但是,联邦最高法院围绕对人管辖发展出一系列规则,典型判决大多集中在跨境诉讼领域,特别是涉及外国被告的情形。自2011年以来,联邦最高法院审理的对人管辖案件中,涉及外国被告的案件增多。

美国法院在对外国人的管辖标准方面同样经历了"出现"标准、"最低限度

---

① See Pennoyer v. Neff, 95 U.S. 714 (1877), at 733.

联系"标准和"在家"标准的演变过程，根据法院对被告的管辖范围，形成了一般管辖和特定管辖。

## 三、联邦法院对外国人的管辖标准："最低限度联系"标准

### （一）"最低限度联系"的背景与含义

1. "最低限度联系"出现的背景

随着交通、通信技术的发展，美国经济日益工业化并向全球扩张，"出现"标准面临新问题。

首先，外国人即使没有"出现"在美国，也可以从事涉及美国的活动、与美国建立联系，基于"出现"的属地管辖标准受到挑战。

其次，随着公司跨州交易活动的增多，严格适用属地管辖标准面临困难。公司是拟制的独立法人实体，在特定的州注册成立，但跨州经营活动使得多个州都可能根据"出现"标准主张对人管辖权。

国际鞋业公司诉华盛顿州案（以下简称"国际鞋业公司案"）被认为是分析美国现代司法管辖权起点性质的案例。在嗣后的司法实践中，为了判断"最低限度联系"，确立对人管辖的标准，产生了一般管辖权与特定管辖权的区分，而且在很长一段时间内主要讨论特定管辖权的标准。

2. "最低限度联系"的含义

在国际鞋业公司案中，联邦最高法院通过宽泛地解释正当程序条款，确立了管辖外国被告的"最低限度联系"理论，放宽了对人管辖标准。在这个案件中，被告国际鞋业公司没有"出现"在华盛顿州，但联邦最高法院认为与本案相关的缴纳义务产生于华盛顿州，被告与法院地存在"最低限度联系"，法院据此对本案享有对人管辖权。联邦最高法院进一步指出，如果外国被告与法院所在州保持"最低限度联系"，只要不违反传统的公平竞争和正义观念，法院就可以行使对人管辖权，即"合理"标准。

### （二）"最低限度联系"标准的意义

1. 确立了对人管辖的"合理"理念

在 Pennoy 案中，对人管辖权关注法院对被告的实际控制能力，体现了主权权力在司法领域的适用。"最低限度联系"标准将对人管辖权从严格属地性的"出现"标准中"解放"出来，关注被告的利益，评估被告、法院地以及诉讼三者之

间的关系。法院不仅要判断是否存在“最低限度联系”，还要考察管辖是否会冒犯传统的公平与实质正义观念。对人管辖从注重物理上的控制力转向了程序上的公平观念，为“合理”标准的形成奠定了基础。

联邦最高法院在司法实践中陆续就符合正当程序要求的“最低限度联系”判断标准进行了发展，逐步确立了判断非居民被告对人管辖权的两步分析法。首先，被告与法院所在州存在“最低限度联系”，表明其有目的地利用该州法律保护自己并从中受益。其次，被告是否可以提出管辖合理性的抗辩。①

2. 促进了长臂管辖制度的形成

根据“最低限度联系”标准，各州对州外人员和事项的管辖突破了属地限制，可以通过立法扩张本州法院的涉外管辖权。在此种背景下，各州纷纷制定了自己的长臂管辖法规。

3. 奠定了划分一般管辖权与特定管辖权的基础

自国际鞋业公司案确立“最低限度联系”管辖标准后，联邦最高法院开始区分特定管辖权与一般管辖权。公司在一州持续从事某种活动，并不足以使得法院管辖该公司与该活动无关的行为。但是，公司在一州从事某种活动及活动的性质被认为非常重要，使得法院有正当理由管辖被告与该活动无关的事项所引起的诉讼。② 这为后面的特定管辖权、一般管辖权的划分奠定了基础。

### （三）“最低限度联系”确定的管辖范围：一般管辖权与特定管辖权

在“最低限度联系”管辖依据模式下，需要明确可以审理与外国人相关的哪些事项。根据被告与法院地的联系程度，法院区分了可以行使一般管辖权的联系和仅可以行使特定管辖权的联系。

从联系的角度看，如果当事人与法院地存在“最低限度联系”，且被告在法院地的活动与诉讼事项的成因直接相关，则法院可以就此行使特定管辖权。与之不同，一般管辖权是一种“通用”管辖（“all-purpose” jurisdiction），法院可以管辖针对被告的任何民事诉讼，无论引发诉讼的事项产生于何地。③ 从“合理”的角度看，在一般管辖权情形下，被告与法院地存在充分的联系，以至于“家”在法院地自然符合“合理”标准。“合理”标准的实践主要体现在特定管辖权中。据

---

① See World-Wide Volkswagen Corp. v. Woodson, 444 U.S. 286, 291 (1980).

② See International Shoe Co. v. Washington, 326 U.S. 310, at 318.

③ See Walden v. Fiore, 571 U.S. 277 (2014).

此，特定管辖权是相对于一般管辖权而言更为复杂的管辖类型，自国际鞋业公司案以来，就成为美国司法管辖权领域对人管辖权分析的核心问题。

1. 联系的“持续、系统”：一般管辖权的必要但不充分条件

一般管辖需要被告与法院所在州存在更高程度的“真实联系”，即“持续、系统(continuous and systematic)”的联系。[①]

这种标准实际上使得原告可以选择在被告从事经营活动的各州提起诉讼。近年来，联邦最高法院收紧了一般管辖权所需要满足的“真实联系”标准，强调此种“真实联系”必须是实质性的，以至于法院地对于被告来说“基本上在家(essentially at home)”，即确立了“在家”标准。换言之，“持续、系统的接触”本身不足以构成一般管辖依据，这种接触还必须构成被告的“家”。在 Sokolow 案中，第二巡回上诉法院甚至还认为，在战争或国内暴动等特殊情形下，外国实体临时将主营业地迁到美国，构成“实质的家”之例外。外国公司在美国登记营业并不代表该公司接受美国法院的一般管辖。[②]

对于公司而言，注册地和主营业地构成“家”。对于个人而言，居住地构成“家”。在特殊情况下，如果公司从事经营活动所在州与公司的联系更为紧密，以至于成为公司的“家”，则该州所在法院可以行使一般管辖权。[③] 如果被告是自然人，在法院地对其实现了送达，则也产生一般管辖权。

2. “源自”要求：特定管辖权的必要条件

特定管辖的标准本身非常模糊。被告与法院地多大程度的联系构成法院行使司法管辖权的“最低限度联系”标准且对被告而言达到“公平”标准，最终取决于法官的主观判断。另外，包括联邦最高法院在内的美国各类法院本身对“最低限度联系”的判断标准存在分歧。行使特定管辖权需要考察原告的诉因是否源于这些商业活动，成为诉讼中最容易发生争议的问题之一。

对被告在法院地的活动是否与诉讼“相关”(related to)或者诉讼是否“源自”(arises out of)被告在法院地的活动，应当予以明确。如果存在关联，就构成特定管辖。特定管辖权还需要考虑合理或公平性要求，包括被告的负担、法院在裁判案件方面具有何种利益、原告获得便利有效救济的利益、州际司法体系

---

① See Helicopteros Nacionales de Colombia, S. A. v. Hall, 466 U. S. 408, 416 (1984).

② See Brown v. Lockheed Martin, 814 F. 3d 619 (2016).

③ See Daimler AG v. Bauman, 134 S. Ct. 746 (U. S. 2014), at 760-761.

最有效解决争端方面的利益。[①] 联邦最高法院在司法实践中进一步明确了特定管辖的标准，要求被告必须“有目的地获取”法院所在州益处。[②]

在跨境货物买卖及侵权案件中，联邦最高法院提出了“商业流通”标准。[③] “商业流通”标准是法院根据被告将商品投入流通领域的行为来判断被告是否存在有目的地“利用”法院地的客观情形，进而判断被告与法院是否存在“最低限度联系”。联邦最高法院在World-Wide Volkswagen案中首次阐述了这一理论。[④] “有目的地获取”观点强调“目的”，在商业流通情形下，除了存在商品流通这一客观事实外，还要考虑是否存在彰显“目的”的额外因素，包括在法院辖区投放产品是否系指定行为、是否存在市场营销以及是否为客户提供日常咨询服务等。[⑤]

“商业流通”标准更强调“利用”，似乎更适于产品分销领域。这个领域的市场参与方对市场区域及其选择、市场营销行为的影响效果具有专业判断能力，具有一定的诉讼负担能力，因而对于此类案件的管辖之地域范围可以更宽泛一些，适用“商业流通”理论。

一般管辖与特定管辖的区别如表2-1所示。

**表2-1　一般管辖与特定管辖的区别**

| | 管辖的类型 | 持续、系统的接触 | 单一、偶然的接触 |
|---|---|---|---|
| 一般管辖 | 求偿与“接触”无关联 | 不一定 | 不存在 |
| 特定管辖 | 求偿源自“接触” | 存在的可能性很大 | 不一定存在 |

## 四、联邦法院对外国人的管辖标准：“在家”标准

在符合“真实联系”标准的前提下，一般管辖权不要求被告所从事的跨州活动必须是引发诉讼的原因，通过一般管辖权提起诉讼似乎更为便利。为防止滥用一般管辖标准，自2011年以来，联邦最高法院通过一系列案件判决，从被告的角度限制一般管辖权，将一般管辖法院限定为被告的“家”所在地的法院。这

① See Asahi Metal Industry Co. v. Superior Court, 480 U. S., at 113.

② See Lee Goldman, From Calder to Walden and Beyond: The Proper Application of the “Effects Test” in Personal Jurisdiction Cases, *San Diego Law Review*, Vol. 52, No. 2, 2015, p. 363.

③ Ibid.

④ See World-Wide Volkswagen Corp. v. Woodson, 444 U. S. 286.

⑤ See Asahi Metal Industry Co. v. Superior Court, 480 U. S. 102 (1987), at 112.

一发展过程又以2014年的Daimler AG v. Bauman案(以下简称“Daimler案”)判决为分界点。

在2014年9月之前,即使外国公司的注册成立地和主营业地位于美国境外,但只要在美国设立分支机构,纽约州法院便会认为该外国公司在美国从事经营活动,进而对其享有一般管辖权。2011年的Goodyear Dunlop Tires Operations, S. A. v. Brown案[①](以下简称“Goodyear案”)判决对此进行了阐述。

在2011年的Goodyear案中,联邦最高法院判决北卡罗来纳州法院对外国公司发生在法国的事故不享有一般管辖权。Goodyear是一家总部位于美国俄亥俄州的公司,在土耳其、法国和卢森堡设有子公司。Goodyear土耳其子公司生产的轮胎有缺陷,在法国巴黎造成了公交事故,导致来自美国北卡罗来纳州的两个男孩死亡。两个男孩的父母对Goodyear美国母公司提起诉讼。[②] 联邦最高法院面临的问题是,如果该诉讼与母公司在法院地的活动没有关系,能否通过国内母公司对该公司的外国分支机构行使管辖权。联邦最高法院指出,如果被告与某州存在“持续、系统”的附属关系,以至于该州成为被告的“家”,则该州的法院对被告享有一般管辖权。[③]

在2014年的Daimler案中,联邦最高法院指出,除非存在特殊情况,否则公司注册地和主营业地是公司的“家”,外国企业如果主要在美国从事经营活动,则美国法院对其享有一般管辖权。[④] 这个案件的原告阿根廷居民在美国加利福尼亚州联邦法院对一家德国公司提起诉讼。原告指控被告Daimler的阿根廷分支机构与国家安全机构合谋绑架、拘禁并杀害了包括原告(或与原告具有密切关系的人员)在内的工作人员。联邦最高法院认为加利福尼亚州不是该德国公司的“家”。[⑤] 法院地如果不是外国公司“实质的家”(即注册地或主营业地位于法院地),法院对该外国公司不享有一般管辖权。对于自然人而言,居所是其“家”;对于公司而言,注册地和主营业地所在州构成“家”。[⑥] 这个标准替代了原

---

① See 564 U. S. 915 (2011).

② See Goodyear Dunlop Tires Operations, S. A. v. Brown, 564 U. S. 915, 924 (2011).

③ See Goodyear Dunlop Tires Operations, S. A. v. Brown, 564 U. S. 915, 919 (2011).

④ See Daimler AG v. Bauman, 571 U. S. 117, 136 (2014).

⑤ See 134 S. Ct. 746 (U. S. 2014).

⑥ See Daimler AG v. Bauman, 134 S. Ct. 746, 751, 761 (2014); Goodyear Dunlop Tires Operations, S. A. v. Brown, 564 U. S. 915, 924 (2011).

先的“持续、系统的联系”标准，实际上将对公司的一般管辖权授予注册地和主营业地所在州。

Daimler 案在对人管辖标准的演变上具有重要意义。在该案之前，外国企业在美国设有公司分支机构或者隶属机构是美国法院对外国企业行使一般管辖权的重要参照标准。在这个案件判决之后，“实质的家”标准得到联邦司法实践的确认。例如，2014 年 9 月，第二巡回上诉法院在 Gucci 案判决中认为，一家中国的银行在美国境内设立 4 家分行，但纽约并不构成这家银行“实质的家”，法院对其不享有一般管辖权。联邦最高法院还提及对人管辖权的“合理性”标准问题，认为只要被告的“家”真实地位于管辖法院所在州，就不需要再讨论管辖的合理性问题。[①]

在 Daimler 案之后，除存在例外情形，美国各州不再构成外国人的“家”，美国法院不再对非居民外国人行使一般管辖权。但是，原告仍然可以对外国人主张特定管辖权。

在一些州，外国公司登记从事经营活动以及任命接受送达的代理人会被认定为同意接受对人管辖。但是，这种登记或任命接受送达的代理人是否构成一般管辖权，在司法实践中存在分歧。[②]

## 五、管辖外国被告的正当程序要求

对人管辖标准适用于外国人时，是否存在差异？也就是说，在管辖美国人与外国人方面，美国法院对人管辖的逻辑或本质有无不同？这个问题可以具体转换成如下的问题：外国被告的特殊性导致其与管辖法院的联系因素存在特殊性，是否会影响正当程序的适用或特定管辖权的“合理性”分析？

### （一）外国被告案件的特殊性与正当程序

1. 对人管辖权的主权权力属性并不排除对外国被告的正当程序适用

从管辖权的主权属性和逻辑看，如果将对人管辖权的限制理解成遵从其他州主权之需要，则区别对待外国被告甚至不给予外国被告正当程序保护具有一定的逻辑依据。但是，对外国被告的管辖涉及对外关系。管辖外国人会影响美

① See Daimler AG v. Bauman, 571 U.S. at 139.

② See The American Law Institute, Restatement (Fourth) of the Foreign Relations Law of the United States Pt. Ⅳ, ch. 2, § 422, Reporters' Notes 2 (Am. Law Inst. 2018).

国与外国被告所属母国的关系，这是美国州内诉讼或跨州诉讼所没有的情况。对人管辖权体现了美国主权权力的强制性，其他国家的司法管辖权同样体现了管辖国主权权力的强制性。即便是基于互惠角度的考虑，美国行使管辖权时也需要考虑其他国家的司法主权，对于管辖外国被告给予特殊的考虑。

2. 对人管辖权的权利属性要求考虑外国被告的权益

管辖权具有权利属性，对人管辖权的限制更多是基于维护被告权益的考虑。承认与保护诉讼当事人的权益，是对司法主权权力的某种限制，体现为《联邦宪法》正当程序条款。管辖权并不因管辖对象是外国被告而丧失了权利属性。从管辖权的权利属性看，外国被告与美国的联系更薄弱，增加了其应诉的负担。外国被告在美国应诉会面临比在本国境内应诉更重的负担，包括交通、沟通和了解美国法律制度的成本，成为评估跨境诉讼管辖权的重要因素。

外国被告虽然非美国人，但同样是在美国法院应诉的被告。如果外国被告不享有美国《联邦宪法》规定的正当程序权利，就无权以此抗辩美国法院的对人管辖，被告的诉讼权益在外国人身上就会落空。随着交通便捷程度的提高和跨州经济活动的发展，外国被告能够获得充分的通知、审理机会，限制了法院的管辖权，跨境应诉的成本也在下降，正当程序关注的要素逐渐具备。

3. 正当程序条款要求区别对待外国被告

美国法院在司法实践中认为，外国被告构成正当程序条款意义上的“人”(person)，受到《联邦宪法》保护，但保护程度不同于美国被告所受到的保护。这是因为，正当程序条款关注的是被告、法院和诉讼之间的关系，但以被告与法院存在“最低限度联系”为前提。在司法实践中，法院仅在被告是外国人的情况下，才会运用合理性标准来拒绝管辖。[①] 这种差异体现在管辖的“真实联系”标准和“合理”分析方面。换言之，当事人的外国人身份影响特定管辖权的合理性因素、“最低限度联系”因素，并会对一般管辖权产生实际的影响后果。

## （二）外国被告的“最低限度联系”

“最低限度联系”标准有助于被告免于承担接受距离遥远或不便利的法院

---

① See Linda J. Silberman and Nathan D. Yaffe, The Transnational Case in Conflict of Laws: Two Suggestions for the New Restatement Third of Conflict of Laws—Judicial Jurisdiction over Foreign Defendants and Party Autonomy in International Contracts, *Duke Journal of Comparative & Interanational Law*, Vol. 27, No. 3, 2017, p. 408.

管辖所造成的负担，防止各州法院越权管辖，具有正当程序功能。美国法院在对外国被告行使对人管辖权时，同样适用“最低限度联系”标准，但存在区别对待的现象，理由包括各州的主权平等、被告应诉的便利性和正当程序条款。[①] 自2011年以来，联邦最高法院在几个重要判决中展示出限制公司被告的一般管辖权和限制外国公司的特定管辖权。

1.“实质联系”

从20世纪中期到2011年，联邦最高法院关于外国被告司法管辖权的问题都涉及“最低限度联系”标准问题。在Helicopteros Nacionales de Colombia, S. A. v. Hall案中，法院认为哥伦比亚公司Helicol与美国得克萨斯州的“真实联系”不足以使法院对该公司行使对人管辖权。Helicol的雇员在得克萨斯州的旅行并非“持续、系统”的，因而不足以构成得克萨斯州行使对人管辖权的“真实联系”。[②] 在Asahi Metal Industry Co. v. Superior Court案中，法院发展出了对外国公司行使对人管辖权的“实质联系”(substantial connection)要求，即被告与法院之间还必须存在“实质联系”，这种“实质联系”在于被告有目的的行为指向了法院，不能仅要求被告预见到公司的产品会进入法院辖区。[③]

联邦最高法院一直认为，法院对非本州居民的对人管辖权受《联邦宪法》第十四修正案中的正当程序条款限制。[④] 在美国境外，外国人不享有《联邦宪法》第五修正案规定的权利。当外国人位于美国境内并与美国存在“实质联系”时，受到美国《联邦宪法》的保护。[⑤] 如果采纳此种观点，美国《联邦宪法》给予外国人在对人管辖权中的正当程序保护就会落空。

2.“全国性的联系”

在管辖外国人的司法实践中，出现了“全国性的联系”方法，基于被告与美国各州接触的“总和”(而非仅限于被告与法院地)来行使对人管辖权。美国国会2017年的一份研究报告建议，国会可以考虑授权联邦法院基于被告与美国

---

① See Due Process Limits on the Jurisdiction of Courts: Issues for Congress (Updated September 14, 2017), Summary.

② See Helicopteros Nacionales de Colombia, S. A. v. Hall, 466 U. S. 408, at 416.

③ See Asahi Metal Industry Co. v. Superior Court, 480 U. S. 102 (1987), at 112.

④ See International Shoe Co. v. Washington, 326 U. S. 310 (1945).

⑤ See United States v. Verdugo-Urquidez, 494 U. S. 259 (1990), at 271.

全国范围(而非某个州)的关联来对外国被告行使对人管辖权。[①]由于“在家”标准的确立,除非存在例外情形,否则美国法院无法对外国人行使一般管辖权,而只能行使特定管辖权。

如果“最低限度联系”建立在外国人与“美国整体”(United States as a whole)的联系基础之上,则特定管辖权所要求的诉因与“真实联系”的相关性要求就更容易确立。法院在考察管辖的“合理性”时,不是在美国不同州之间比较,而是要在外国与美国之间比较。

被告与管辖法院所在地的空间距离并非衡量被告诉讼负担的唯一因素。在《联邦宪法》第十四修正案通过后不久,联邦最高法院在Pennoyer案中指出,为符合正当程序要求,对人管辖权不应超出管辖法院的地域范围。由于经济交易活动的国际化,联邦最高法院在国际鞋业公司案中创设了对人管辖权的“最低限度联系”标准:如果被告与本州存在“最低限度联系”且法院管辖不会侵害传统的公平竞争和实质正义,则法院可以对本州外的被告行使管辖权。[②] 在这里,关注的焦点从Pennoyer案中的“权力”转向了基于被告与法院所在地州的“接触”关系行使管辖权的公平或合理性。

### (三)外国被告的“合理”分析

如果对人管辖方面的限制基于公平对待被告的考虑,则外国被告应享有与美国被告同等的待遇。有判决认为,外国人只有与美国存在实质关联,才可以主张正当程序权利。[③] 但是,如果外国人已经与美国存在实质联系,就无法再抗辩与美国之间不存在“最低限度联系”了。这种观点似乎难以成立。在特定管辖方面,即使外国人与法院所在州存在“最低限度联系”,法院行使属人管辖权也可能被认为不合理。[④] 实践中,联邦法院会基于“合理”的理由驳回对外国被告的起诉。[⑤]

---

① See Due Process Limits on the Jurisdiction of Courts: Issues for Congress (Updated September 14, 2017), p. 2.

② See International Shoe Co. v. Washington, 326 U. S. 310, 316 (1945).

③ See United States v. Verdugo-Urquidez, 494 U. S., at 271.

④ See Asahi Metal Industry Co. v. Superior Court, 480 U. S. 102 (1987).

⑤ See Linda J. Silberman and Nathan D. Yaffe, The Transnational Case in Conflict of Laws: Two Suggestions for the New Restatement Third of Conflict of Laws—Judicial Jurisdiction over Foreign Defendants and Party Autonomy in International Contracts, *Duke Journal of Comparative & International Law*, Vol. 27, No. 3, 2017, p. 408.

由于美国法院对外国人管辖标准及合理性分析存在分歧，不同法院对相同事实的分析会产生不同的结果，增加了外国被告作出管辖权抗辩的难度。

（四）代理行账户管辖权

外国银行可以通过其在美国境内的分行或者美国的银行往来账户在美国从事交易活动。为了便利美元资金转账、结算与清算，外国银行通常会选择通过在美国的银行开设代理行账户。代理行账户在何种程度上会成为美国法院据以实施管辖的“真实联系”因素，成为美国法院诉讼实践中的热点问题。

1. 是否反复、有意利用代理行账户

在 Rushaid, et al. v. Pictet & Cie, et al. 案（以下简称“Pictet 案”）中，纽约法院认为，反复、有意利用美国的代理行账户，足以构成纽约法院的管辖依据。Pictet 被控在维尔京群岛建立壳公司 TSJ 工程咨询公司来接收回扣款项，卷入 Saudi 石油公司 Al Rushaid Parker Drilling (ARPD)员工洗钱事件。为了便利操作，Pictet 指令通过纽约的代理行账户将款项支付至 TSJ 在 Pictet 开立的账户。被告认为，自己通过纽约代理行账户进行转账是被动的，而非有意与纽约建立联系，因而纽约法院不享有对人管辖权。纽约州最高法院商事审判庭采纳了这一主张，以缺乏对人管辖权为由驳回起诉。上诉法庭同样认为，被告只是执行客户指令，通过纽约的银行转账，而非“有目的地利用”代理行账户在纽约从事经营活动。①

但是，上诉法院推翻了这一判决，认为被告使用代理行账户是有意的，原告关于帮助、唆使和共谋的指控就是源于这些交易。② 法院采纳了两步分析法：(1) 分析被告是否有意在纽约从事经营活动；(2) 分析本案与该经营活动是否存在实质关系。

在第一步分析方面，审理 Pictet 案的法院根据上诉法院的两个案例，分析代理行账户在何种情况下构成“有目的地利用” 纽约银行体系。③法院认为，外国银行仅通过纽约代理行账户被动接受资金，纽约代理行账户不能作为管辖依

---

① See Rushaid, et al. v. Pictet & Cie, et al., 127 AD 3d 610, 611 (1st Dep't 2015).

② See Rushaid, et al. v. Pictet & Cie, et al., No. 180, 2016 BL 387923 (N. Y. Nov. 22, 2016) (citing CPLR § 302(a)(1)).

③ 这两个案件是：Amigo Foods Corp. v. Marine Midland Bank-N. Y., 39 NY 2d 391 (1976)；Licci v. Lebanese Canadian Bank, SAL, 20 N. Y. 3d 327 (2012)。

据。[①]外国银行还必须同时在纽约州从事其他相关活动，纽约法院才能对该外国银行行使对人管辖权。但是，非居民银行被动接受纽约代理行的转账，仅是考察对人管辖权的一种情形。外国银行代表客户不断利用纽约代理行账户，表明外国银行有意利用纽约可靠、透明的银行体系。[②] Pictet 利用纽约代理行账户同样表现出代表客户并为了其利益"重复、有意利用"该账户，证明其行为具有从事交易活动的意思。法院进而强调外国银行与代理行之间的联系次数与质量必须证明此种银行业务并非偶尔为之。[③]根据原告的指控，外国银行至少收到纽约代理行 15 次转账，金额上符合卖方与 TSJ 之间数百万美元的资金流动数额。另外，被告本来也可以选择纽约之外的管辖法域。据此，法院认为被告的行为足以证明其符合管辖要求。

在第二步分析方面，法院认为本案所涉及的交易与本案的诉请之间存在"实质联系"。[④]法院认为，"洗钱"是本案诉请的基本内容，如果不利用纽约代理行账户，就不会产生"洗钱"活动，因而纽约代理行的业务活动与本案的诉请之间存在充分的联系。

在一些案件中，美国司法部主张，通过美国境内的代理行账户转账足以构成在美国境内的犯罪，即使此种转账并非有意路经美国且没有在美国停留很长时间。[⑤]

2. 代理行账户管辖权的正当程序问题

在 Licci v. Lebanese Canadian Bank, SAL 案中，外国银行在美国境内的银行开立了代理行账户，美国法院据此对外国银行行使对人管辖权，此举是否符合美国《联邦宪法》正当程序原则引发了争论。

本案原告诉称，黎巴嫩真主党于 2006 年 7 月、8 月发动的火箭袭击造成原告及其家属的伤亡。被告 Lebanese Canadian Bank(LCB)在纽约的美国运通银

---

① See Amigo Foods Corp. v. Marine Midland Bank-N. Y., 39 N. Y. 2d 391, 396 (1976)).

② See Rushaid, et al. v. Pictet & Cie, et al., No. 180, 2016 BL 387923 (N. Y. Nov. 22, 2016), at 5.

③ Ibid., at 6.

④ See Rushaid, et al. v. Pictet & Cie, et al., No. 180, 2016 BL 387923 (N. Y. Nov. 22, 2016), at 6.

⑤ See Bruce Bean, Beyond All Boundaries: The Extraterritorial Grasp of Anti-Bribery Legislation, FCPA Professor Blog (Oct. 24, 2011), http://www.fcpaprofessor.com/category/u-k-bribery-act/page/11/, last visited on 2019-10-3.

行开立了代理行账户。原告指控被告 LCB 利用该代理行账户向 Shahid (Martyrs) Foundation 转账数百万美元，这些资金都由黎巴嫩 Shahid 的 LCB 持有，由 Hizballah 控制。LCB 明知这些资金会被用于武装袭击行动(包括对原告造成伤害的行为)，仍然进行了转账。2010 年 3 月 31 日，纽约南区联邦地区法院(以下简称"纽约南区法院")以不具有对人管辖权为由驳回了案件。纽约南区法院认为，原告的诉求并非源自被告的银行转账业务，而是源自真主党的火箭袭击行为，对 LCB 行使对人管辖权不符合美国《联邦宪法》上的正当程序原则。

在上诉审理阶段，第二巡回上诉法院指出，对通过美国代理行账户转账的外国银行行使对人管辖权，符合正当程序原则。2012 年 3 月 5 日，第二巡回上诉法院审查了地区法院适用纽约州法的判决，认为根据纽约州的这一法律规定，无法确定是否应对被告行使对人管辖权。为此，第二巡回上诉法院将案件移交给纽约州上诉法院，要求明确如下问题：(1) 外国银行在纽约金融机构开立代理行账户并为客户通过这个账户转账的行为是否构成在纽约州从事经营活动？(2) 如果构成，原告的诉请是否源自 LCB 在纽约州的营业活动？2012 年 11 月 20 日，纽约州上诉法院在考察 LCB 与纽约州银行机构接触之本质属性后，指出 LCB 持续使用纽约代理行账户从事交易活动构成了被告在纽约州从事经营活动，LCB 的行为符合"长臂法案"所要求的"源自"。纽约州上诉法院没有采纳地区法院关于原告的诉请与被告的行为存在因果关系的结论，而是认为两者之间存在关联性，因为 LCB 从事融资与 LCB 利用纽约代理行账户向 Shahid 和真主党转账两个行为之间存在充分的关系。综合以上两个方面，纽约州上诉法院认为本案中对人管辖权成立。①

基于此，第二巡回上诉法院考察了对 LCB 行使对人管辖权是否符合《联邦宪法》上的正当程序原则。在被告与法院地所在州存在"最低限度联系"且不违反公平竞争和实质正义的传统理念的情况下，行使对人管辖权符合正当程序要求。② LCB 在纽约州的行为是有意的、重复发生的，构成了"最低限度联系"。在此基础上，法院进一步论证了根据此种"最低限度联系"所确立的对人管辖权符合合理性原则。合理性原则需要考虑如下三个方面的因素：(1) 对人管辖权给被告带来的负担；(2) 原告在获得便利、有效救济方面的利益；(3) 法院所在

---

① See Licci Ⅱ, 984 N. E. 2d, at 960, 20 N. Y. 3d, at 339-340.

② See International Shoe Co. v. Washington, 326 U. S. 310, 316 (1945).

地州的利益。法院认为，首先，尽管 LCB 位于黎巴嫩，原告位于以色列，但现代通信技术和交通方式大大降低了被告的应诉负担。其次，尽管损害和死亡行为发生在以色列，纽约州在监督其银行不得支持恐怖活动方面享有利益。最后，LCB 的利益没有超过原告在纽约州获得救济这一利益。综上，第二巡回上诉法院认为，本案中对人管辖权成立并符合正当程序原则。

（五）“单一实体”规则

“单一实体”规则是纽约普通法的产物，规定即使一家银行在纽约州受到对人管辖，该银行在纽约州以外的分支机构在判决前扣押、判决后限制性通知等意义上仍然可以被视为单一实体。这种做法避免了美国境外的银行分支机构被迫遵守美国的裁定，并且承认了银行分支机构所在东道国的主权权力，体现了国际礼让。

在 Motorola Credit Corp. v. Standard Chartered Bank 案中，纽约州上诉法院采纳了“单一实体”规则，认为美国境内的银行分支机构不承担美国境外的银行分支机构的责任，因而不能被迫限制或周转境外分支机构的资产。[①]

摩托罗拉公司卷入 Motorola Credit Corp. 针对 Uzan 的长期诉讼中。Uzan 从摩托罗拉公司借入数十亿美元。2003 年，纽约南区法院认为被告存在欺诈行为，判决被告赔偿摩托罗拉公司 12 亿美元。此后，摩托罗拉公司向非当事人的银行送达传票，力图执行 Uzan 位于全球各地的财产。2013 年，纽约南区法院裁定任何人在接到通知后应限制被告位于世界各地的资产，包括渣打银行纽约分行在内的各家银行收到了摩托罗拉公司送达的传票。根据裁定，渣打银行搜查并确定了 Uzan 在其阿联酋分行的资产。阿联酋央行对此采取了报复性措施，从渣打银行的账户上扣划了 300 万美元。同样，约旦央行扣押了渣打银行约旦分行的文件。对此，渣打银行采取了缓和立场，认为根据“单一实体”规则和国际礼让，本案中的裁定应仅适用于渣打银行纽约分行，而不适用于美国境外的分支银行。[②]摩托罗拉公司要求法院强制执行裁定。

2013 年，纽约南区法院采纳了渣打银行的观点，拒绝强制送达，原因之一是考虑到国际礼让。法院指出，传票牵涉约旦和阿联酋的刑法，强制送达传票会

---

① See Motorola Credit Corp. v. Standard Chartered Bank, 21N. E. 3d 223, at 149 (2014).

② Ibid., at 156-157 (2014).

损害渣打银行的利益。尽管法院拒绝适用“单一实体”规则，但最终还是考虑到了国际礼让。第二巡回上诉法院在上诉阶段重申了“单一实体”规则。

## 六、取证规则：“对人管辖权＋控制”标准

司法途径的域外管辖建立在获得与诉讼相关的证据材料基础之上，美国司法诉讼需要具备与之相匹配的域外取证制度和能力保障。美国独特的证据规则为美国法院、执法机构管辖域外事项提供了有力的支撑。美国法院的域外取证裁定也成为美国法域外管辖冲突的典型现象。

### （一）美国取证规则与其他国家的冲突

《联邦民事诉讼规则》规定，当事人有权查验对诉讼具有重要作用的文件和事项，允许当事人核查持有败诉当事人资产的任何人。1948 年，美国对这条规则进行了修订，扩大了适用范围。到 20 世纪 60 年代，法院已经认为自己有权要求当事人提供位于境外的文件。[①] 根据法律授权，美国法院可以要求受其管辖的当事人提供与诉讼（或调查）相关的文件或其他证据并作证，即使控制证据的当事人或证人不在美国境内。对于拒不提供证据或拒绝作证的当事人，美国法院可以对其实施制裁，即使当事人遵守美国法院的裁定会违反当事人本国法。在大陆法系国家的纠问式审判体制下，法官承担搜集事实的职责。即便是在同为普通法系国家的英国，诉讼程序规则也限制对非当事人进行证据发现。在其他国家，也不存在判决后的发现规则。美国不可避免地与他国在证据发现问题上产生冲突。在决定是否对当事人实施制裁时，美国法院会考虑如下因素：外国法给当事人遵守美国法院裁定所带来的障碍、当事人因违反外国法而遭受严厉制裁的可能性、当事人遵守美国法院裁定的努力程度、美国法院裁定对当事人享有《联邦宪法》规定的权利的影响。

这一立场是对人管辖权及取证规则扩张的必然结果。没有对人管辖权，法院就无法要求当事人提供证据文件。一旦对人管辖权成立，要求当事人提供证据文件方面的限制性规定就很少。在此基础上，法院还指出，占有、保管或控制与诉讼相关的文件或资产是必要的，否则当事人不具有现实的能力来获得文件。这两个要素可以被称为支撑域外取证证据的“对人管辖权＋控制”（personal

---

① See United States v. First National City Bank, 396 F. 2d 897, 900-901 (2d Cir. 1968).

jurisdiction plus control)标准:美国法院只要对当事人享有对人管辖权,并且当事人占有、保管或控制传票所指向的文件。

(二) Aérospatiale 案模式:对人管辖与控制

1972 年,美国批准了《关于从国外调取民事或商事证据的公约》(以下简称《海牙取证公约》)。但是,在随后的 10 多年中,诉讼当事人几乎没有适用过这个公约。《海牙取证公约》是否应在美国强制适用或仅是联邦规则的补充,美国联邦法院对此存在分歧。一些法院认为,域外取证是美国标准的做法,没有证据表明美国同意遵守《海牙取证公约》就表明其放弃了这种标准实践。另一些法院则认为,《海牙取证公约》应优先适用甚至首先适用。[①]

换言之,《海牙取证公约》并非替代联邦规则,而是在联邦法院享有对人管辖权的情况下对联邦规则构成补充。这种立场引发了扩充境外证据发现的风潮。

1. Aérospatiale 案所确立的五项要素标准

在 Société Nationale Industrielle Aérospatiale v. U. S. District Court 案(以下简称"Aérospatiale 案")中,联邦最高法院认为,《海牙取证公约》在域外调查取证中仅是可以选择的途径之一,并非排他性适用,亦非优先于联邦规则适用的首要规则。[②] 美国的诉讼当事人可以根据《联邦民事诉讼规则》对外国当事人进行取证。外国抵制性法规不得剥夺美国法院命令其管辖范围内的当事人提供证据,即使此种提供证据的行为会违反抵制性法规。[③]

Aérospatiale 案模式具体考虑了如下因素:所要获取的文件对于诉讼的重要性;取证要求的详细程度;域外证据是否源自美国境内;当事人是否存在其他取证途径;如果外国遵从外国抵制性法规,是否会损害美国的重要利益,或者法院签发调查令是否会损害外国的重要利益。[④]其中,有四项要素需要法院进行主观判断,例如所要获取的文件是否"重要"。美国法院通常偏向于签发有违外国

---

① See Diego Zambrano, A Comity of Errors: The Rise, Fall, and Return of International Comity in Transnational Discovery, *Berkeley Journal of International Law*, Vol. 34, No. 1, 2016, p. 173.

② See Société Nationale Industrielle Aérospatiale v. U. S. Dist. Court for S. Dist. of Iowa, 482 U. S. 522 (1987), at 542-543.

③ Ibid., at 541-542.

④ See Société Nationale Industrielle Aérospatiale v. U. S. Dist. Court for S. Dist. of Iowa, 482 U. S. 522 (1987), at 544.

法的调查令。[①] 对于如何解决外国抵制性法规与美国取证要求之间的冲突，Aérospatiale案判决明确拒绝阐释具体的规则。[②] 实践中，选择《海牙取证公约》多是出于避免当事人因提交证据而在本国承担处罚措施或刑事责任，或者避免侵害到他国的主权安全等因素的考虑。[③]法院的态度"鼓励"了公司企业采取非法取证方式，迫使外国实体在接受美国法处罚与接受所在国法律处罚这两者之间进行权衡。

Aérospatiale案所确立的标准体现于第三次重述第442条并为第四次重述所认可。

2. 银行的配合义务

Aérospatiale案标准适用于向银行调查取证的情况，而取证要求与外国银行的银行秘密和客户隐私发生了冲突。在此种情况下，银行通常不是诉讼案件的当事人。相比一般性的禁止向美式取证要求提供协助，Aérospatiale案强调实体性的法律规则（例如，银行保密与金融隐私法）更应受到遵从，法院对冒犯性的取证要求应更为谨慎。美国法律协会也提示指出，美国法院过于关注利用外国法的例外情形和银行客户放弃保密权利的能力。

实践中，美国法院似乎并没有进行此种区分。例如，在NML Capital Ltd. v. Republic of Argentina案中，在一些国家存在抵制性法律（甚至包括宪法）规定的情况下，美国法院仍然支持当事人的取证要求。但是，在抗辩足以证明外国会执行此种抵制性法规，对违法提供证据的当事人进行严厉惩罚（特别是刑事惩罚）的情况下，美国法院会拒绝签发此种取证令。在2014年的Motorola Credit Corp. v. Uzan案（以下简称"Motorola案"）[④]中，纽约南区法院在法国、约旦和阿联酋存在抵制性刑事处罚法规的情况下，发布了调查令，但明确不针对瑞士银行当事人。法院的理由是：不同于法国的情况，瑞士的银行保密机制不但是在维护瑞士的国家利益，还成为这个国家的国家身份象征。[⑤]

---

① 关于这个问题的详细分析论证，可参见Geoffrey Sant, Courts Increasingly Demand that Businesses Break the Law, *Akron Law Review*, Vol. 52, No. 1, 2019, p. 121。

② See Société Nationale Industrielle Aérospatiale v. U. S. Dist. Court for S. Dist. of Iowa, 482 U. S. 522, 547 (1987).

③ 参见马晓旭：《欧盟信息保护立法与美国域外取证的冲突和启示》，载《法律适用》2014年第3期。

④ See 73 F. Supp. 3d 397, 404 (S. D. N. Y. 2014).

⑤ Ibid., at 404.

### （三）礼让与管辖域外取证的不确定性

在 Aérospatiale 案模式下，三个方面的因素体现了跨境取证领域的礼让。在美国的发现程序与外国法出现冲突的情况下，法院必须首先决定美国法与外国法是否存在"真实的冲突"。一旦判定此种冲突成立，法院只需要考虑以下因素：(1) 对人管辖权，即法院对外国当事人享有对人管辖权；(2) 控制，即认定该当事人占有、保管或控制文件；(3) 外国利益平衡，即通过 Aérospatiale 案确立的平衡标准来分析所涉国家的利益。根据 28 U. S. C. 第 1782 条（以下简称"第 1782 条"），在美国境外从事诉讼或仲裁的当事人可以直接请求美国的联邦法院发布强制命令，在美国境内取证，用于美国境外的诉讼或仲裁程序。第 1782 条的适用需要满足如下条件：(1) 申请人是美国境外争议解决程序的利益相关方；(2) 证人居住地或被发现地位于联邦地方法院辖区内；(3) 取证用于外国国际法庭程序。但是，对于第 1782 条是否适用于美国境外的取证，则存在较大的争议和不确定性。

Kiobel 案和 Morrison 案表明，国际礼让重新开始受到重视。法院注意到 28 U. S. C. 与外国法的冲突，包括诉讼中可以采取何种取证，并认为这部法律不适用于美国境外的行为。

Daimler 案判决对跨境证据发现的影响在于直接触及 Aérospatiale 案模式的基础：宽泛的对人管辖权和对国际礼让的忽视，国际礼让并非可有可无的形式要求，而是应成为法院判决的核心关注事项。

Daimler 案、Gucci 案和 Motorola 案的判决对跨国取证规则具有一定的影响力。首先，从审理案件的法院看，这三个案件分别来自联邦最高法院、第二巡回上诉法院和纽约州上诉法院，具有代表性。其次，这三个案件都认为需要考虑经济全球化所带来的变化和外国法律的报复性规定等因素，都没有接受 Aérospatiale 案模式，且引发了对 Aérospatiale 案模式的质疑。最后，这三个案件的判决是对 Kiobel 案和 Morrison 案判决立场的延伸，表达了在对人管辖权和证据发现领域对国际礼让的关注。

但是，联邦法院这几年的判决动向表明，对域外取证的管辖仍然存在较大的不确定性。

2017 年，西班牙 Santander 银行以 1 欧元收购了西班牙人民银行(BPE)后，一些投资者认为自己在此项收购中遭受了巨大财务损失，随后在各地提起诉讼和仲裁程序。配合这些争议解决程序，原告根据第 1782 条请求从 Santander 银行及其纽约分支机构 Santander Investment Securities Inc.（SIS）调取 BPE 财务状况的证据。

2018 年 10 月，美国联邦地方法院法官认为，法院对 Santander 银行不享有管辖权，但对营业地位于纽约的 SIS 享有管辖权。原告对法院关于无权管辖 Santander 银行这一裁决提起上诉。Santander 银行则就第 1782 条适用于美国境外的文件取证提起上诉。

2019 年 10 月 7 日，美国第二巡回上诉法院判决认为，外国诉讼当事人在美国境外的诉讼中要获取美国境外的证据，只要这些文件是由美国法院享有对人管辖权的实体所控制，第 1782 条同样可以适用。

首先，第 1782 条中"居住地或被发现地"的要求同样适用《联邦宪法》正当程序条款关于对人管辖权的限制。不仅享有一般管辖权的法院所在地构成"被发现地"，享有特定管辖权的法院所在地也构成"被发现地"，包括实体同法院、诉讼存在"最低限度联系"。法院认为，在绝大多数情况下，所要取证的材料源自被告与法院的"真实联系"，就足以说明被告有意接受法院管辖，进而确定法院可以管辖此项取证。但是，在本案中，Santander 银行与法院地唯一的"真实联系"是，为了在处置前达成一项私下的交易，曾聘请了纽约两家投资银行对 BPE 进行尽职调查。但是，投资者在本案中请求取证的是处置诉讼中的证据，而非前述私下的交易。因此，法院对 Santander 银行不享有第 1782 条意义上的管辖权。

其次，第 1782 条的取证同实体诉讼存在差别。SIS 的主营业地位于纽约，法院享有一般管辖权。问题在于，第 1782 条是否可以要求 SIS 提供其在美国境外的证据。Santander 银行认为，根据推定"反对域外适用"，第 1782 条无法适用于美国境外的证据。法院认为，对人管辖权适用于要求被告承担责任的诉讼，第 1782 条的取证规定并非要当事人承担法律责任。同时，第 1782 条本身并不反对域外适用，联邦地方法院在是否允许此类取证方面享有裁量权。即使国会反对第 1782 条域外适用，根据《联邦民事诉讼规则》关于域外取证的规定，国会也允许法院域外取证。

据此，上诉法院同样认为，联邦地方法院有权要求 SIS 提供其在美国境外的取证。

## 七、外国公法对美国法域外管辖的抵制作用

为应对美国实体性法律和取证规则的域外适用,一些国家制定了抵制性法规,在"对人管辖权＋控制"模式的域外取证领域尤为明显。

### (一)外国抵制性法规的类型

从各国立法实践看,抵制性法规通常可以划分为三种类型:基于内容的抵制性法规、行业性的抵制性法规和裁量性的抵制性法规。[①]

基于内容的抵制性法规通常规定,未经本国相关官方机构批准,不得根据外国法院的指令对外披露特定内容的信息材料,如属于国家保密事项的信息材料。行业性的抵制性法规禁止披露特定行业的信息,如一国银行业保密法中的规定。裁量性的抵制性法规授权政府决定是否禁止本国人遵守外国取证令。如果一国通过立法或司法措施无法反制外国的域外管辖,则还有可能在执法阶段采取反制措施,包括不执行和报复措施。

作为回应,美国法院可能要求外国当事人违反母国法以遵守美国的法律。美国与他国在管辖权上直接发生了冲突,美国法律的单边域外管辖演变成国家间的法律斗争。

第四次重述第 441 条、第 442 条分别从国家行为理论和外国国家强制行为理论的角度分析了抵制性法规的性质,并将这两种理论定位于立法礼让。[②] 这与第三次重述将外国法强制理论定位于国际法上的要求存在很大的不同。

### (二)外国主权强制理论的两个要件与司法裁量

根据外国主权强制理论,如果违法行为是由外国法的强制行为所致,允许美国法院免除或减轻违反美国法行为的责任。这种理论的主要政策考虑包括公平对待被告和礼让。抵制性法规力图利用外国主权强制理论,禁止本国人遵守他国法律的强制性规定。但是,抵制性法规被认为是非礼让性质的法规,受到其他国家遵从的可能性较小。

---

① 这种划分方法参见 M. J. Hoda, The Aérospatiale Dilemma: Why U. S. Courts Ignore Blocking Statutes and What Foreign States Can Do About It, *California Law Review*, Vol. 106, No. 1, 2018, p. 231。

② See The American Law Institute, Restatement (Fourth) of the Foreign Relations Law of the United States, Pt. Ⅳ, Ch. 4, § 442, cmt. a.

1. 基于被告权益的外国主权强制理论:两个要件

两个国家对特定的人、财产或行为均存在正当的立法管辖权主张,而且此种立法管辖权超越了各自的领土管辖范围,私人无法同时遵守两国强制性规定,这是产生外国主权强制理论的重要背景因素。这种理论关注的是面临合规义务冲突的被告权益,而非两个主权国家之间的外交关系,服务于减轻承担美国法和外国法相互冲突义务的当事人所面临的惩罚。

根据第四次重述第 442 条,适用这一理论,当事人如果利用外国主权强制理论进行抗辩,需要从外国法的强制性和被告自身的守法努力这两个角度进行证明,[①]即当事人会因没有遵守外国法而面临严厉的制裁,并且已经善意地寻求避免冲突。

2. 外国强制性法规的性质

根据第四次重述第 442 条,"外国国家行为强制"抗辩要求考察外国法的刑事和民事惩罚的可能性。如果外国国家强制性规定是以外国政府机构非正式的指南形式体现出来的,这种抗辩就难以成立。如果外国强制表现为有约束力的法律或内容上涉及严厉的惩罚,法院会认可此种强制。在成文法规、条例或程序规则允许的条件下,美国法院有权免除违法责任或针对此类违法的制裁。

3. 当事人善意的努力

当事人需要向法院证明自己已经善意地努力争取外国强制性法规的适用豁免。在首起涉及外国抵制法规的案件——Société Internationale v. Rogers 案(以下简称"Rogers 案")[②]判决中,联邦最高法院指出当事人进行了广泛的努力,不遵守美国法是因为当事人没有此种能力,而非不愿意。[③]

这个案件源于二战期间瑞士公司 I. G. Chemie(以下简称"Chemie")针对一家美国机构的继承人提起诉讼,认为这家美国机构不当扣押了其财产。美国被告要求根据联邦规则获得存放在瑞士境内的大量银行记录。Chemie 认为提供这些文件有违瑞士刑法,但提供了部分文件。美国政府要求驳回 Chemie 的

---

① See The American Law Institute, Restatement (Fourth) of the Foreign Relations Law of the United States, Pt. Ⅳ, Ch. 4, § 442, cmt. b

② See 357 U. S. 197 (1958).

③ See 357 U. S. at 211.

起诉，以此惩罚其不遵守美国法律。尽管认定完全遵守美国法院的取证令会违反瑞士法律，且没有证据证明 Chemie 与瑞士政府之间串谋，Chemie 也善意地努力遵守此取证令，但地方法院还是驳回了案件。案件最终上诉到联邦最高法院。联邦最高法院推翻了联邦地方法院的驳回立场。联邦最高法院依据的主要事实是，Chemie 没有遵守美国法院取证令，并非有意，更不存在恶意或任何过错，而是因为没有遵守的能力，特别是担心受到刑事惩罚。联邦最高法院同时指出，下级法院在一些不是非常严格的惩罚中享有宽泛的裁量权。① Rogers 案为美国法院分析外国抵制性法规对取证令的影响确立了标准，尽管后来补充了其他考虑因素。②

在 Rogers 案后的司法实践中，即使不存在刑事惩罚，法院也可能采纳外国法遵从方面的抗辩。在 United States v. First National City Bank 案③中，法院判决认为，刑事制裁并非遵从外国法强制性规定的必备条件。

4. 法院的裁量权

根据第四次重述第 442 条，对于为遵守外国法律而产生的违法行为，国际法并没有要求一国对此种行为免责，联邦法也没有对此作出一般性的规定。④一些联邦法律明文规定了"外国国家行为强制"抗辩，法院的裁量权就不能超越此种规定。在法律没有对此作出明文规定的情况下，法院就需要考虑外国主权强制理论问题，并享有一定的裁量权，包括考察法律条文、历史和该州的监管目标。⑤值得注意的是，法院发展出了反抵制性法规，认为抵制性法规不具有其他实体性法规在外国主权强制理论中的抗辩地位。⑥

### （三）外国国家行为理论

根据第四次重述第 441 条关于美国国家行为理论的规定，在条约或其他协议明确规定的情况下，美国法院承认外国国家在该外国境内行为的有效性。外

---

① See 357 U. S. at 211-212.

② See Société Nationale Industrielle Aérospatiale v. U. S. Dist, Court for the Southern Dist, of Iowa, 482 U. S. 522 (1987).

③ See 396 F. 2d 897 (2d Cir. 1968).

④ See The American Law Institute, Restatement (Fourth) of the Foreign Relations Law of the United States, Pt. Ⅳ, Ch. 4, § 442, cmt. a.

⑤ Ibid. , cmt. d.

⑥ See Société Nationale Industrielle Aérospatiale v. U. S. Dist. Court for the Southern Dist. of Iowa, 482 U. S. 522 (1987).

国国家行为理论发挥了特殊的冲突规范作用，排除了法院以法院地公共政策为由否定外国官方行为的可能性。[①]

1. 外国国家行为的地位与适用范围

首先，外国国家行为理论具有联邦普通法的地位。这一理论优先于各州法的相反规定，也排除了联邦法院和各州法院对外国境内的外国官方行为之效力审查。正是因为具有此种联邦普通法的地位，国会也可以在具体的联邦立法条文中否定这一理论。

其次，外国国家行为的范围。国家行为理论并没有涵盖外国国家的所有主权行为，诸如外国法院的判决以及外国政府或国有企业从事的商业活动都不被包括在内。

最后，外国国家行为理论仅是要求美国法院不得审查外国国家行为的效力，并非不能涉及外国国家行为所应承担的法律责任问题。

2. 外国政府在国家行为理论适用中的角色

外国政府明确表示反对是美国法院评判是否会侵害外国主权利益的重要因素。外国政府的反对通过外国政府提交的意见书形式体现出来。这种意见书同时也是向美国法官提供外国法的相关信息，有助于弥补一些法官在外国法知识方面的缺陷。更重要的是，这有助于避免美国司法不当干预美国外交政策行为，有助于约束美国的司法权力。在 Argentina v. NML Capital, Ltd. 案中，NML 资本公司根据美国《外国主权豁免法》在全球申请扣押阿根廷的主权财产，阿根廷在口头辩论阶段提出外国国家反对采取此种方式调查阿根廷资产，获得了联邦最高法院 Scalia 大法官的支持。[②] 在 Daimler 案中，联邦最高法院特别注意到了美国总检察长提交的法庭之友意见以及欧盟的一般管辖规则，并援引了一些外国组织提交的法庭之友意见所提及的外国法律条文。[③]

在 Gucci 案的上诉审中，美国第二巡回上诉法院对当时的中国银行业监督

---

① See The American Law Institute, Restatement (Fourth) of the Foreign Relations Law of the United States, Pt. Ⅳ, Ch. 4, § 441, cmt. a.

② See Oral Argument Transcript, Republic of Argentina v. NML Capital, Ltd., 134 S. Ct. 2250 (2014) (No. 12-842), http://www.supremecourt.gov/oral_arguments/argument_transcripts/12-842_3c45.pdf, last visited on 2020-9-1.

③ See Daimler AG v. Bauman, 134 S. Ct. 746, 763 (2014).

管理委员会(以下简称“中国银监会”)和北京市高级人民法院的裁定予以“礼让”。中国银行提交了中国银监会出具的一份信函,表达了本案对中美关系所可能造成的影响。信函指出,中国的银行隐私与保密法律是中国行使主权权力的体现,美国法院发布与之相冲突的指令会将中国银行置于无所适从的困境。北京市高级人民法院裁定中国银行恢复对被告的日常金融服务。这一裁定实际上推翻了纽约南区法院的资产冻结令。美国政府在提交的法庭之友意见中指出,域外适用美国法会牵涉外国主权利益,相关政府提交的法庭之友意见涉及礼让问题,法院应认真考虑。礼让不仅是礼貌和善意,而且是应认真考虑的国际义务与便利。这份法庭之友意见还批评了纽约南区法院一审没有认真考虑中国的保密法律规范。

2018 年,美国联邦最高法院在 Vitamin C 案的审理中认为,对于外国政府提交的文件,联邦法院应给予尊重性的考虑,但并不受其约束。这一判决强化了联邦法院的决策权,联邦法院没有义务遵从外国政府对该国法律的解释,但必须对之进行分析,如同分析其他材料一样。[①]

### (四) 外国抵制性法规的实践:欧盟《阻断法令》

为了对抗美国的域外制裁立法,一些国家和地区采取了颁布抵制性法规的形式,其中欧盟的做法尤为典型。欧盟于 1996 年通过了《阻断法令》(第 2271/96 号规则),规定未经欧盟委员会的许可,欧盟居民和公司(经营者)不得遵守美国制裁法规。

#### 1. 以附件形式列举被抵制的外国立法

被抵制的第三国法律通过附件形式列举,以便根据现实需要随时进行调整。1996 年,欧盟制定《阻断法令》时,被抵制的美国立法有三部,分别涉及对古巴、利比亚和伊朗的制裁。2018 年 5 月 8 日,美国宣布退出《伊朗核问题全面协议》(JCPOA),并重启对伊朗的制裁。欧盟委员会于 2018 年 6 月 6 日修改《阻断法令》的附件,将美国域外制裁伊朗重新列入抵制范围,自 8 月 7 日起正式生效。

---

① See Supreme Court of the United States, https://www.supremecourt.gov/opinions/17pdf/16-1220_3e04.pdf, last visited on 2020-9-1.

2. 报告义务

经营者应在获悉被域外管辖后 30 日内通知欧盟委员会，并向欧盟委员会提供相关信息。欧盟委员会可以要求经营者提供与《阻断法令》相关的额外信息。

3. 官方不承认，私人不得执行

除欧盟以外，根据附件中的法律作出的法院裁定、仲裁裁决、执法或法律规范均属无效。对于《阻断法令》列明的美国制裁法规，禁止欧盟公司遵守此类制裁法规的域外适用。除非获得欧盟委员会的授权，否则欧盟公司不得遵守非欧盟法院根据美国制裁法规（列入《阻断法令》）所发布的要求或禁止性规定。如果不遵守美国制裁会严重损害欧盟或欧盟公司的利益，欧盟公司可以请求授权准许遵守或部分遵守此类制裁规定。

4. 违规处罚

《阻断法令》没有规定直接的执行和制裁机制，而是交由成员国自行规定。根据欧盟成员国的法律，违反抵制性法规，可能招致刑事责任、民事责任、行政责任等后果。违反这一法律在英国构成刑事责任，在德国会面临最高可达 50 万欧元的行政处罚，在意大利的处罚最高可达 92962.31 欧元。[①] 违反《阻断法令》在一些成员国构成犯罪，但这一规定一直没有强制执行。

对于企业违反《阻断法令》去遵守美国制裁法规，成员国很少会对这些企业采取执法行动，笔者尚未搜集到此类处罚案例。

5. 损害赔偿（claw-back 措施）

如果欧盟境内的人违反《阻断法令》去遵守美国制裁法规，任何因此遭受损失的人都有权要求造成损失的自然人、法人或任何实体就域外制裁所造成的损失（包括法律费用）作出赔偿。当事人可以通过向成员国法院提起诉讼、扣押和出售致损方财产等方式获得赔偿。但是，欧盟公司及其他受影响的当事人在何种程度上可以主张赔偿，这个问题并不清楚。

《阻断法令》可能使得欧盟公司面临高度的法律不确定性风险，导致赔偿诉讼的增加。

---

① See Advokatfirmaet Thommessen AS, Implications of the EU Blocking Statute and U.S. Sanctions on Iran, https://www.thommessen.no/globalassets/nyheter/nyhetsbrev/eu-blocking-statute-and-us-sanctions-on-iran.pdf, last visited on 2020-9-2.

6. 实施情况

《阻断法令》对欧盟境内的公司免于适用美国制裁法规起到一定的作用。但是，自从1996年颁布以来，这部法律的适用情况并不多，它更多地被成员国认为是警告美国的政治工具。欧盟公司可以《阻断法令》禁止遵守美国制裁法规为由，要求免于遵守。这种抗辩是否构成合理解释的考虑因素？《阻断法令》是否构成外国国家行为或适用外国国家强制理论？这些问题都还有待研究。

（五）抵制性法规的"两难困境"

被告在两个不同法域相互冲突的法律义务之下，可能陷入遵守一国法律却违反另一国法律的困境。从上面的分析可以看出，主权国家如果想保护本国国民免于遵守美国取证令，就需要先对本国国民遵守美国取证令的行为进行惩罚。违反外国法或遵守美国法，成为私人面临的两难选择。

实际上，抵制性做法可以在不同层面体现出来。抵制性法规是通过立法调整本国国民的行为以促使美国法难以域外适用，在司法层面表现为司法机关禁止当事人向外国法院提交证据、记录和信息。抵制性法规与程序性限制的不同之处在于，前者限制当事人遵守外国法律，后者并没有规定此种禁止，而是在程序规则上作出限制，包括限制当事人选择管辖法院、准据法或对与外国司法、行政机构交换的文件作出限制。对于不愿与外国法律发生正面冲突的国家，后者不失为一种不错的选择。

# 第三章　美国执法领域的域外管辖问题

执法管辖权是指一国通过强制性力量强制当事人遵守法律，表现为搜查、逮捕、拘禁当事人以及扣押财产，以保障立法和司法管辖权的行使。美国执法领域的域外管辖有国内法和市场基础设施等因素的支撑，成为支撑美国法发挥域外管辖功能的核心机制。

## 第一节　美国域外执法的支撑机制

### 一、美国立法、司法对执法管辖的支撑作用

国内法的管辖权是一国通过其立法、司法和执法机构对特定的人、事行使权力的行为。一旦美国立法或监管机构行使立法管辖权，创制了相应的法规，立法、司法、金融监管部门与司法部和国务院等政府部门会相互协作，共同推动法律的域外适用。

#### （一）立法模糊规定为域外行使执法管辖权提供了空间

执法管辖权具有严格的属地性，未经他国同意，一国通常不得在他国境内执法。第四次重述第431条、第432条分别从美国执法管辖实践和习惯国际法的角度区分了美国境内、境外的执法管辖，只有在获得他国同意的情况下，美国才可以在他国境内行使执法管辖权。但是，美国《联邦宪法》对美国立法层面的域外管辖权没有作出明确的禁止性规定，司法层面推定国会“反对域外适用”且遵从行政机关的对外关系判断。因此，美国行政执法机构在对外关系领域享有宽泛的执法管辖权。

美国境内行使执法管辖权需要遵守美国《联邦宪法》正当程序条款的规定。但是，在执法管辖权的域外行使过程中，美国《联邦宪法》可能不适合或不同于

境内适用。[①] 如果是刑事执法，则需要遵守美国《联邦宪法》关于维护刑事被告权益的全部规定。个人根据美国《联邦宪法》第五修正案正当程序条款享有的权利也对域外管辖权构成了约束，美国法的适用不得对当事人造成独断或根本不公平。这种约束同样存在裁量性和不确定性。

实践中，关于如何确定执法管辖的属地范围容易发生争议，并且司法管辖与执法管辖的区分存在争议。要求美国境内的人提供境外的信息，是否属于域外执法？在取得对人管辖权的情况下，美国法院经常要求被告在美国境外从事某种活动，并认为这属于行使美国的司法管辖权而非执法管辖权。[②] 这也为美国法院在执法过程中管辖域外事项提供了便利。

（二）司法和金融执法在域外管辖范围界定中发挥着核心作用

首先，域外管辖的标准大部分经由法院和监管机构的规范创制和实施发展起来。美国金融法律领域很少就所适用的地域范围作出规定。联邦法院通过对事项管辖权的解释，实现了美国证券法的域外适用，并通过受理诉讼，利用私人来扩张域外管辖。美国 1933 年《证券法》和 1934 年《证券交易法》明确将证券类案件纳入联邦法院的管辖范围，但没有明确规定域外适用范围。联邦法院在案件审理过程中需要对国会是否具有域外适用联邦证券法规的意图进行解释和推定，通常表现为“反对域外适用”推定，认为国会立法主要关注的是国内事项，“反对域外适用”联邦法。[③]法院通过司法判决，在个案中以“反对域外适用”推定的方式解释国会的立法意图。又如，美国证券交易监督委员会（Securities and Exchange Commission，以下简称“SEC”）拥有准司法权、规则制定权和行政监管权，在跨境证券执法领域具有广泛的影响力。SEC 与联邦法院之间存在相应的分工：SEC 关注的是信息披露与登记制度，而联邦法院关注的是证券欺诈救济。这种分工同样延伸适用于美国证券法的域外管辖领域。

其次，司法诉讼制度为美国法域外管辖提供了有力的微观制度支撑。美国的群体诉讼、诉讼送达程序、取证制度、律师费用转移承担制度和高额的赔偿等

---

① See The American Law Institute, Restatement (Fourth) of the Foreign Relations Law of the United States, Pt. Ⅳ, Ch. 4, § 431, cmt. c.

② Ibid., § 431, Reporters' Notes 2.

③ 美国联邦第二巡回上诉法院对于美国《证券法》[特别是 10(b)条款]的解释起了很大的作用，其中 Henry J. Friendly 法官的作用尤为突出。

规定,有助于避免当事人“赢了官司赔了钱”,激励私人通过美国法院进行诉讼。私人原告提起域外适用美国法的诉讼降低了美国在国家层面推动美国法域外适用的成本,进而在一定程度上为美国法律域外适用、传播提供了支撑。

最后,司法管辖可以限制立法管辖权的域外行使。实践中,美国法院常利用司法管辖的标准来分析《联邦宪法》上立法管辖权的行使。在公法领域,裁判管辖权的行使就意味着立法管辖权的行使,因为管辖法院的裁判适用的是本国的公法而非他国法律。法院可以“不方便法院”为由拒绝审理立法管辖范围内的域外案件,即以司法管辖方面的理由拒绝行使立法管辖权。在证券监管领域,联邦法院对监管机构的域外管辖予以配合或限缩,发展出“最低限度联系”“不方便法院”等管辖原则,对管辖权行使的合理性进行界定。此外,法院还可以借助“国际礼让”等依据,将通过立法管辖权获得的管辖依据让渡给其他国家法院行使,实现管辖权在国家间的再次分配。

## 二、美国金融市场及其基础设施对美国域外管辖的支撑作用

美国的执法管辖并非仅凭行政执法机构一己之力,除了立法和司法部门的支持外,还在很大程度上依托美元和金融市场的影响力,构造在“全球联系”基础上所形成的属地控制能力。其中,美国证券执法和金融机构为监管机构提供执法所需要的信息和反洗钱等合规情况。可以认为,金融领域的执法不仅是执行美国的金融法规,对美国整个法律规范的域外适用都具有重要的支撑作用。

### (一)美国证券市场对监管规范域外适用的支撑

美国政府所监管的资本市场容量巨大、流动性强,外国发行人在美国证券交易所上市证券,必须遵守美国证券法。美国资本市场成为跨境传播美国证券法的重要手段。

从理论角度看,资本市场承载并放大了一国的监管权威。以 John C. Coffee 为代表的美国法学学者认为,外国企业在美国上市是为了将它们与美国高标准的信息披露、责任制度相“绑定”(bond),以此彰显上市公司的治理标准和可信度。[①]

---

① See John C. Coffee, The Future as History: The Prospects for Global Convergence in Corporate Governance and Its Implications, *Northwestern University Law Review*, Vol. 93, No. 3, 1999, p. 641.

从历史角度看，美国资本市场为美国证券监管规范的跨境传播提供了支撑。二战以后，美国证券市场的广度和深度吸引了全球各地资金需求方前来发行、上市证券以募集资金。证券交易所通过跨境投资、并购和战略联盟等方式进行合作，也带动了一国监管规范的输出，使得证券交易所成为一国实施域外管辖的重要载体。

从实践角度看，在美国境内向公众销售证券，或通过利用美国境内与证券交易相关的工具（如证券交易所或其他交易设施）交易证券，发行人、证券服务中介需要根据美国的证券监管规范履行登记、报告和信息披露等义务。美国据此取得管辖依据，进而对这些行为适用美国的监管规范。美国对境内的外国发行人规定了合规义务后，外国发行人为降低成本考虑，可能在整个集团内实施此种合规义务标准，使得美国的监管规范具有事实上的域外效力。在出现违反监管规范的情形后，SEC可以通过执法和解，要求外国当事人同意接受合规管辖。可以看出，美国证券监管规范的属地管辖也可能产生域外效果和进行域外管辖机制安排。

### （二）金融市场基础设施对域外管辖的支撑作用

金融市场基础设施是指金融运行的硬件设施和制度安排，主要包括支付系统、公司治理、会计准则、信用环境、反洗钱、反恐融资以及由金融监管、中央银行最后贷款人职能、投资者保护制度组成的金融安全网等。反洗钱、反恐融资贯穿于支付系统、公司治理等金融市场基础设施运行中，支付系统、金融监管成为反洗钱、反恐融资得以实施的支撑平台。可以认为，反洗钱、反恐融资是金融市场基础设施领域更为基础性的制度安排。

正如上文所述，美元的国际货币地位与纽约的国际金融中心地位赋予美国法律调整域外事项的诸种便利。进入21世纪以来，美国的资本市场、证券交易所都面临国际竞争压力，融资方能够从其他资本来源国融资。同时，融资方能够在本国境内通过网络在美国资本市场融资或投资。跨境融资资金来源的多元化、电子信息技术推动的交易便捷化，便利了融资方通过跨境资本流动，规避美国监管规范的适用，使得美国跨境传播本国监管规范变得困难。但是，这并没有改变美国金融市场基础设施对域外管辖的整体支撑作用。这种支撑通过金融机构具体业务中的合规义务等微观层面体现出来。

## 三、金融执法与金融机构的合规义务

金融执法是威慑和遏制金融犯罪的有效手段。金融机构向私法主体提供金融义务，使得其合规义务对金融执法具有重要支撑作用。

### （一）美国金融执法推动美国金融监管法规域外适用呈现出新特点

首先，在将美国法适用于域外金融机构方面，执法机构借助于美国刑事法律规范所赋予的执法调查手段、裁量权和严厉的制裁标准，日益发挥着核心作用。诸多刑事实体法律规范、执法裁量权与和解协议为美国执法机构的跨境执法提供了支撑。刑事执法处罚包括披露详细的违法行为，为民事诉讼的提起提供了事实和证据支持。同时，违法行为的信息披露会给金融机构的声誉带来不利影响，甚至会影响金融机构的稳定性。除了巨额罚款，外国金融机构及其政府还会担心无法进入美元市场所带来的系统性不利后果。

其次，执法机构重视采取执法和解协议的方式，促使境外金融机构主动遵守美国的金融监管法规。外国金融机构近年来倾向于采取与美国执法机构和解的方式了结刑事案件。美国对外国金融机构采取执法措施不仅是要处罚其违法行为，更是要促使外国金融机构采取合规措施，以发现、报告并威慑违反美国法的行为。借助严厉的执法惩罚的威慑，加上和解协议约定的自愿合规举措，美国的跨境执法对外国金融机构整体遵守美国的监管规范具有很强的推动作用。但是，一国的跨境执法应符合透明、一致原则，以增强公众对执法机构能够公平、有效实现立法目标的信任。在此种前提下，一国金融监管规范的域外适用有助于维护该国的正当利益，并打破国际监管合作面临的僵局。

### （二）美国反洗钱立法管辖的演变：合规义务与市场发展之间的平衡

反洗钱已成为金融监管的重点领域，是打击腐败、恐怖融资、贩毒等上游犯罪行为的重要手段，在金融合规与执法中尤其具有重要地位，并在打击洗钱与促进美国金融市场发展之间的平衡中发展演变。

1. 打击洗钱活动的立法演变

首先，1970 年通过的《银行保密法》(Bank Secrecy Act)规定了银行向执法机构披露客户信息的义务，是美国在反洗钱方面的首部立法。

其次，洗钱行为入刑。1986 年通过的《洗钱控制法》(Money Laundering Control Act)将洗钱规定为联邦犯罪。该法与《银行保密法》共同构成了美国反洗钱法律体系的核心。

最后，扩大金融机构合规义务主体的范围。为防止当事人绕开银行，通过其他渠道进行洗钱活动，1988年，国会通过《洗钱检控改善法案》(Money Launder Prosecution Improvement Act, MLPIA)，扩大了《银行保密法》中关于"金融机构"的定义。

2. 对金融机构反洗钱合规义务的平衡："减负"与"安全港"规则

1994年通过的《洗钱抑制法案》(Money Laundering Suppression Act)加入降低银行信息披露义务的内容，要求财政部豁免金融机构间的交易，以降低货币交易报告的负担。为化解银行保护客户交易隐私义务与反洗钱立法下的可疑活动报告义务之间的冲突，1992年，国会在《阿农齐奥-怀利反洗钱法案》(Annunzio-Wylie Anti-Money Laundering Act)中创设了"安全港"规则，以消除银行等金融机构履行反洗钱合规义务的民事责任困扰。

(三)《爱国者法案》：公私合作，推动执法管辖域外事项

为应对"9·11"恐怖事件，2001年10月通过的《通过使用适当手段来阻止或避免恐怖主义以团结并强化美国法律》(USA PATRIOT Act，以下简称《爱国者法案》)第三章"2001年国际反洗钱和反恐怖主义融资法案"修订了《银行保密法》关于反洗钱的规定。虽然《爱国者法案》已被2015年《美国自由法案》取代，但其第三章有关反洗钱的规定仍然继续适用。

1.《爱国者法案》对域外执法的铺垫作用

首先，《爱国者法案》第三章的相关规定涵盖了反洗钱的绝大多数国际标准之内容，包括授权金融机构，针对任何与美国金融机构存在相关国际业务往来的外国金融机构，进行客户尽职调查、记录保存以及获取相关信息。《爱国者法案》要求金融机构必须制定反洗钱政策，包括设立合规官、制定内部审计项目、提供需求方面的员工培训项目等。

其次，扩大合规义务主体的范围，包括扩大"金融机构"的范围，将期货经纪商、珠宝商、赌场、旅游代理店等机构纳入其中。

再次，扩大上游犯罪的范围，将腐败行为列入洗钱行为的上游犯罪之中。

最后，纳入域外管辖条款。20世纪90年代，美国开始将反洗钱执法向境外延伸。《爱国者法案》第317条以"对国外洗钱的长臂司法管辖"为题，规定如果某一外国人或者某一根据外国法律设立的金融机构参与了洗钱活动，只要对其

依照美国《联邦民事诉讼规则》或者所在地的外国法律送达了诉讼文书，在具备特定条件后，即可实施管辖。外国人在美国境内实施洗钱犯罪、外国银行在美国银行开立银行账户、外国人转移被美国法院命令没收的资产等案件，都被纳入管辖范围。《爱国者法案》第 314 条第 A、B 款鼓励执法机关、监管部门及金融机构加强合作，分享反恐融资及洗钱的可疑活动信息，协助执法机关识别、遏阻、防范洗钱及资恐活动，体现出公私合作的执法策略。

2. “重大洗钱嫌疑”

《爱国者法案》通过第 311 条等条款切断制裁对象与美国金融系统的联系：

首先，授权金融机构针对任何与美国金融机构（含在美国经营的非美国金融机构）存在相关国际交易业务往来的外国金融机构，对客户进行尽职调查、保存交易记录以及获取相关信息，全面监控资金进入美国的国际接入点，避免空壳银行或可疑通汇银行直接或间接进入美国金融体系。

其次，引入“重大洗钱嫌疑”执法。任何一个法域、境外金融机构、在境外开立的银行账户以及任何金融交易，如果被怀疑与美国当局所关注的违法犯罪活动或非法金融活动有关，就可能被认定有重大洗钱嫌疑，进而被适用反洗钱制裁措施以及“特别措施”。“特别措施”包括授权美国财政部长采取调查及冻结账户等措施，若确认存在重大洗钱嫌疑或可将其列入黑名单，则可禁止美国境内所有金融机构与其有业务往来，包括禁止美国银行向被指定的实体提供代理银行业务服务，切断该机构获得美元清算服务以及有效参与全球金融体系。这种手段可以针对某家银行，也可以针对某个国家。由于美国在全球金融体系中具有优势地位，因此无法与美国从事汇兑或贸易对绝大多数国家或机构而言都是重大的经济损失。

《爱国者法案》第 311 条规范的是美国本土金融机构，实际上却使得全球金融机构在现实中必须遵守美国的反洗钱、反恐融资法律规范。2018 年 2 月 13 日，美国财政部金融犯罪执法网络（Financial Crimes Enforcement Network，以下简称“FinCEN”）宣布，根据《爱国者法案》第 311 条的规定，将 ABLV 银行列入初级洗钱机构。在此公告发布后，ABLV 银行经历了客户挤兑存款和无法获得美元资金的情况，导致该银行无法进行美元支付。随后，欧洲央行指示金融和资本市场委员会暂停该银行业务以稳定局面。卢森堡政府还对该银行卢森堡支行实施了暂停营业措施。[①]

3.《爱国者法案》第 319 条的“杠杆”作用

《爱国者法案》第 319 条就没收美国同业银行账户资金作出了规定。如果有关资金存放在某一境外的外国银行账户中，并且该外国银行在美国境内的金融机构中设有银行账户，那么该资金可以被视为存放在后一个账户中，美国主管机关可以直接针对该账户采取冻结、扣押和没收措施。在此种情况下，美国政府不必证明外国银行在美国境内账户中的资金与作为没收对象存放在外国银行中的资金具有直接关联。

4. 多部门协同执法的国家战略

反洗钱执法涉及美国财政部、司法部和国土安全部等多个部门。1998 年，国会通过《洗钱和金融犯罪战略法案》(Money Laundering and Financial Crimes Strategy Act)，要求财政部与司法部在全国范围内协调执法力量，打击洗钱活动。从 1999 年开始，美国每年均发布“国家反洗钱战略”，将反洗钱提升到国家战略层面，引领和指导国内多部门的反洗钱立法、执法活动。

根据安排，财政部负责执行和实施《银行保密法》，并且下设 FinCEN 和海外资产控制办公室(Office of Foreign Assets Control，以下简称“OFAC”)两个机构。FinCEN 为执法部门提供情报支持，是美国负责反洗钱的主要监管部门。OFAC 负责实施制裁。国土安全部负责打击与恐怖融资相关的洗钱犯罪、毒品犯罪以及相关的金融交易，识别和发现金融体系中容易被洗钱分子利用的薄弱环节。司法部负责在法律授权范围内起诉洗钱犯罪案件，并执行相关的财产罚没措施。《爱国者法案》第 317 条对外国洗钱者行使长臂司法管辖权。存在下列情形之一的外国人(或金融机构)参与了洗钱活动，美国法院就可以对其行使司法管辖权：(1) (全部或部分)交易发生在美国境内；(2) 将美国法院罚没的财产转为己用；(3) 外国金融机构在美国金融机构开立了账户。

美国的刑事追诉与金融监管密切关联。为了维护金融市场和支付系统的完整性，反洗钱等案件通常会与 SEC、美国商品期货委员会(Commodity Futures Trading Commission，以下简称“CFTC”)、美联储和财政部等政府部门发生交集。金融监管机构充当金融市场的“看门人”，对金融机构进行日常的监

---

① 参见中国驻拉脱维亚使馆经商处:《欧洲央行表示 ABLV 银行将进行清算》，http://lv.mofcom.gov.cn/article/jmxw/201802/20180202714554.shtml，2020 年 5 月 16 日访问。

督检查，与金融机构保持密切的联系；同时，对金融违规行为进行执法处罚，并将所发现的刑事犯罪线索移交司法部处置。行政或刑事诉讼还可能涉及对外国金融机构进入美国金融市场的资格处罚，直接涉及外国在美国金融市场的融资和结算，因而会对外国金融机构产生威慑效应。

从近年的执法动向看，私人或媒体通过直接举报方式提供的犯罪线索成为美国司法部进行刑事追诉的重要信息来源。对金融机构的大额罚款会产生金融稳定问题，进而与美国货币监理署、联邦存款保险公司等监管部门发生关联。同样，美联储对外国银行在美国的活动负有监管责任。这些外国银行的合规问题也是 FinCEN 和 OFAC 关注的事项。另外，金融制裁和刑事追诉不仅会影响通常意义上的美国对外关系，还会迫使他国在跨境交易中减少使用美元及美元金融基础设施。

整体上，金融机构更愿意与监管、执法机构保持相互合作的关系，以合作的态度解决监管合规问题。但是，金融机构的同意并不能消除美国法律域外适用的范围限制。同时，这些金融机构无权放弃其母国的管辖权。

## 四、金融机构对域外执法的配合：保密与信息提供义务

经济活动中的资金流动大多通过金融机构转账实现，在金融机构留下“痕迹”，对于执法管辖具有重要的支撑作用。美国的金融执法在很大程度上是通过金融机构的配合实现的。

《银行保密法》的主要目的是，要求银行向特定的美国执法机构“泄密”以打击洗钱行为。这部法案改革了美国银行的保密制度，将银行对客户信息的绝对保密改为相对保密，要求受监管机构通过提交报告和保存记录的方式，识别进出美国或存入金融机构的货币和金融工具的来源、数量及流通等信息，为执法部门提供审计线索，遏制使用秘密的外国银行账户。美国财政部有权要求境内外金融机构满足特定的报告要求，包括报告账户的实际受益人等。在此基础上，《银行保密法》禁止金融机构通过交易结构的设计逃避报告义务。在法律责任方面，FinCEN 可通过向法院申请禁令、提起民事或刑事诉讼等措施打击违法行为，实施罚款、监禁等民事、刑事处罚。

2004 年通过的《情报改革和防恐法案》规定，美国财政部在“合理必要”的前提下，有权要求相关金融机构报告跨境电子转账的记录。同时，该法案将

FinCEN 纳入财政部，作为其下属机构。FinCEN 在 1990 年成立之初主要是作为一个提供政府间情报及其分析的网络，为侦察、调查和起诉洗钱等金融犯罪提供支持。目前，FinCEN 已经成为财政部监督、实施关于洗钱的预防和侦查政策的主要机构。FinCEN 的功能主要体现在两个层面：(1) 与银行等金融机构合作，要求后者依法定时记录、报告可疑交易，打击和侦察洗钱活动；(2) 为执法部门提供《银行保密法》下的情报及其分析支持，加强执法机构之间的信息共享。

## 五、域外执法跨境合作机制

美国单边执法管辖并非纯粹的国内机构单独执法，而是通过签订双边、多边协定或非正式的合作机制，推动他国对美国跨境执法的接受或认可，保障美国域外管辖的实现。除了在反腐败等领域签署的实体性国际条约涉及跨境执法合作外，美国还对外签署了各种程序性的合作协定。

### (一) 法律互助协定

签署法律互助协定(MLAT)是美国执法机构在跨境执法中寻求境外合作的常用手段，主要适用于跨境刑事调查和追诉领域。SEC 等其他机构也可以适用这一互助框架以进行跨境执法合作。法律互助协定通常会就相互协助的义务、范围和提交请求所需要满足的条件等事项作出约定。合作事项包括取证、执行搜查、冻结和扣押资产令等。[1] 美国已同七十多个国家签署了法律互助协定，其司法部内设的国际事务办公室专门处理各项法律互助事项。但是，法律互助协定作为政府间协定，存在此类协定常见的不足，包括个案合作所需要的时间长、程序复杂、受合作方所在国家的法律限制等。

### (二) 谅解备忘录

司法部、SEC 可以与境外同行签署不具有法律效力的谅解备忘录，就跨境执法事项作出约定。SEC 广泛使用此种手段，对外签署了大量的双边、多边谅解备忘录(Memorandum of Understanding，以下简称“MOU”)。

在签署多边 MOU 之前，SEC 主要通过签署双边 MOU 交换执法所需要的

---

① See Charles Doyle, Extraterritorial Application of American Criminal Law, Congressional Research Service, https://fas.org/sgp/crs/misc/94-166.pdf, last visited on 2019-10-30.

信息。多边 MOU 由国际证监会组织(International Organization of Securities Commissions,以下简称“IOSCO”)于 2002 年创设,目的是推动信息交换协商与合作。美国参与签署的多边 MOU 至今已有一百多个签署方,并成为 SEC 从境外监管机构获得证据的主要手段。双边 MOU 现在成为多边 MOU 的补充手段,适用于多边 MOU 没有涵盖的跨境执法合作事项。

(三) 司法委托函

在没有国际执法合作协定的情况下,司法委托函是美国执法机构寻求跨境执法合作的传统手段。根据美国联邦法典第 28 章第 1782 条的规定,在美国境外从事诉讼或仲裁的当事人可以直接请求美国联邦法院颁发强制令,要求相关方出示用于外国或国际争议解决机构的文件和证词。美国法院在这个过程中享有较大的裁量权。在操作流程上,执法机构向美国法院提交司法委托函,寻求获得外国司法机构支持。

(四) 埃格蒙特集团

埃格蒙特集团金融情报中心于 1995 年在比利时埃格蒙特宫成立,由各地的金融情报中心组成,旨在为各国的反洗钱执法机构提供执法合作渠道。美国执法部门可以通过本国金融情报中心,同外国政府交换反洗钱、反恐融资和其他金融犯罪的信息。埃格蒙特集团成员之间相互交换的信息在用途上受到严格的限制,如此类信息不得用作法院诉讼证据。但是,通过这个途径获取证据,有助于嗣后通过其他方式发现证据。

(五) 通过 CLOUD 法案获取电子证据

随着网络信息技术的发展,涉外电子证据的获取愈发成为常态。全球互联网用户绝大多数位于美国境外,互联网服务中心的总部却主要集中在美国。微软、苹果、谷歌等数据存储服务提供商在其位于全球各地的服务器上存储来自全世界的信息。涉网络犯罪的证据不一定集中在犯罪行为地,更多可能位于服务器所在地的境外,甚至被存储在互联网“云端”。

如何获取境外电子证据成为执法管辖权面临的重要问题。一国可以通过签订双边、区域或多边协议等明示同意的方式进行跨境执法合作,就他国在本国境内执法作出安排。这种明示同意可以由合作国的立法、执法或司法机关作出。但是,国家是否可以通过默示的方式同意他国在本国领土范围内执法?一国境内的公司(企业)或个人等能否单独同意接受他国的跨境执法行为？

2013 年 12 月，美国司法部要求微软提供涉嫌毒品走私的微软邮件用户的个人资料。微软提交了存储在美国的相关数据，但拒绝提供存储在爱尔兰等美国境外的数据并申请法院撤销这项搜查令，引发了受到广泛关注的微软案。该案涉及的问题是，美国 1986 年《存储通信法》(Stored Communications Act，以下简称"SCA")规定的搜查令是否可以用于获取存储在美国境外的数据。在诉讼过程中，特朗普总统签署了《明确境外合法应用数据法案》(Clarifying Lawful Overseas Use of Data Act，以下简称"CLOUD 法案")，对 SCA 进行了修改。

CLOUD 法案授权美国与符合条件的国家签订双边数据共享协议，使得与外国政府进行跨境数据传输成为可能，并且明确了电信服务提供商在披露存储在海外的数据时的相关事宜。美国执法部门仅凭借法院签发的数据搜查令就可以从美国云服务商处获取其管理范围内的、存储在海外的数据，避免了通过烦琐的外交渠道调查举证。

但是，在外国政府没有与美国政府签订共享协议的情况下，美国如何回应域外调取数据的请求？CLOUD 法案对此并没有予以明确，使得这个领域的域外管辖问题在未来仍然面临不确定性。

## 六、执法层面的自我限制机制

美国对金融法规的域外适用进行了一定程度的自我限制，具体限制机制包括替代合规和豁免机制。自我限制域外管辖有三方面的考虑：首先，自我限制是为了避免与外国监管规范形成直接的冲突。其次，自我限制有助于维护美国金融市场和市场参与方的域外竞争力。最后，自我限制背后更深层次的考虑是推动美式监管规范的域外传播，为域外管辖提供支撑。

### (一) 替代合规

替代合规是常见的自我限制措施，通常是指外国监管规范如果与美国监管规范达到一定的相似度，则遵守本国监管规范即可视为满足美国监管规范的合规要求。如果美国法与外国法在实体内容上差异过大，则其域外适用可能受到他国的抵制，甚至引发外交关系紧张。通过替代合规寻求实体层面的协调，实质上仍然是美国法在一定程度上的域外适用，只不过这种适用通过外国立法机关予以实现。这种方法最初是由美国学者 Ethiopis Tafara 等提出来的。[①] 替代合规实际上还是坚持美国法域外适用的优先性。这是因为,外国法只有在功能上等同于美国法,才可能得到适用,否则仍然要适用美国法。替代合规成为推动他国采纳与美国类似规范的重要手段,是域外适用美国法更深层次的支撑机制。

从程序上看,尽管相似性最终由美国单边决定,但此种做法拓展了美国监管机构与相关国家监管机构的沟通和信息交换渠道,成为双方密切合作的机制框架。从实体角度看,替代合规有利于推动他国监管规范与美国监管规范实质性趋同。

与相互承认不同,替代合规没有采取"一刀切"的方式。替代合规可以逐个规则或逐个机构为基础进行比较。同时,与相互承认所要求的相互性不同,替代合规可以是一国采取的单方行为。

美国监管机构对待替代合规的态度存在差异。证券与衍生金融工具监管机构主张适用替代合规;而银行监管机构大多对替代合规不以为然,更倾向于采取传统的属地方法,主张对外国银行和美国银行的外国分支机构实施域外管辖。这一点从后文的沃尔克规则可以看出来。

### (二) 豁免机制

美国监管机构根据对外国监管规范的评估,可以在个案中豁免美国监管规范的域外适用。例如,《证券交易法》第 36 条规定,SEC 有权决定相应的豁免。这种豁免建立在外国监管规范在功能上能够达到美国监管规范所追求的目标这一前提的基础之上。由于美国金融市场对全球其他国家及其市场具有吸引力,因此豁免机制实际上推动了其他国家及其市场主体采纳美国监管规范,在更高层面实现了美国金融法规的域外管辖。当然,豁免机制的背后也兼顾维护美国金融市场竞争力的考虑,避免因形式上的差异而影响美国金融市场的国际吸引力。

## 七、执法管辖的反规避机制

美国国会在制定 1934 年《证券交易法》时,担心美国发行人会通过在境外

---

① See Ethiopis Tafara and Robert J. Peterson, A Blueprint for Cross-Border Access to U. S. Investors: A New International Framework, *Harvard International Law Journal*, Vol. 48, No. 1, 2007, p. 32.

发行证券等方式规避美国境内的监管,因而该法第30条赋予SEC发布规则和条例的权力,以应对规避美国国内监管的行为。

同样,根据沃尔克规则,如果监管机构认为某项交易活动(包括滥施监管机构允许的活动)是为了规避沃尔克规则的监管,在符合告知和听证机会等程序要求后,有权要求被监管对象停止某项业务或剥离某项投资。根据《多德-弗兰克法案》第722条的规定,对于以规避该法案为目的的域外互换交易,该法案第七章关于互换交易的规定可以域外适用。

## 第二节 反腐败执法中的域外管辖

腐败存在于社会各领域,在很大程度上需要借助金融渠道才能实现。美国围绕《反海外腐败法》(Foreign Corrupt Practices Act,以下简称"FCPA")开展的反腐败执法对美国金融法域外管辖具有基础性的支撑作用,并且FCPA本身在很大程度上具有域外性。

### 一、FCPA域外管辖的背景

单纯的国内监管难以打击跨境腐败行为,打击商业贿赂需要各国进行合作。首先,贿赂包括行贿方、受贿方两方主体,还包括代表双方或受双方控制的第三方。贿赂行为涉及会计、税收、反洗钱等多个领域和多个国家的法律规范。当事人可以通过复杂的公司架构隐藏真实的贿赂方,并通过复杂的跨境交流渠道和支付体系完成贿赂,隐藏贿赂关系,逃避特定国家的反贿赂处罚。其次,在一国缺乏反腐败法规的情况下,企业存在贿赂外国官员的激励。缺乏国际合作的国内反腐败会促使企业在境外实施腐败,并可能形成不公平的竞争环境。跨境腐败行为更具有隐秘性和低透明度,更容易规避属地性质的反腐败监管。最后,跨境打击商业贿赂在正当性方面存在共识。商业贿赂是国际社会共同谴责的行为,打击腐败这一目标诉求在全球存在共识。美国对境外商业腐败行为的监管能力取决于其在多大程度上能将本国的反腐败法规适用于境外。

### 二、FCPA的管辖范围

FCPA条款仅包括反贿赂条款和会计条款,且其条文中的"外国官员""贿赂"等词汇在执法实践中的含义模糊,使得FCPA在现实中的适用范围远比其条文规定宽泛,为FCPA的域外适用提供了可裁量的空间。美国政府使用多种手段将FCPA的管辖权适用于外国个人和公司。FCPA在美国法的域外管辖中发挥着重要的支撑作用,被认为是美国联邦刑事法典中最为复杂的成文法规。

(一) FCPA两种条款适用的行为

FCPA反贿赂条款禁止给外国官员"任何有价物"(anything of value),以防止外国官员利用其影响力获得或维持业务。FCPA会计条款主要是针对上市公司,要求在美国上市的公司维持账簿、记录和账目的合理细节,以准确、真实地反映其资产的交易和处置情况,并建立和维持内部会计控制系统。

1. 腐败行为与会计记录行为

反贿赂条款与会计条款具有密切的关系。腐败行为的背后通常隐藏着商业交易事项。贿赂款项在会计记录上被做成合理付款,会导致会计欺诈,形成虚假的信息披露,侵害股东利益,影响公司决策,而这一切意味着企业内部控制的缺失。

会计条款主要由账簿和记录条款与内部控制条款两部分构成。账簿和记录条款要求发行人设立并保持能够准确、详尽反映发行人交易和资产处置内容的账簿、记录和账户。账簿和记录构成美国政府反贿赂执法的重要依据材料。内部控制条款要求发行人设立并保持充分的内部会计控制系统,确保管理层对公司资产的控制、权力和责任。良好的内控不仅有助于防止违反FCPA的反贿赂条款,也有利于防止企业及其分支机构和雇员从事违法或其他违反公司伦理的行为。

2. 反贿赂条款与会计条款的适用范围

FCPA涵盖的事项包括反贿赂、会计和记录两个部分的内容,条款范围宽泛。相比FCPA反贿赂条款涉及外国官员,会计条款是通用的,而且含义很灵活。会计条款适用于有证券在美国的国家级证券交易所上市交易的任何发行人,包括在证券交易所上市交易的美国存托凭证(American Depositary Receipt,以下简称"ADR")的外国发行人,但不适用于非上市公司。由于发行人的账簿、记录包含其合并报表范围内的子公司和关联方,因此发行人的责任也延伸至确保在其控制之下的子公司和关联方(包括外国子公司和合资伙伴)

遵守会计条款。同理，公司（包括发行人的子公司）和个人还可能因为协助、教唆或促使发行人违反会计条款而面临刑事、民事处罚。

2019 年 3 月 6 日，CFTC 表示有意介入商品期货领域涉及 FCPA 的执法，尽管 FCPA 本身并没有授权 CFTC 介入涉外贿赂案件，《商品交易法》(CEA)本身也没有赋予 CFTC 此种权限。

违反 FCPA 可能导致民事或刑事处罚，包括罚款、没收非法所得及/或监禁。FCPA 的执行主要由司法部和 SEC 负责，其中司法部负责反贿赂条款的刑事、民事执法和会计条款的刑事执法，SEC 负责会计条款的民事调查、起诉。会计条款对证据的要求较低，成为 SEC 实施处罚的"利器"。

### （二）FCPA 反贿赂条款的适用对象

FCPA 反贿赂条款包含三个子条款，分别适用于发行人（issuers）、国内人（domestic concerns）和外国非发行人（persons other than issuers or domestic concerns），以及代表任何上述三类实体行事的董事、高级职员、员工、代理人和股东。FCPA 的这一规定突破了传统的属地管辖和属人管辖原则。

#### 1. 三类实体

FCPA 第 78dd-1 条适用于"发行人"。任何公司的股票只要在美国挂牌上市，或者在美国柜台交易市场报价并向 SEC 提交定期报告，该公司即属于发行人，无论其是否具有美国国籍。这一规定具有属地管辖的性质。

FCPA 第 78dd-2 条适用于"国内人"，包括美国公民或居民，或者根据美国法律成立或主要业务地在美国的商业组织。第 78dd-1、78dd-2 条都规定了"替代管辖权"(alternative jurisdiction)条款，禁止发行人和国内人在美国境外从事违反 FCPA 的贿赂行为。这些规定具有属人管辖的性质，尽管发行人有可能不具有美国国籍。对于发行人和国内人而言，即使不当支付方案的设计和支付完全发生在美国境外，无论是否使用美国邮递服务或任何州际商业手段（或工具），也都违反了 FCPA 反贿赂条款。在此种情况下，FCPA 反贿赂条款具有域外管辖的性质。

FCPA 第 78dd-3 条适用于美国属地管辖范围内的外国非发行人，具有属地管辖的性质，与第 78dd-1、78dd-2 条存在不同之处。首先，属地要求不同。对于外国非发行人而言，只有使用美国邮递服务或任何州际商业手段（或工具），促进向外国官员进行腐败付款，才会受到 FCPA 的管辖。与之不同，第 78dd-1、

78dd-2 条都规定了替代管辖,国内人和发行人在美国境外的行为也会受到 FCPA 的管辖。其次,在手段上,外国非发行人的贿赂行为与州际商业之间应存在关联,尽管对这种关联的强度要求并不高。[①] 外国非发行人所使用的邮递服务如果构成所指向的违法行为偶然的组成部分,就足以成为行使属地管辖权的依据。但是,对于第 78dd-1、78dd-2 条规定的替代管辖而言,则不需要满足这种州际商业手段(或工具)要求,因为美国在此种情况下行使国籍管辖权。[②]

2. 州际商业

"州际商业"是理解 FCPA 管辖权的重要概念。来往美国或经由美国的电话、电子邮件、短信、传真,经由美国的银行汇款,或者以其他方式使用美国的银行系统等,均涉及州际商业,都可能构成美国法院行使对人管辖权的依据。

"州际商业"联系实际上涵盖了与美国存在属地联系的活动,与"在美国境内从事贿赂行为"含义相同。国内人、外国发行人与外国非发行人的管辖标准区分在实践中的意义并不大,详见表 3-1。

**表 3-1 三类实体的管辖标准**

| 三类实体 | 属地管辖 | 国籍原则 |
| --- | --- | --- |
| 国内人 | "州际商业"联系 | 如果不存在"州际商业"联系,则适用国籍原则 |
| 外国发行人 | "州际商业"联系 | 如果不存在"州际商业"联系,则无权管辖 |
| 外国非发行人 | 在美国境内从事贿赂行为 | 如果不存在属地联系,则无权管辖 |

特朗普执政后,美国 FCPA 的执法政策出现了变化,开始强化对总部位于中国和俄罗斯境内的企业进行反腐败执法。2019 年 3 月,美国通过执法和解的方式对俄罗斯最大的电信供应商之一 MTS 在乌兹别克斯坦从事国际商业贿赂行为处以 8.5 亿美元的罚款。[③] 2018 年 11 月,美国司法部公布打击中国"经济

---

① See H. Lowell Brown, Extraterritorial Jurisdiction Under the 1998 Amendments to the Foreign Corrupt Practices Act: Does the Government's Reach Now Exceed Its Grasp?, *North Carolina Journal of International and Commercial Regulation*, Vol. 26, No. 2, 2001, p. 241.

② See Lauren Ann Ross, Using Foreign Relations Law to Limit Extraterritorial Application of the Foreign Corrupt Practices Act, *Duke Law Journal*, Vol. 62, No. 2, 2012, p. 454.

③ See Mobile TeleSystems Settles FCPA Violations, https://www.sec.gov/news/press-release/2019-27, last visited on 2019-10-10.

间谍"的议案,[①]并启动了对福建省晋华集成电路有限公司、中国华为技术有限公司的执法行动。这个议案首先针对的是与美国企业具有竞争关系的中国企业,以打击"商业贿赂"作为重要的突破口。

## 三、FCPA 反贿赂条款管辖权的扩张

FCPA 的管辖范围宽泛且缺乏清晰的界定,美国政府积极地行使此种域外管辖权,执法当局采用了多种法律技术手段扩张管辖权。FCPA 的域外管辖在美国金融法的域外适用中显得尤为重要。这从 FCPA 管辖范围的扩张演变历史和现实可以看出来。

### (一)从禁止美国企业贿赂外国官员到维护公平竞争环境

从立法历史角度看,FCPA 管辖权的扩张经历了一个发展演变过程。美国在制定 FCPA 时,主要目的是监管美国公司的行为,并没有打算将 FCPA 适用于总部不在美国的公司。1988 年,美国国会修改了 FCPA,作为《综合贸易与竞争法》的一部分,以化解公众关于 FCPA 使得美国商业处于不利的全球竞争地位的担忧。[②] 可以看出,FCPA 在监管美国公司行为的同时,注意到美国公司的海外公平竞争环境问题,如何让美国公司受益成为其关注点。从 1988 年到 1998 年,美国着眼于通过签订国际协议的方式推进跨境反腐,并没有采取激进的域外执法模式。具体措施之一是推动经合组织借鉴 FCPA,制定了《经合组织反腐败公约》。但是,FCPA 与《经合组织反腐败公约》在具体条文上仍然存在一些差异。因此,美国国会于 1998 年再次修订 FCPA,以对标《经合组织反腐败公约》,包括该公约第 4 条关于管辖权的规定。

### (二)对属地管辖权的宽泛解释

《经合组织反腐败公约》为域外管辖提供了法律基础,其第 4 条规定,缔约国可以采取必要的措施管辖本国境内贿赂外国官员的行为,打击本国人在境外

---

① See United States, Attorney General Jeff Sessions Announces New Initiative to Combat Chinese Economic Espionage, https://www.justice.gov/opa/speech/attorney-general-jeff-sessions-announces-new-initiative-combat-chinese-economic-espionage, last visited on 2019-10-10.

② See Beverley H. Earle, Foreign Corrupt Practices Act Amendments: The Omnibus Trade and Competitiveness Act's Focus on Improving Investment Opportunities, *Clevel and State Law Review*, Vol. 37, No. 4, 1989, pp. 551-552.

贿赂外国官员的行为，如果该国允许此类域外管辖。《经合组织反腐败公约》官方评论第 25 段在对第 4 条的评论中进一步指出，应该宽泛地解释基于属地的管辖，可以对不存在物理联系的贿赂行为实施管辖。这包括"州际商业"联系以及外国非发行人与美国之间的属地联系。

FCPA 1998 年的修正案在第 78dd-1 条和第 78dd-2 条中引入"替代管辖权"的规定，明确了 FCPA 可以域外适用；第 78dd-3 条则将 FCPA 适用的人员拓宽至外国人。鉴于《经合组织反腐败公约》的管辖权因素和美国《联邦宪法》、国内法的规定，美国司法部和 SEC 对 FCPA 的属地管辖条款进行了宽泛解释，只要与美国存在短暂、轻微的接触，都可能构成属地管辖的依据。这种扩张体现在 FCPA 指南、美国政府的公开声明和执法实践中。

美国对发行人和国内人的属地管辖建立在"州际商业"联系的基础之上。此外，属地管辖还可以及于外国非发行人。在此基础上，2012 年，美国司法部和 SEC 发布了书面指南，进一步澄清了"州际商业"的含义，意图澄清 FCPA 的民事与刑事执法条款。[①]在 FCPA 指南中，美国司法部和 SEC 共同表明了其立场，即证券发行人（无论是否为美国人）以及美国公民、国民和居民利用州际贸易（包括从美国或向美国以电话、电子邮件、电传等方式），促成向外国官员支付贿赂款项，应接受美国的属地管辖。外国实体和个人如果在美国从事促成支付贿赂款项的任何行为，都应承担 FCPA 规定的责任。[②] 实践中，使用美国电子通信或银行体系等被纳入管辖范围。美元发挥着国际货币的职能，大量的国际商业交易都使用美元计价、支付，这就必然涉及通过美国的代理行进行转账支付和结算，形成域外管辖的"代理行标准"并引发争议。

美国司法部和 SEC 对属地管辖条款采取了宽泛解释，特别是关于如何界定贿赂行为发生在"美国境内"（while in the territory of the United States）。司法部在其公开声明和执法实践中仍然主张，即使外国实体和个人仅与美国领土存在短暂的接触，也可能构成美国对该实体和个人在美国域外行为行使属地管辖权的"充分联系"。例如，在针对一家日本工程建设公司贿赂尼日利亚政府官员

---

① See Emily Willborn, Extraterritorial Enforcement and Prosecutorial Discretion in the FCPA: A Call for International Prosecutorial Factors, *Minnesota Journal of International Law*, Vol. 324, 2013, pp. 424–427.

② See U. S. Dep't of Justice & U. S. Sec. & Exch. Comm'n, A Resource Guide to the U. S. Foreign Corrupt Practices Act 11 (Nov. 14, 2012).

的案件中，美国司法部认为通过美国代理行账户转账支付贿赂款项的行为足以使美国取得属地管辖权。[①] 美国司法部甚至对一家在美国发行 ADR 的匈牙利公司行使属地管辖权，管辖依据是该公司在美国服务器上传递和存储了两份邮件。[②]

外国人直接或间接在美国境内促成贿赂行为也被归入 FCPA 的管辖范围，且不以利用邮件或州际商业的任何工具或腐败手段为必要条件，任何手段都可能使其被归入 FCPA 的管辖范围。“在美国领土内”被宽泛地解释，包括运用美国的通信与电缆等方式完成或促成(in furtherance of)不恰当支付，美国法院都据此获得管辖权。“促成”行为的认定门槛较低，只要被告在有贿赂意图的基础上稍进一步，即可被认定有“促成”行为。在 U. S. v. Vetco Gray UK Ltd. 案中，涉案的三个子公司并非 FCPA 规定之下的外国发行人，也非国内相关者，却都被认定为使用美国邮件等工具为子公司促成贿赂行为，特别是都存在通过美国邮件或电话系统与在休斯敦的协调专员进行联络，促成贿赂款项的支付行为，因此受到 FCPA 的管辖。[③]

(三) 通过认定共谋、协助、教唆和代理责任扩张域外管辖

大量的跨境贿赂都通过咨询顾问、中介、销售代理、分销商等市场中介向政府官员支付贿赂款项。公司对其市场中介或子公司的贿赂行为同样应承担责任。外国非发行人如果与发行人或美国人存在共谋、协助、教唆行为，则也可能受到 FCPA 的管辖，无论这些外国非发行人是否在美国从事相关活动。[④]

根据《美国〈反海外腐败法〉信息指引》，不在美国居住的外国国民要对违反 FCPA 的共谋、协助、教唆行为承担责任，即使其没有也不可能因为实质性违反 FCPA 的行为而独立地受到起诉。只要有一名共谋者是发行人、国内相关者，或者在美国境内做出了可合理预见的公开行为，美国通常对所有的共谋者拥有

---

① See U. S. v. JGC Corp., No. 11-cr-260, Information ¶¶ 20(e), 22 (S. D. Tex. Apr. 6, 2011).

② See U. S. v. Magyar Telekom, Plc., No. 1:11CR00597, Information ¶¶ 2, 24, 26(c), 47 (E. D. Va. Dec. 29, 2011).

③ 参见赵骏、吕成龙：《〈反海外腐败法〉管辖权扩张的启示——兼论渐进主义视域下的中国路径》，载《浙江大学学报》(人文社会科学版)2013 年第 2 期。

④ See U. S. Dep't of Justice & U. S. Sec. & Exch. Comm'n, A Resource Guide to the U. S. Foreign Corrupt Practices Act 12 (Nov. 14, 2012).

司法管辖权。[①] 共谋指控使得美国司法部可以指控既不是国内发行人、非国内人又未在美国国内从事活动的人。

对于子公司违反 FCPA 的行为，SEC 习惯让母公司承担责任。在理由方面，SEC 经常适用严格责任理论，认为子公司本身就是母公司的代理人，却不证明母公司存在授权、指导或控制子公司的行为。代理责任理论在涉及 FCPA 的案件中占据了绝大多数，并构成第三方责任案件的基础。

（四）通过官方跨境执法合作扩张域外管辖

FCPA 在宽泛地行使属地管辖权的过程中，会面临证据、证人和被告在美国境外的情形，需要与外国司法和执法机构合作。美国与其他国家跨境联合执法成为趋势。《经合组织反腐败公约》规定缔约国有义务提供多边法律协助，并鼓励缔约国使用经合组织法律框架之外的法律手段提供协助。

美国司法部通过与外国刑事机构签订法律互助协定的方式进行域外调查取证。SEC 国际事务办公室通过 IOSCO《多边谅解备忘录》《信息分享双边谅解备忘录》以及临时协定等方式，解决境外调查、取证等域外执法事项。此外，SEC 还借助司法部对外签订的法律互助协定以及美国法院与外国同行之间的调查委托书，解决域外执法问题。但是，这些国际合作途径只能建立在国际合作安排的基础上，而且这些纸面安排不一定能在实践中得到执行。

（五）通过与私人合作扩张域外管辖

由于通过官方机构进行合作存在难度，因此美国司法部和 SEC 在很大程度上依靠被调查对象的合作以扩张 FCPA 的域外管辖。这种公私合作的典型表现是，美国经常通过谈判达成执法和解协议，而非通过司法裁判处理涉外腐败问题。谈判所达成的书面协议通常包括事实陈述、惩罚金额的计算和内部合规义务等。司法部和 SEC 通常采取认罪书、暂缓起诉协议（Deferred Prosecution Agreement，以下简称“DPA”）和不起诉协议（Non-Prosecution Agreements，以下简称“NPA”）等公私合作形式。这些书面协议都会在司法部和 SEC 网站上公布。

---

① See Criminal Division, U. S. Department of Justice & Enforcement Division, U. S. Securities and Exchange Commission, A Resource Guide to the U. S. Foreign Corrupt Practices Act (2012), https://www.justice.gov/sites/default/files/criminal-fraud/legacy/2015/01/16/guide.pdf, last visited on 2019-10-10.

1. DPA 与 NPA

对于被调查方来说，DPA 与 NPA 具有较大的吸引力。首先，司法部的执法调查费用由被调查公司自行承担。这种自费机制使得被调查对象更愿意在调查之前或调查早期就采取合作的态度。其次，违法行为一旦被认定成立，会造成重大的附带后果，如暂停或禁止与联邦政府签订合同，受到多边开发银行的联合禁止制裁，以及暂停或撤销某些出口优惠。同时，美国执法当局在实践中具有选择性执法的嫌疑，对外国公司实施更严厉的罚款等处罚措施。最后，司法部和 SEC 在决定采取执法行动时会考虑公司是否存在自首、配合，是否采取适当的补救措施，以及公司合规方案的充分性等因素。违反 FCPA 除了会面临刑事和民事处罚外，甚至会被暂停业务或吊销执照。

迫于“死亡”压力与顺从政府执法所可能带来的“好处”，被调查的外国实体很少会选择通过诉讼的方式挑战美国司法部或 SEC 的执法，更多是通过取得 DPA 或 NPA 的方式与美国司法部或 SEC 达成和解。

DPA 通常要求被调查的外国实体承认相关事实，同意支付罚金，放弃诉讼时效权利，并作出合规和补救承诺。司法部会向法院提交一份起诉书，同时又会要求暂缓起诉，给予被调查的外国实体“立功表现”的机会。在 NPA 模式下，司法部仍保留提起诉讼的权力，基于同样的考虑，也不提起诉讼。NPA 并未提交给法院，而是由协议双方保存。在其他方面，DPA 与 NPA 的条件比较类似。

通过 DPA 和 NPA 达成和解，政府的执法行动无须法院审查。在面临“死亡”威胁的情况下，公司很少会通过司法诉讼挑战官方的执法处罚。同时，公司与美国执法当局之间的谈判能力不对等，官方执法处罚不透明，导致被处罚公司难以搜集诉讼证据。金融机构通常会被迫选择与监管执法机构达成 DPA 或 NPA，通过缴纳罚款以求生存。这使得法院很少有机会审查 FCPA 的执行实践，便利了美国政府扩张 FCPA 的域外管辖权。

此外，美国执法部门在打击国际腐败之法律选择方面享有广泛的裁量权。美国《防止诈骗及反黑法》(RICO)、《反洗钱法》等都可以作为执行 FCPA 的补充依据。这有助于执法当局突破 FCPA 方面的管辖权限制，进一步扩张美国在反贿赂领域的管辖权。

2. 合规建设

DPA、NPA 的执法和解是通过追诉实现合规的典型。合规建设可以帮助企业在运营中“少被罚”“不被抓”，日益成为企业的“金色盾牌”。涉美企业是否建立了良好、有效的合规体系，可能影响到指控是否能够以 DPA 或 NPA 的方式解决以及 DPA 或 NPA 的有效时间，并经常会影响罚金的数额以及对处罚措施的后续监督等。但是，这些协议最严重的缺陷在于会对被告的公司治理体系造成不利影响。在 DPA 情形下，司法部会公布罚款金额、合规要素以及和解协议内容，但是通过追诉实现合规的做法经常是临时的、强制的和专断的。同时，这些执法缺乏一致性，透明度和司法监督均不足。这些因素使得 DPA、NPA 的先例价值有限，企业难以据此评估自身治理与合规的风险与回报。

尽管如此，各国企业在涉美业务活动中接受了 FCPA 规定的合规要求，各国监管机构也日益重视并不同程度地借鉴了美国的反腐合规监管。例如，法国和加拿大引入公司犯罪刑事执法，类似于 FCPA 之下的和解协议。2018 年 7 月，印度通过了反腐败立法，更加接近于美国的模式。[①]

值得注意的是，2019 年 4 月 30 日，美国司法部刑事局出台新版《企业合规程序评估》，更新了 2017 年 2 月 8 日颁布的版本，为检察官办案和企业完善其合规程序提供了更多的参考。

## 四、FCPA 域外管辖的扩张限制

域外管辖具有制裁效果，促使受制裁的企业及其所属国家减少对美投资和经济交易，进而对美国本身的经济产生影响。这在一定程度上会影响美国国内对扩张域外管辖的态度，需要作出相应的平衡。

尽管美国执法机构采取了宽泛的执法立场，但联邦最高法院采取了相对温和的态度，自 20 世纪 70 年代以来对国内腐败采取相对狭义的界定。2018 年两个上诉案件的裁决进一步表明司法可能限制 FCPA 域外管辖的扩张。

### （一）SHOT 案

在这个案件中，22 名被告在美国拉斯维加斯、迈阿密被捕，美国司法部对其中一名英国籍被告行使属地管辖权。该被告系英国一家公司的董事、总经理，但并非 FCPA 意义上的“发行人”。美国司法部的指控理由是，该英国居民前往

---

① See Shearman and Sterling UP, FCPA Digest 2019—Recent Trends and Patterns in the Enforcement of the Foreign Corrupt Practices Act (January 2019), p. 27.

美国会见了一名被指受贿的外国官员，后来又将一份涉及腐败的购买协议从英国邮寄给了在美国的这位官员。[1]地方法院认为属地管辖必须基于被指控的与涉嫌腐败相关的行为实际发生在美国，最终没有采纳司法部的主张并驳回了指控。[2]地方法院在 SHOT 案中的裁决表明，FCPA 对外国实体和个人的管辖权是受限制的。但是，为取得 FCPA 第 78dd-3 条下的管辖权，必须"在美国境内"发生的行为之类型和范围尚不明确。

（二）United States v. Hoskins 案

1. 案件审理情况

本案中，在一份价值达 1.18 亿美元的印尼电厂建设合同中，法国公司 Alstom S. A. 及其美国子公司和包括 Hoskins 先生在内的 4 位高管被控贿赂外国官员。美国司法部从腐败和洗钱两个角度对被告进行了指控。

Alstom S. A. 的美国子公司连同母公司聘请外部顾问，合力争取这份建设合同。这些顾问被指控为了获得合同而贿赂政府官员，Hoskins 等被指应对明知存在贿赂却仍然批准和授权支付承担责任。美国司法部的指控理由具体包括：Hoskins 是 Alstom S. A. 的美国子公司（Alstom U. S.）的"代理人"，他参与共谋违反 FCPA（第一项指控），以代理、协助、教唆的方式实质性违反 FCPA（第二项至七项指控），并涉嫌洗钱罪（第八项和第九项指控）。政府指控 Hoskins 的理由之一是其存在违反 FCPA 的共谋行为，是违反 FCPA 行为的共犯。共谋指控集中在两方面：违反 FCPA 第 78dd-2 条（通过国内相关者）和违反 FCPA 第 78dd-3 条（通过在美国境内行事的外国人）。检察官指出，尽管被告和美国之间缺乏联系，但被告帮助和指示美国子公司挑选顾问、授权支付贿赂款项，贿赂款项经由美国支付。同时，美国子公司的高管在美国境内举行过会议。被告即便不属于 FCPA 所管辖的三类人，但如果在这三类人违反 FCPA 的行为中存在共谋、协助、教唆，也会根据 FCPA 被起诉。

Hoskins 向美国联邦地区法院提起诉讼，申请驳回政府关于共谋和违反 FCPA 的实体罪名指控。Hoskins 的理由是，自己是英国公民，在法国公司 Alstom S. A 工作，没有在美国工作过，在本案指控事实发生的相关期间内也没有

① See U. S. v. Patel, No. 1:09-cr-00335, Trial Tr. 5:11-14, 7:17-8:2 (D. D. C. June 6, 2011).

② See U. S. v. Patel, No. 1:09-cr-00335, Trial Tr. 11:7-9, 29:12-13(D. D. C. June 6, 2011).

到过美国，因而不属于 FCPA 所管辖的任何一类主体。美国政府不能通过共谋、协助、教唆原则回避 FCPA 管辖权本身的限制而提出指控。

法院面临的问题是：本人在不具有 FCPA 规定的主犯犯罪资格的情况下，能否成为从犯或共谋犯？在考察了 FCPA 的立法历史后，地区法院认为 FCPA 的管辖范围是受限制的，政府没有证明国会存在通过共谋责任以扩张 FCPA 域外管辖权的意图，Hoskins 不能被指控为从犯或共谋犯。因此，地区法院驳回了共谋指控。地区法院认为，被告只有在被政府证明属于 FCPA 所管辖主体的任何一类时，才能被以对违反 FCPA 的实体罪名进行帮助和唆使而定罪。但是，地区法院支持洗钱指控。联邦政府提出了上诉。

2018 年 8 月 27 日，第二巡回上诉法院在判决中基本维持了地方法院的判决意见。上诉法院认为，基于 FCPA 的架构、立法历史及其后续修订，如果外国人实施行为时不是美国发行人或者国内公司的代理人、员工、董事、高管或股东，且他们的行为发生在美国境外，则他们不受 FCPA 管辖。上诉法院还指出，美国政府不能规避 FCPA 第 78dd-3 条关于外国人必须在美国境内从事活动的规定。Hoskins 就贿赂计谋反复发邮件、打电话给美国的共谋者，其行为发生“在美国境外”，这一事实不足以赋予 FCPA 管辖权，Hoskins 不用直接对违反 FCPA 的行为承担责任。① 重要的是，Hoskins 在贿赂计谋进行时“不在美国”。②上诉法院认为，国会有意将外国国民排除在调整范围之外，只要此类国民在从事活动时没有位于物理意义上的美国境内，或者不属于 FCPA 所列明的同美国公司或发行人保持充分联系的人员类型。这项判决是要限制司法部依据 FCPA 对美国境外的外国人实施管辖的能力。

但是，上诉法院同时认为，外国人身处美国境内时采取行动帮助贿赂行为，如果构成代理，美国政府可以依据 FCPA 第 78dd-2 条指控外国非发行人是美国人的代理人。换言之，在这方面，上诉法院推翻了地区法院的驳回裁定。由于 Hoskins 还被指控充当了美国子公司的代理人，因而法院还需要判断 Hoskins 在选择和授权向顾问支付款项时，在何种程度上可以被认为构成美国实体的代理人。

美国司法部在历史上曾很激进地追诉外国合资伙伴，将之认定为美国实体

---

① See United States v. Hoskins, 902 F. 3d 69 (2d Cir. 2018), at 84.

② Ibid., at 72.

的共犯，协助、教唆国内人实施腐败方案。[①] United States v. Hoskins 案后，这些共谋指控难以成立，至少在第二巡回上诉法院的管辖范围内是如此。

2. United States v. Hoskins 案的影响评估

联邦法院在本案中直接触及 FCPA 的管辖范围问题，并表达了限制 FCPA 扩张管辖范围的立场。此前，由于执法和解等因素，美国法院解释 FCPA 相关条款的机会并不多。但是，这并不意味着 FCPA 域外执法会出现重大改变。

首先，政府仍然可以通过代理理论扩张域外执法管辖权。第二巡回上诉法院裁定，联邦政府不得使用共谋或从犯理论将 FCPA 的责任延伸至那些不是主犯而不直接承担责任的外国非发行人，但并没有否定政府可以通过代理责任理论起诉外国非发行人。

其次，规避严格解释属地要求。本案中，法院主张政府在对与发行人或美国公司没有密切关联的外国人行使管辖权之前必须满足属地要求。但是，法院驳回的是 FCPA 的共谋指控，并未影响洗钱指控。美国政府是否会通过提起不需要严格地域要求的洗钱罪起诉外国公民和企业，还有待观察。

最后，United States v. Hoskins 案的判决可能鼓励更多的被告以诉讼方式解决 FCPA 指控，这有助于约束美国政府扩张 FCPA 的域外管辖权。

（三）Jesner v. Arab Bank, PLC 案

美国联邦最高法院 2018 年对 Jesner v. Arab Bank, PLC 案的判决质疑了以美元计价的交易以及其他在美国境内的金融交易是否足以作为主张对外国公司有管辖权的依据。[②]

在这个案件中，原告所指控的与美国境内相关联的行为是阿拉伯银行利用 CHIPS 支付系统从事涉恐支付行为。法院指出，一家公司与美国的联系仅在于使用了 CHIPS 支付系统，不足以使得该公司受到 ATS 法案的管辖。[③]但是，美国联邦最高法院关于美元结算是否足以成为管辖依据的主张显得有点简略，论述不够。同时，民事诉讼中“最低限度联系”的对人管辖权与刑事案件被告是否“出现在美国”应该存在区别。美国司法部和 SEC 在近些年对外国公司、个人执法的几个案件中都涉及没有支付结算与执法管辖依据问题，包括 VimpelCom 案、Teva 案和 Telia 案等。

---

① See United States v. JGC Corporation (S. D. Tex. 2011) (Deferred Prosecution Agreement).

② Jesner v. Arab Bank, PLC, 138 S. Ct. 1386, 1394-1395 (2018).

③ Ibid., 138 S. Ct. 1398 (2018).

## 第三节 美国单边制裁领域的域外管辖

单边制裁建立在美国金融市场影响力的基础之上，金融制裁在单边制裁中占据极其重要的地位。金融制裁直接面向市场主体，避免了跨境执行面临的难题。由于具有成本低、威力大、执行易、难规避等特点，金融制裁在美国对外经济制裁中占有举足轻重的地位。金融制裁广泛存在于反海外腐败、反洗钱、反恐融资、出口管制、竞争政策等领域，成为美国执法机构影响美国境外行为的重要手段，构成美国域外管辖的基础性支撑。

### 一、美国的单边金融制裁制度

单边金融制裁是美国当前对他国实施制裁最重要的制裁类型，是美国使用经济手段实现政治目的的手段之一，具有经济和政治双重属性。单边金融制裁制度的演变受美国政治因素的影响，体现在美国不同总统执政阶段。同时，单边金融制裁制度具有内在的逻辑，并支配着美国单边制裁法律制度的发展。

#### （一）美国单边金融制裁的政治经济属性与历史发展

美国的单边制裁在20世纪90年代开始发展起来，截至2020年12月，涵盖克林顿、小布什、奥巴马和特朗普四位总统执政阶段。特朗普执政后，在经济和外交上奉行“美国优先”的政策，推行单边主义，在制裁的时机和措施方面都与其他国家产生了分歧。

1. 克林顿执政时期的克制阶段

20世纪90年代中期，克林顿政府开始推行域外制裁，对古巴、伊拉克、伊朗和利比亚实施制裁，禁止美国人及美国公司同这些国家从事商业交易活动，即使是美国境外的子公司在美国境外从事此类交易活动也不可以。1996年，美国国会通过了《制裁伊朗、利比亚法》（后来更名为《伊朗制裁法案》，即ISA），对从事与伊朗、利比亚石油行业相关的交易进行制裁。这部法案通过调整美国人的交易行为，打击外国公司从事制裁法规所禁止的行为。此外，《赫尔姆斯-伯顿法案》规定了极其严格的制裁形式。

美国的这些措施引起了欧洲国家的强烈不满，欧盟于1996年通过了抵制性法规，禁止欧盟境内的公司遵守美国的此类制裁法规。1998年，美国与欧盟达成一致，表示不对欧盟境内的公司采取制裁法规中的执法措施。

2. 小布什执政时期的奠基阶段

“9・11”事件发生后，基于反恐形成的单边制裁得到了迅速发展。“9・11”事件发生后不到两周，小布什签发了第13224号行政令。在反恐之外，其他形式的制裁也在这一时期得到了发展。

这一时期，OFAC加大了对境外个人和实体的制裁力度，金融机构在单边制裁中逐步起到越来越重要的作用。通过禁运等方式对一国实施经济制裁，在执行上存在较大的难度。美国政府转而越来越多依靠金融机构发挥制裁功能，要求金融机构识别、报告和防止制裁对象使用美国的金融体系。在OFAC发布“黑名单”或禁止某种交易后，美国金融机构有义务遵守此种要求。金融机构一般都会通过复杂的合规软件“过滤”客户名单。一些较大规模的金融机构甚至聘请财政部退休雇员负责此类合规工作。

3. 奥巴马执政时期的进一步强化

奥巴马执政后，2010年《全面制裁伊朗、问责和撤资法案》(CISADA)全面奠定了美国以域外管辖形式制裁伊朗的法律基础。在跨境制裁(特别是针对伊朗和俄罗斯)问题上，美国此时与欧盟等盟友保持协调，尽量减少分歧。

首先，CISADA拓展了ISA的域外管辖范围。美国国会意图解决制裁法规如何适用于“非美国人”这一更具全局性的基础问题。CISADA制裁主要关注第三方当事人的活动对伊朗开发、提炼和进口石油产品能力的促进作用。在CISADA颁布之后，美国通过《削减伊朗威胁及保障叙利亚人权法》(ITRASHA)、《国防授权法》等法律加强制裁相关外国人，向被制裁国家施加压力。同时，美国还颁布了第13590、13608、13622、13645号等一系列针对外国人的行政令，以扩大域外制裁范围。

其次，在制裁措施上，美国国会通过切断交易融资的方式向伊朗施压，试图阻止伊朗进入美元支付结算系统，进而切断伊朗与全球金融体系的联系。同时，CISADA第104(c)条授权OFAC禁止特定第三方在美国开立代理结算账户，并规定严格的开户(或结算)条件。

从执法实践看，美国在这个时期对欧洲公司实施了达数十亿美元的罚款。2010年，包括司法部在内的美国政府部门对外国银行进行调查，指控这些银行违反了美国对伊朗的单边制裁。其中，德国商业银行由于同伊朗国有的伊朗运输公司从事交易活动,遭受执法诉讼,最终于 2015 年向美国支付了 14.5 亿美元,进行执法和解。法国巴黎银行因类似诉讼而承担了 89 亿美元的损失。

4. 特朗普执政后的扩张

在执政的第一年,特朗普针对朝鲜、伊朗、俄罗斯、委内瑞拉、古巴等国实施制裁。2017 年 8 月,特朗普签署《敌对国家制裁法案》(Countering America's Adversaries Through Sanctions Act,以下简称"CAATSA"),对伊朗、朝鲜和俄罗斯实施制裁。2018 年 5 月,美国宣布退出 JCPOA。在这些行动中,次级制裁出现了回归迹象,美国制裁更具单边性和域外性。

OFAC 通常会突破制裁法规的文字规定,扩张执法管辖权,这在次级制裁中表现得尤为明显。首先,制裁对象从国家转向企业和个人,更加精准。其次,管辖对象从初级制裁模式下的美国人发展到次级制裁模式下的外国人。最后,OFAC 强调通过执法和解、企业合规的方式实现制裁目的,从更高层面推广美国金融公法的域外管辖效用。

### (二) 单边金融制裁的逻辑与法律依据演变

单边金融制裁背后的逻辑体现在如下两个方面:(1) 美国公司必须遵守美国的法律。为了公平竞争起见,美国境外的竞争对手也应遵守类似的规则。(2) 与制裁对象从事交易,有悖于美国的利益并会对美国的国家安全构成威胁。单边制裁的法律依据在很大程度上就是基于上述逻辑。制裁法规规定了制裁对象、制裁措施(被禁止的行为)和违反制裁措施所产生的法律后果。执法机构将这些制裁法规适用于个案并实施处罚时,就产生了执法管辖。

1. 主要演变

美国单边金融制裁的法律依据存在于一系列法律、法规和行政令之中,通常认为 1917 年《与敌国贸易法》(TWEA)是其最早的法律形式渊源。TWEA 授予总统在国家处于战争或其他紧急状态期间终止与敌对国家之间贸易关系的权力,包括宣布发动战争,通过签发行政令的形式对外国和/或其国民实施制裁,具体表现为第 5(b)条规定的控制美国人与制裁对象的金融交易。为应对 1929 年爆发的经济危机,富兰克林·罗斯福总统史无前例地利用 TWEA 宣布国家处于紧急状态。国会于 1933 年修改了 TWEA,规定总统宣布国家经济处于紧急状态时同样适用这部法律。

自富兰克林·罗斯福之后,美国总统的权力逐步扩大。由于担心行政部门过度使用宣布国家经济处于紧急状态之职权便利，回应公众对尼克松执政时期行政权力过于宽泛的担心，美国国会于1976年以颁布《国家紧急状态法》的形式修改了TWEA，将总统的制裁权力限定在战时，同时颁布了《国际紧急经济权力法》(IEEPA)，取消了TWEA授予总统的紧急权力，规定总统只能在应对源于美国本土之外的威胁的情况下宣布国家进入紧急状态，授权总统在国家面临紧急状态时进行经济制裁。尽管IEEPA的目的是限制行政权力，但实际上并没有达到这个效果，反而成为美国当前实施经济制裁的重要法律依据。

2. 制裁依据的裁量性

IEEPA仅模糊规定了经济制裁在何种情况下适用，留给行政部门很大的裁量空间。在具体制裁计划产生的流程上，总统先要以行政令的形式宣布美国境外的情势对美国的国家安全、外交政策和经济利益构成非同寻常的威胁，美国进入应对该威胁的紧急状态。这种宣告的后果是，总统授权财政部(协同国务院)对有关个人、实体或外国政府实行包括冻结资产、禁止美国人与制裁对象进行商业交易等单边制裁。根据威胁美国国家安全的具体情形，美国其他政府部门也会相应参与制裁计划。总统每年都要确认IEEPA中的制裁计划是否继续进行。

3. 制裁依据的"正当"话语

美国在不同时期实施单边制裁的动机各异，可能是为了表达对他国的不满，也可能是为了迫使他国改变政策，但在法理上都会将制裁的理由纳入应对来自境外的威胁。随着全球环境的变化，美国感受到的国家安全、外交政策威胁事项会发生变化，因而美国的制裁指向的事项也会发生变化。基于事物之间的关联性和形势需要，美国会根据自身需要，不断组合实施制裁的"正当性"依据，包括恐怖主义、毒品走私、大规模杀伤性武器和侵害人权等威胁。例如，根据2012年《全球马格尼茨基人权问责法》，针对外国官员侵害国际公认人权及腐败，总统及行政部门可以必要的方式对其实施制裁，包括采取禁止入境、冻结其在美国的财产等措施。2017年12月，特朗普签发第13818号行政令，宣布侵害人权和外国官员贪腐的范围和严重程度如果威胁到国际政治、经济体系的稳定，可以适用《全球马格尼茨基人权问责法》进行制裁。

毋庸置疑，打击恐怖主义、毒品走私、大规模杀伤性武器和维护人权在国际社会都存在共识并有国际法依据，具有正当性，不同程度地体现为国际法上的效果管辖、保护性管辖甚至普遍管辖等立法管辖对象。但是，这些具有正当性的话语能否成为美国实施单边制裁的法理依据，则需要美国进一步提供“证据”。

（三）单边制裁的执法主体

总统与财政部分别是美国金融制裁的决定者和最主要执行者。根据制裁所依据法律规范的不同，制裁的实施主体可以是国务院、财政部或其他部门和机构。当制裁涉及外国人时，国务院通常对执行制裁负有首要责任。整体而言，财政部起到了主要作用。OFAC 具体负责履行包括金融制裁在内的经济制裁计划，根据总统发布的禁令制定监管规范以执行制裁。如后文的探讨所展示的，OFAC 的如下特征值得关注：

首先，OFAC 的政治背景。OFAC 的前身是“外国资金控制办公室”（Office of Foreign Funds Control，以下简称“FFC”）。1940 年，德国入侵挪威。为防止纳粹党人使用从被占领国掠夺的资金，美国成立了 FFC。OFAC 继承了 FFC，成立于 1950 年。OFAC 成立的背景是，中国当时“抗美援朝”，杜鲁门总统冻结了中国和朝鲜的资产并宣布美国进入国家紧急状态。可以看出，OFAC 及其前身的成立都服务于美国当时的对外关系需要，具有浓厚的政治背景。

其次，OFAC 创制监管规范。OFAC 可以创制监管规范，执法职能包括：有权认定制裁对象，禁止或授权同制裁对象之间的商业交易活动，调查与处罚违反美国制裁法的行为等。

再次，OFAC 的执法手段强硬，处罚严厉。OFAC 的执法手段包括冻结资产和禁止交易，可以对违反制裁规范的行为进行刑事与民事处罚，而且不用考虑违反行为的主观意图。

最后，OFAC 执法主要基于国家安全与外交政策考虑，不适用行政程序法，对正当程序救济的考虑较少。

必须指出的是，单边制裁是一项多部门协同参与的执法活动。除了 OFAC，美国司法部、纽约金融服务局（DFS）等均在其中发挥着重要作用。

（四）制裁对象及其与管辖对象的分离

制裁计划本身就是一套复杂的行为规则，包括各类缓冲期、一般许可、支付结构等。截至 2019 年 9 月，OFAC 管理的各类制裁计划有三十多个。[①] 为了执行相关法律规范，OFAC 必须获得相应的管辖权。被管辖对象需要与美国存在某些“真实联系”，通常以交易主体为“美国人”作为管辖依据的“真实联系”。按制裁所指向的对象划分，OFAC 的制裁包括针对特定国家的制裁、针对特定当事人的“黑名单”制裁以及针对特定行业的制裁。

1. 针对特定国家的制裁

OFAC 会针对特定国家发布具有不同制裁范围的条例。例如，《古巴资产控制条例》《伊朗交易和制裁条例》分别针对古巴和伊朗实施全面制裁。

针对特定国家的制裁通常禁止美国人与被制裁国及其机关、机构进行商业活动。目前，被美国制裁的国家有古巴、伊朗、叙利亚等。不同制裁计划的制裁程度会存在差异。在一些制裁中，美国人被禁止与受制裁国及其政府、国民或其境内的人从事几乎所有商业交易。在另一些制裁计划中，美国人仅被禁止与这些国家从事某些交易活动，但可以从事其他交易活动。OFAC 一般不列出美国人不得与之进行商业活动的具体国家名单。[②]

针对特定国家的制裁尽管对被制裁国政府造成的压力更大，但也会对该国民众造成不利影响。随着“黑名单”制裁等更为灵活的制裁方式的出现，针对特定国家的制裁的重要性减弱。

2. “黑名单”制裁

此类制裁计划没有针对特定国家实施全面制裁，仅禁止与被列入名单的特定个人、实体从事交易活动，即“黑名单”制裁。“黑名单”是美国针对特定实体实施制裁的名单，主要指的是“特别指定国民名单”（Specially Designated Nationals List，以下简称“SDN 名单”）。目前，被列入 SDN 名单、与制裁目标相关的名字有六七千个。此外，OFAC 还发布了另外七种受制裁当事人的名单，这些名单上的当事人受到的制裁相对要比 SDN 名单上的人员受制裁程度低。为便于了解和遵守美国的制裁规范，OFAC 将 SDN 名单之外的其他七种制裁名单综合在一起，形成“综合性名单”（consolidated sanctions list）。这些名单均

---

① See Office of Foreign Assets Control, Sanctions Programs and Information, https://www.treasury.gov/resource-center/sanctions/Programs/Pages/Programs.aspx, last visited on 2019-9-18.

② See Where Is OFAC's Country List? What Countries Do I Need to Worry About in Terms of U.S. Sanctions?, https://www.treasury.gov/resource-center/sanctions/Programs/Pages/faq_10_page.aspx, last visited on 2019-9-18.

会在美国财政部官方网站上公布并处于更新之中。“黑名单”制裁具有以下几个特点：

首先，“50%规则”。如果某一实体不低于50%的份额由SDN名单上的一个或多个当事人持有，则该实体同样应被视为列入SDN名单，即使该实体的名字并未出现在SDN名单上。OFAC不会主动公开SDN名单当事人的持股情况，这使得确定SDN名单模式下的制裁对象变得较为复杂。此外，为SDN名单当事人工作或代表SDN名单当事人、为SDN名单当事人提供材料支持也会被视为列入SDN名单。对于制裁法规的管辖对象而言，业务实践中的挑战不仅在于将SDN名单上的人排除在外，还要关注与这些“人”相关联的机构及其网络。

其次，被列入名单的后果不亚于OFAC个案执法中的民事或刑事处罚。除非获得OFAC特殊许可，否则SDN名单当事人在美国的资产会被冻结，美国人（无论是否位于美国境内）被禁止与SDN名单当事人从事交易活动。

最后，SDN名单的产生过程之透明度较低。OFAC“黑名单”的出台程序取决于其所依据的法律规范。一般情况下，美国总统确定基本的制裁对象，授权财政部依照相关法律和行政命令规定的标准拟定具体的被制裁者名单，OFAC负责经商国务院和司法部等机构后确定SDN名单，并在财政部网站上公布名单以供公众查询。[①] OFAC确定SDN名单所依据的信息来自多个渠道，包括美国政府、各类报告、外国政府以及其他公开的信息渠道。OFAC根据这些信息筛选初步的名单，再经商财政部、司法部和国务院等机构，最终确定SDN名单。

确定SDN名单的行为不属于OFAC的民事或刑事执法行为，不受民事或刑事诉讼程序调整，被列入名单的当事人对此种行为很难获得正当程序权利保护。SDN名单当事人可向OFAC申请将其从名单上删除，OFAC会就此作出书面答复。从实践看，OFAC每年都会处理数百项此类请求。但是，此类请求一般很难获得OFAC的支持或接受独立的司法审查。

“黑名单”制裁具有灵活性，可以根据美国的需要进行调整。相比全面制裁，SDN名单所指向的目标人群和对象更具精准性，更有利于体现美国单边制裁的目的和效果，成为美国政府常用的制裁模式。

---

① 公众可以通过如下网址查询名单的具体情况：http://sdnsearch.ofac.treas.gov/。

3. 针对特定行业的制裁

针对特定行业的制裁是一种新形式的制裁，表现为限制进入美国资本市场或限制获得美国关键的货物、服务和技术。第 13662 号行政令首次采取了行业制裁模式，它没有认定对乌克兰不稳定负有责任的具体人员，进而对其实施制裁，而是对在俄罗斯从事金融服务、能源、金属与矿业、工程与国防行业的人实施制裁。针对特定行业的制裁具有如下几个方面的特征：

首先，被制裁方向多层持股扩张。制裁方面的合规并非像审查制裁名单那么简单，重要原因之一在于 OFAC 对被制裁方复杂、不透明的多层持股结构的关注。与乌克兰相关的制裁不但适用于被制裁方，还适用于被制裁方持股不低于 50％的实体，甚至对被制裁方的持股情况进行累积的计算。因此，被制裁的实体不仅限于俄罗斯的实体，还涉及俄罗斯境外的控股子公司。

其次，被禁止交易标的的复杂性。例如，2014 年 7 月 16 日，OFAC 根据第 13662 号行政令发布了行业制裁识别(SSI)名单，授权制裁俄罗斯金融服务、能源、金属与矿业、工程与国防及相关原材料行业等经济领域。根据 SSI 前三份名单，如果交易涉及美国或美国人，交易标的是 SSI 名单上的实体所发行、期限为 30 天或 90 天的新债务(在某些情况下还包括新发行的权益)，则该交易应被禁止。权益、债务在抽象意义上相对简单，而适用于高度复杂的国际金融交易实践则变得较为困难。业界需要判断某些协议、金融工具或复杂交易的某个环节是否会构成 OFAC 的权益、债务，是否符合其关于期限的要求。美国 2017 年实施对委内瑞拉特定行业的制裁计划，禁止美国人的交易标的涉及债务、债券、证券、利润分配、股息、数字货币以及委内瑞拉政府发行(或与委内瑞拉政府相关)的权益。受影响的委内瑞拉实体涵盖了政治分支机关和机构，包括委内瑞拉的国家石油公司 PDVSA 及其全球分支机构以及委内瑞拉政府持股的半国营实体。

4. 制裁对象与管辖对象的分离

美国的单边制裁直接规范的是“美国人”。美国的制裁对象是特定国家或非国家行为体(即特定的实体、行业或个人)，而相关制裁法规调整的义务主体则主要是美国人，制裁对象与管辖对象出现了分离。即 OFAC 主要通过要求其管辖范围内的美国人遵守相关制裁规范，影响美国域外制裁对象的行为，从而实现制裁效果。

OFAC根据制裁法规的授权,禁止美国人与受制裁国家或制裁名单上的个人或实体从事任何涉及财产利益的交易,管辖对象是美国本国人与制裁对象之间的交易活动。由于全球经济交易活动广泛地以"美国人"为交易对手,因而此种制裁规范能对外国人发挥实际效用。这种效用建立在美元、美国金融市场所支撑的制裁措施具有强大国际影响力的基础之上。

(五)制裁措施

金融制裁采取"盯钱"(follow the money)的策略,通过切断制裁对象的资金和财富来源,向制裁对象施加压力,具体制裁措施包括冻结资产、没收财产和禁止金融交易等形式。[①] 除非获得OFAC事先特别许可,否则禁止与制裁对象进行交易活动。

1. 禁止交易

美国人通常被禁止与SDN名单当事人从事金融或商事交易。SDN名单当事人在美国境内(或由美国人占有、控制)的资产会被冻结或没收。SDN名单当事人(或多个SDN累积)持有不低于50%份额的任何实体(或资产)也属于被没收的财产。外国银行为客户提供美元支付结算服务需要在美国的银行开设代理行账户。在美国执法和诉讼实践中,甚至将美元结算业务视为美国出口的服务,进而将其纳入禁止从事的交易行为之范畴。此外,制裁所指向的交易既包括直接交易,也包括间接交易。换言之,如果美国人与非制裁对象交易,交易最终是为了转售给制裁对象,则此种交易同样会被禁止。

2. 冻结资产

冻结资产是指禁止动用制裁对象位于美国境内的或者由美国人所掌管的财产以及财产性利益,禁止对其进行提取、转让、支付、交易和出口等形式的处置。冻结资产是通过剥夺制裁对象使用资产的权利,防止其利用这些资产从事威胁美国国家安全的活动。

美国还可以针对金融机构发布域外资产冻结和转移令,要求冻结和转移第三方在金融机构开设的域外账户资产。由于"美国人"的含义宽泛,美国金融机构在国外设立的分支机构同样有义务冻结和扣押被制裁者存放在那里的资金、

---

① 关于美国金融制裁,国内代表性的研究可参阅黄风:《金融制裁法律制度研究》,中国法制出版社2014年版。

债权、股票等金融资产。美国人负有义务向 OFAC 报告其所持有的此类财产。冻结资产的措施虽属预防性质，但产生的效果具有惩罚性质。“9·11”事件发生后，OFAC 冻结资产的权力扩大，同时行政部门有在“反恐金融战”中出成绩的压力，两者的结合使得 OFAC 加大了资产冻结力度。但是，这种证据不足、缺乏正当程序保护的资产冻结会侵害私人权益。

上述执法主要适用于直接违反制裁规范的行为，特别是被告与美国存在充分接触的情形。除了以违反制裁规范为依据进行处罚外，美国还以反洗钱等方面的理由采取多种方式，通过施加“最大压力”的方式实施制裁。

3. 通过金融机构的合规实现单边制裁的多边效果

尽管美国制裁执法的管辖对象主要限于美国管辖范围内的人员，但“黑名单”指向的制裁对象和美国市场对各国的重要性使得美国的制裁规范与执法具有多边效果。外国银行（甚至是与美国没有联系的外国银行）之所以要与美国合作，在很大程度上是由于美元和美国金融市场的国际地位，即美元是全球经济活动最主要的计价和结算货币之一，美国金融市场是全球最重要的融资中心之一。为获得稳定的美元供应，增强国际金融业务能力，外国银行通常会在美国银行开立往来账户，开展美元存款、清算与结算业务，进一步增强了美国金融市场与金融体系的全球地位。美元的市场需求与其国际货币地位形成了一个相互增强的循环过程，赋予美国独一无二的“超级特权”。世界各地的银行为了顺利开展国际业务，需要对接美国金融体系，继而需要建立内部合规程序，确保在业务实践中不违反美国的制裁规范。这进一步增强了美国对全球事务的影响力或权力，为美国金融法规域外管辖提供了市场支撑。

在此种背景下，美国国内法将单边金融制裁的执行义务转嫁到金融机构这一私法主体的身上。“9·11”事件发生后，OFAC 更加关注利用外国银行阻止恐怖主义融资和核扩散，在美国外交中发挥着更加重要的作用；同时，金融机构在制裁中的作用愈发显著，所受的处罚也日益增多。如果某一金融机构没有阻止违规行为以及向 OFAC 报告，那么情况一经查实，将会受到相应的处罚，包括刑事处罚、民事处罚、冻结资产、扣押货物以及被阻止进入美国支付系统。近年来，OFAC 和美国司法部重点关注美国境外金融机构和美元清算行为。美国可以通过控制 SWIFT 和 CHIPS 系统限制一国资金跨境流动，进而限制该国参与国际交易。例如，美国于 2018 年 5 月宣布退出 JCPOA，并于同年 8 月正式重启对伊朗的经济制裁,要求SWIFT系统将伊朗银行排除在外,以至于欧盟被迫宣布在SWIFT系统之外重新搭建国际支付体系,以确保对伊朗结算渠道的畅通。

综上,美国依赖美元在全球金融市场中的地位,通过控制市场、规定美国金融机构承担合规义务,迫使美国境外金融机构遵守单边制裁规范,以美元单边主义实现域外管辖的多边效果。

（六）制裁例外:OFAC的许可权

为以最符合美国政策的方式灵活地管理制裁、缓解制裁所引发的国际冲突或适应变动的制裁形式需求,OFAC被赋予宽泛的许可权,可以在特定条件下与制裁对象进行原本被禁止的商业交易活动。

1. 一般许可与特定许可

许可包括一般许可与特定许可两种方式。一般许可项所涵盖的人员可以从事被许可的活动,无须单独再申请许可,当然有可能需要遵守报告和备案要求。特定许可允许特定的被许可人员从事某种行为。OFAC通常不公开授予特定许可的考虑因素,但有时也会发布许可政策声明,为申请许可提供指引。这种低透明度使得OFAC享有一定的裁量权。

2. 许可的作用

首先,OFAC许可所具有的灵活性有助于在制裁实施过程中缓解他国的抵制举措。OFAC域外适用美国制裁规范,而加拿大、欧盟等国家和加拿大通过立法禁止企业遵守美国的制裁规范。OFAC可以特定许可的方式允许境外企业不适用美国的制裁规范。对于非故意违反制裁规范或愿意接受美国单边制裁规范的人员,OFAC也可能授予特定许可。

其次,许可有助于降低经济制裁存在的"误伤"。OFAC的制裁范围宽泛,有可能伤害美国境外的非制裁目标。对此,OFAC许可美国人出口食品、医药,向制裁对象提供人道主义支持,以减轻经济制裁带来的附带损害。为避免经济制裁造成美国人在国际经济活动中处于不利竞争地位,OFAC也可以特定许可美国人与制裁对象进行商业交易活动。

最后,许可能够使经济制裁顺应变动的对外关系形式。由于制裁对象的情况可能随时出现变动,因此制裁规范在创制和修订方面存在一定的滞后性。OFAC可以通过授予或撤销一般许可的方式应对此种情况。

## 二、通过管辖“美国人”制裁外国人

美国在执法实践中宽泛地解释承担制裁义务的“美国人”,进一步扩大了对外国人的实际管辖范围。同时,外国人由于“接触”美国(如位于美国境内、同美国人进行商业交易活动、使用美元支付体系)、被列入各类制裁名单、受到次级制裁等原因,受到美国制裁规范的管辖。

### (一)“美国人”的宽泛含义

OFAC 通常依据积极国籍原则对美国人控制的外国公司行使执法管辖权。相比战时的单边制裁,OFAC 的执法管辖适用标准通常保持克制,多数法律规范适用于“美国人”(United States person),要求“美国人”承担不得与制裁对象进行交易的义务。个案制裁中的“美国人”,其范围取决于实施制裁计划的具体条例规定。

整体而言,“美国人”的含义较为宽泛,通常涵盖如下几种人:(1) 美国公民和有美国永久居住权的外国公民;(2) 位于美国境内的个人或实体(含其境外分支机构、代理人、代表处等);(3) 美国公司(含其境外分支机构);(4) 以上实体拥有或控制的实体(如美国公司在境外设立的实体等)。从对“美国人”的字面界定看,美国的制裁计划通常并不直接适用于境外的子公司。例如,在第(1)项至第(3)项中,美国基于属地或属人管辖依据,对“美国人”实施管辖。但是,第(4)项管辖突破了属地、属人管辖依据。

美国公民和有美国永久居住权的外国公民(即“绿卡”持有者)广泛活跃在国际商业领域,都可能受到美国制裁规范的管辖。非美国公司雇用“美国人”与制裁对象进行交易,可能间接受到美国制裁规范的管辖。例如,一个美国人在一家法国公司工作,将美国产的产品非法出口至伊朗,则该美国人与法国公司都违反了美国的制裁规范。

### (二)“受美国管辖的人”

美国在对古巴、伊朗等国的制裁中,通过“受美国管辖的人”这个概念扩大了执法管辖范围。“受美国管辖的人”不仅包括“美国人”,还包括“美国人”拥有或控制的境外公司。TWEA 就规定了“受美国管辖的人”。[①]

---

① See 31 C. F. R. § 515.201(b)(1) (2017).

美国将外国籍公司纳入其管辖范围的做法在20世纪70年代遭到其他国家的反对。随后,美国限缩了管辖范围,采取了“美国人”这一概念。为了平衡美国国内的制裁需求与境外反对制裁范围扩大之间的冲突,美国在20世纪90年代采取了较为“中庸”的立场,规定“美国人”不得为其境外子公司与制裁对象的交易提供“便利”。换言之,美国境外的子公司可以与制裁对象进行交易,只要此种交易没有获得其母公司或其他“美国人”的支持即可。但是,2012年通过的ITRASHA规定OFAC可以对美国境外的子公司实施制裁,重新采纳了“受美国管辖的人”这一概念。似乎是出于缓和国际关系的考虑,这部法律同时规定,如果外国子公司违法交易,则对美国母公司进行处罚,立法管辖对象是外国子公司,执法管辖对象是美国母公司。①

在《古巴资产控制条例》中,立法和执法管辖都指向了美国境外的子公司。②明确界定美国境外的子公司受美国公司“控制”,将为进一步扩大制裁规范的管辖范围提供空间。OFAC可以通过许可或放松监管规范的形式允许美国境外的子公司在特定条件下与古巴或伊朗进行交易,但这毕竟只是一种例外允许的情形,并没有改变原则禁止的状况。

从上述规定可以看出,“美国人”是制裁义务的主要承担方,制裁不仅会打击制裁对象,也会影响“美国人”的国际经济交易活动。如何在打击制裁对象与维护“美国人”的商业交易诉求之间寻求平衡,是美国经济制裁及其域外适用不得不考虑的问题。

## 三、通过次级制裁管辖外国人

美国制裁法规一般禁止“美国人”与制裁对象进行交易活动,美国境外的外国实体或个人(“非美国人”)通常不在美国制裁法规的管辖范围之内。从20世纪90年代开始,美国国会逐步将美国制裁规范适用于美国境外的“非美国人”,外国人即使与美国不存在“接触”关系,也可能因美国制裁规范的派生适用而受到美国的管辖,即次级制裁。次级制裁是域外管辖的典型表现。

### (一)次级制裁的目标与制裁措施

初级制裁模式下的第三方(非制裁对象、“非美国人”)不承担制裁义务,会

---

① See 22 U.S.C. § 8725(c).

② See 31 C.F.R. § 515.201(b) (2017).

削弱美国单边制裁的效果，成为单边制裁管辖范围向域外扩张的重要诱因。次级制裁通过约束“非美国人”与制裁对象的交易，威慑“非美国人”不要支持受美国制裁的对象，弥补初级制裁模式的不足。换言之，次级制裁在目标上服务于、从属于初级制裁，管辖对象指向“非美国人”。次级制裁向第三国（美国和受制裁国以外的国家）实体或个人施加制裁义务（不得与制裁对象建立商业关系），形成类似多个国家实体对制裁对象实施多边制裁的效果。

OFAC 管理的制裁计划大多具有次级制裁的特征。美国退出 JCPOA 后，恢复了原先被 JCPOA 中止的各类次级制裁，授权 OFAC 制裁与伊朗进行交易活动的“非美国人”，即使这些“非美国人”原本不在 OFAC 的管辖范围之内。2017 年颁布的 CAATSA 强化了次级制裁。如果外国个人向受美国制裁的对象提供涉俄罗斯重要交易的便利，则会受到制裁。

次级制裁的管辖对象并不处在美国的直接控制之下，使得执法处罚的具体措施具有不同于初级制裁的特征。违反初级制裁会导致民事处罚甚至构成犯罪，而违反次级制裁通常并不会导致直接罚款，更多体现为从货物、资金等多个角度限制相关实体与美国的交易。

首先，列入“黑名单”。如果“非美国人”与 SDN 名单当事人进行商业交易活动，则 OFAC 有权将其列入 SDN 名单，使其成为制裁对象。在此种情况下，列入“黑名单”本身成为一种执法处罚措施，次级制裁的制裁对象与制裁法规的管辖对象存在重合。

其次，列入“实体清单”。针对“非美国人”与制裁对象进行美国制裁法规禁止的交易，美国商务部产业与安全局发布了“实体名单”，限制特定的“非美国人”获得美国产的产品。

再次，限制“非美国人”进入美国金融体系。对于次级制裁的制裁对象，美国政府可以限制其通过美国的金融体系进行金融交易或对外提供金融服务。如果外国金融机构在美国境内开立代理行账户，则可以据此限制外国人从事金融业务的种类、金融交易的货币种类，以及规定进行金融交易须获得预先批准等。更进一步，美国可以直接禁止外国金融机构通过美国银行及其海外分支机构办理业务、开立或维持美国账户、进行清算，或对上述行为、账户余额以及可经账户办理的交易体量等添加限制性条件。[①] 如果没有开立代理账户，则禁止

---

① 参见陈宇瞳、成弋威：《美国金融制裁的法律分析与风险防范》，载《金融监管研究》2017 年第 1 期。

有关外国金融机构在美国境内开立代理行账户，并将该外国金融机构的名字列入相关制裁名单。次级制裁背后的逻辑是，与我的敌人进行交易的外国银行不得从我的金融体系中获益。[①]

最后，美国政府可以同时通过反洗钱执法诉讼等多种措施对受处罚方进行最大杠杆化的施压。具体的处罚取决于执行次级制裁的法律职权。被列入SDN名单是最常用的、最重要的处罚。在某些情况下，总统还可以剥夺受处罚方获得美国签证或美国政府的出口融资、出口许可以及向美国政府销售商品或服务的资格。至于美国会在多大程度上执行次级制裁，是否同时采取传统的执法诉讼，这些都还有待观察。

从执法处罚角度看，次级制裁实际上通过类似初级制裁中的“禁止交易”方式，惩罚与制裁对象进行交易的第三国实体。

### （二）次级制裁的管辖途径：“非美国人”与美国的“接触”关系

美国与“非美国人”不存在直接的属地或属人联系，次级制裁的管辖依据在很大程度上建立在法律解释、演绎技巧的基础之上，实质上是通过美元及美国金融体系支持其实施。制裁对象如果无法使用这套金融体系，很快会产生重大损失，而且这些损失具有长期性。

OFAC将“非美国人”与美国相关的活动宽泛地解释成美国境内的活动，进而将其纳入美国的制裁管辖范围之内。若“非美国人”与“美国人”进行商业交易活动，交易标的涉及美国的产品、技术或服务，或者出现在美国，这类接触就可能导致OFAC的管辖。

随着OFAC执法实践和域外管辖法理的发展，即使不存在上述“接触”，“非美国人”也可能受到OFAC的管辖。OFAC长期以来坚持认为，“非美国人”如果使用美元与制裁对象进行商业活动，就是在利用美国的金融体系，因而应受到美国制裁法规的管辖。例如，外国人通过美国的银行对伊朗进行转账，尽管交易当事人并非美国人，交易完全发生在美国境外，也会受到美国制裁法规的管辖。OFAC在一些案件中已经根据这种法理主张对外国金融机构采取执法行动，被处罚的外国金融机构包括法国巴黎银行、德国商业银行、渣打银行等。实践中，外国企业在利用美元作为支付工具、接受美国金融机构的服务或交易

① 参见黄风：《金融制裁法律制度研究》，中国法制出版社2014年版，第84页。

涉及美国产的货物(或技术)时,不得不对照美国制裁法规预先进行合规审查,美国制裁法规成为外国企业事实上的监管规范。

在个案中,欲明确"非美国人"与美国达到何种程度的"接触"构成 OFAC 的管辖依据,需要考察美国相应的制裁法规和 OFAC 的执法实践。

(三) 次级制裁的管辖理由:"便利交易"

借助于刑事法规中"共同犯罪"的相关原理,外国人会因向制裁对象提供支持或帮助性质的"便利"(facilitation)而受到美国的管辖。这种管辖包括外国人主观上存在为被禁止的交易提供便利之故意与客观上向制裁对象提供了"实质的协助和支持"(material assistance and support)。

1. 为禁止的交易提供"实质的协助和支持"

"实质的协助和支持"是"便利"的客观要件,并无统一界定的含义,其认定具有较大的裁量性。从文字规定看,"协助"必须是实质的,协助方只有明知故犯且从事了过分的行动以协助其他当事人规避制裁要求,才会受到 OFAC 的管辖。"协助"具体包括:支付(或证券)清算,提供银行服务、各类融资(包括承销、提供担保),销售(或提供)产品、服务或技术,批准或指导非美国交易、谈判或审核合同,向"非美国人"推荐业务等,可以提供有关制裁的合规建议。比较简单的例子是,"美国人"向其境外子公司提供交易标的,并以境外子公司的名义同受制裁方进行交易活动。

2013 年《国防授权法》扩大了《国际紧急经济权力法》(IEEPA)的适用范围,将 IEEPA 中的民事和刑事处罚适用于个人和法人"违反、试图违反、合谋违反或导致违反"《国防授权法》或该法下颁布的任何法规的行为。CAATSA 第 226、228 条和针对朝鲜实施制裁的第 13810 号行政令等也存在类似的规定。其中,CAATSA 第 228 条规定,总统如果认定某个外国人故意违反制裁规定,参与或代表制裁对象(包括其亲属)进行交易,可以对该外国人进行制裁。这一规定实际上将 IEEPA 项下的民事和刑事处罚扩张适用于"非美国人"。这里的管辖范围从境外行为"造成损害"扩张到了境外行为促成了境内行为"违法",可以看成效果原则的进一步扩张。

"实质的协助和支持"可能指向整个行业,特别是金融、航运等服务行业。例如,美国境外的某金融机构通过美国代理行向被禁止的对象提供美元支付清算服务,造成美国代理行违反 OFAC 的制裁规定,该金融机构也可能受到

OFAC 的管辖。又如，轮船运输公司、保险公司、金融中介机构和商业顾问为受制裁方的交易提供第三方服务，也可能受到 OFAC 的管辖。

OFAC 可以“黑名单”的形式处罚提供“实质的协助和支持”的当事人。例如，2018 年 8 月，OFAC 将俄罗斯港口服务机构 Profinet Pte. Ltd. 列入制裁“黑名单”，理由是该机构向 SDN 名单上的船只提供了装载服务。同月，俄罗斯商业银行 Agrosoyuz 因协助朝鲜规避制裁而被列入制裁“黑名单”。又如，2017 年，OFAC 将新加坡公司 Velmur Management Pte. Ltd. 列入制裁“黑名单”，理由是该公司向另一制裁对象提供实质性协助、资助和资金、技术支持。美国司法部还在哥伦比亚特区联邦地方法院对该公司提起反洗钱指控。

2. TransTel 案

2017 年 7 月 27 日，OFAC 宣布与新加坡 CSE TransTel Pte. Ltd.（以下简称“TransTel”）和 CSE Global Ltd.（以下简称“CSE Global”）两家公司达成执法和解协议，两家公司向 OFAC 支付 1200 万美元罚金。

TransTel 与伊朗某公司签订合同，向伊朗的能源项目提供通信商品和服务。TransTel 及其母公司 CSE Global 在位于新加坡的非美国金融机构开立美元账户，并保证不会通过该银行开展与伊朗的交易，其后却通过该银行向与伊朗相关业务有关的第三方供应商进行了 104 次美元转账。

OFAC 指控认为，此项交易采用美元支付，造成美国银行违反美国制裁法规，向伊朗出口金融服务。TransTel 似乎清楚地知道并有理由知道这些交易以及资金转账最终都指向伊朗，违反了 IEEPA 和《伊朗交易和制裁条例》的规定，导致六家金融机构（包括美国的金融机构）未经授权从美国向伊朗出口或再出口金融服务。同时，这两家公司没有就明显违法的行为进行自愿的披露，其行为构成了“恶劣情形”（egregious case），可以“顶格”处罚。另外，OFAC 也注意到 TransTel 在过去五年没有受过 OFAC 处罚或被警告，而且两家公司采取了合规补救行动并配合 OFAC 的调查，具有从轻处罚的情节。

这个案件的以下几个方面值得关注：

首先，OFAC 开始“穿透”金融机构，对金融机构的客户进行执法。在此前类似的案件中，OFAC 关注的是银行等金融机构的行为，一般是处罚提供支付等金融服务的非美国金融机构，不会进一步追究通过金融机构提供涉案交易的客户。OFAC 在本案中注意到作为银行客户的被告利用美国金融体系进行非法支付，并直接对银行客户进行了处罚。

其次，管辖权方面的问题。OFAC 对外国公司的管辖权建立在如下事实基础上：外国公司的开户行或外国公司客户的开户行使用美元代理行账户并通过美国银行结算交易。至于两家美国银行就外国公司与伊朗之间的贸易款项进行转账，是否构成向伊朗提供金融服务，并不确定。但是，从中至少可以看到与伊朗具体交易相关的美元直接流动。在新加坡银行进行离岸美元清算交易的情况下，这些交易通过新加坡银行的美元账户进行。有时，美元交易可以在新加坡进行清算，无须通过美国银行进行。例如，通过同一家新加坡银行进行美元交易，或者两家新加坡银行在同一清算日进行美元交易且不存在差额。即使存在差额而需要进行结算，在净额延迟结算的模式下，也很难确定美国银行存在对被禁止支付对象的清算。在此种情况下，OFAC 是否享有管辖权，还有待观察。

最后，在处罚依据方面，OFAC 以外国人利用美国的美元支付系统向受制裁国进行支付导致美国人违法为由，处罚外国人。

（四）“规避”行为

“规避”(evasion)是一个宽泛的概念，包括直接或间接进行被禁止的交易，以及为无制裁义务的当事人与制裁对象进行的交易提供批准、支持或便利。禁止规避的目的是，防止承担制裁义务的当事人通过交易结构和合同条款设计规避美国的管辖，与制裁对象进行商业交易活动。

OFAC 在不同的行政令中都禁止规避制裁法规。在交易当事人为“美国人”或交易发生在美国境内的情况下，如果交易被禁止，则“美国人”无论位于何地，均不得为外国人提供审批、融资、便利或担保。

当禁止规避这一规定适用于外国时，就会产生次级制裁。2012 年 5 月签发的第 13608 号行政令以“规避制裁的外国人”为标题，就外国人规避美国对伊朗、叙利亚的制裁作出规定。该行政令第 1(a)(ii)条特别就“为欺诈性交易提供便利”(facilitate deceptive transactions)作出规定。

外国金融机构被认定规避被禁止的交易后，可能面临如下两种类型的制裁：第一，美国可以禁止该金融机构在美国的银行开立代理行账户或规定更严格的开户维持条件，使得该金融机构事实上难以进入美国的金融体系。第二，美国不仅阻止该金融机构进入美国市场，还广泛禁止“美国人”与该金融机构进行交易活动，并冻结该金融机构位于美国管辖范围内的资产。鉴于美国市场的全球影响力，这种做法实际上在很大程度上阻断了该金融机构融入全球经济。

很多外国实体都因未严格遵守此类禁止性规定而受到 OFAC 的处罚。OFAC 2014 年针对法国巴黎银行作出的 9.64 亿美元处罚是迄今针对金融机构最大的一笔处罚金额。这个案件涉及法国巴黎银行在日内瓦、巴黎分支机构为违反美国制裁法规的交易行为提供便利和隐藏行为，包括隐匿受制裁当事方信息，替换这些当事方在法国巴黎银行的户名或代码，通过支付结构设计帮助制裁对象规避美国的制裁法规等。

United States v. Atilla 案（以下简称“Atilla 案”）是美国禁止规避制裁的又一典型案例。Mehmet Hakan Atilla 是土耳其人民银行（Halkbank）的高管，被控以欺诈方式帮助伊朗实体获得石油收入，串谋违反 IEEPA。[①] 当时，除非是采购食品和医药，否则将存放在 Halkbank 的伊朗石油收入转移到土耳其境外会让 Halkbank 受到美国的次级制裁，包括将该银行与美国的金融体系隔离。为了规避这些制裁规定，Atilla 及其他员工设计了一套方案，在土耳其将伊朗的石油收入转换成黄金，并包装成基于人道主义的交易。Atilla 等向美国政府官员提交了虚假的文件材料，检方根据这些材料指控其通过纽约的银行共转出约 10 亿美元。Atilla 的行为明显会让 Halkbank 面临美国的次级制裁风险。

Atilla 认为不能追诉其在美国境外的行为，要求法院判决其无罪。[②] 因为 Halkbank 和 Atilla 没有通过美国转移资金或从美国出口服务，并且没有通过“美国人”做这些事情。法院从事实和法律两个层面指出，Atilla 应承担刑事责任。法院认为，被告（即 Atilla）向美国政府官员所作虚假陈述和规避相关的制裁计划涉及违反初级制裁的美元交易，串谋违反了 IEEPA 及其实施条例。同时，被告及其员工和美国负责执行美国对伊朗制裁的高级官员之间有过重要的会面（包括在财政部的会面），被告的串谋行为与美国法院之间存在充分的“真实联系”。法院据此于 2018 年 5 月 16 日宣布被告获刑 32 个月。可以看

---

① See Press Release, U. S. Dep't of Just., Turkish Banker Mehmet Hakan Atilla Sentenced to 32 Months for Conspiring to Violate U. S. Sanctions Against Iran and Other Offenses, https://www.justice. gov/usao-sdny/pr/turkish-banker-mehmet-hakanatilla-sentenced-32-months-conspiring-violate-us-sanctions, last visited on 2019-10-3.

② See United States v. Atilla, No. 15 Cr. 867 (RMB), 2018 WL 791348 (S. D. N. Y. Feb. 7, 2018).

出，在这个判决中，法院一方面认为被告的金融活动没有直接触及美国的管辖权；另一方面又模糊了初级制裁与次级制裁的界限，判决被告构成刑事犯罪。

在交易涉及 OFAC 制裁的管辖法域或当事人的情况下，一些非美国公司选择尽量避免使用美元支付系统或接受美元支付，从而降低或避免与美国的“接触”。在国家层面，2019 年 1 月，法国、德国和英国共同推出了一种支持贸易交流的工具（INSTEX），旨在促进欧洲经济运营商与伊朗之间的合法贸易。欧洲方面最初打算利用该渠道在伊朗销售食品、药品和医疗器械，以后可能逐步扩大。这些做法是否会被美国政府认为构成协助交易或规避制裁，还有待观察。

### （五）对次级制裁的简评

从制裁的目的看，制裁是为了向制裁对象施加压力，促使其改变行为。无论是初级制裁还是次级制裁，所有的制裁都会产生域外的影响。由于“美国人”这一管辖对象含义的宽泛性，初级制裁还可能管辖甚至处罚美国境外的外国人。次级制裁以美国境外的外国人为管辖和制裁对象，具有明显的域外管辖性质。既然制裁的目的是改变制裁对象的行为，那么次级制裁在前期应更多运用警告的方式，只有在警告无法起到改变行为的作用后才采取处罚措施，从而降低次级制裁的域外管辖程度。

## 四、对违反制裁法规的处罚

OFAC 对违反制裁法规的处罚具有严厉、裁量权大、透明度低和强调合规程序等特点。严厉的执法处罚和自愿披露、合规承诺等执法和解赋予 OFAC 执法以“胡萝卜加大棒”的特征，迫使外国银行等金融机构积极主动通过合规建设将美国的金融监管规范内化于日常经营活动中。这是在更高层面推动美国金融监管法规的域外适用。

### （一）OFAC 执法处罚的严厉性与裁量性

对于违反制裁法规的行为，IEEPA 规定可以处罚 25 万美元或违法交易额的两倍。据统计，美国 2001 年至 2012 年对 2262 家企业进行了刑事追诉，其中外国企业占了 13%。对外国企业的罚款金额平均为 3500 万美元，对美国国内企业的同期罚款金额平均为 470 万美元。[①] 对外国企业的罚款平均值是美国境内企业的 7 倍以上。因违反美国制裁法规而承担民事责任需要遵循严格责任原则,尽管 OFAC 在实践中对于非“明知故犯”的情形一般并未采取执法行动。恶意违反美国制裁法规的,可以处以刑事罚金或对自然人实施监禁。

IEEPA 等制裁立法关于制裁的国家安全等法理性规定,其含义宽泛。同时,立法给了总统和财政部等执法部门在制裁对象、义务主体、制裁措施和执法处罚方面以宽泛的裁量权限。此外,正如后文所指出的,司法对于政府部门的单边制裁采取了遵从态度。这些都使得以 OFAC 为代表的政府制裁执法机构享有较大的裁量权。

### (二)通过合规建设提升美国单边金融制裁的域外效果

合作是 OFAC 执法的重要考虑因素。OFAC 的多数执法案件都以和解的方式结案。美国制裁法规的域外适用使得此种合规要求同样对外国公司(特别是利用美元进行交易的情形)具有重要意义。

#### 1. 合规在执法处罚中的地位

金融制裁主要是基于美国的外交政策诉求,在执法上更多依赖美国自身对其他国家和企业的影响力。各国企业是否愿意遵守 OFAC 的合规要求,更多是基于成本/收益计算。对此,规定受处罚方的合规补救承诺是 OFAC 与违法方达成执法和解的重要评估要素。

首先,在决定民事处罚时,OFAC 会考虑被处罚方是否进行了自愿的披露、后续的合规建设承诺等合作情况。根据管辖对象对执法行为的合作与配合程度,OFAC 通常会降低合作方受处罚金额的 25%至 40%。[②] 违法方不需要主动向 OFAC 报告违法行为,但需要就被控的违法行为提供相关信息。[③]

其次,对于寻求执法和解的当事人,OFAC 强调执法和解方案中必须包括合规补救方案,以弥补容易引发违规行为的薄弱环节。合规补救承诺原先经常出现在大案的执法和解中,但现在 OFAC 在所有执法和解中都要求和重视合规

---

① See Brandon L. Garrett, *Too Big to Jail: How Prosecutors Compromise with Corporations*, Belknap Press, 2014, p. 219.

② See OFAC Economic Sanctions Enforcement Guidelines, 74 Fed. Reg. 57593, 57595 to 57596 (Nov. 9, 2009).

③ Ibid.

补救方案。当违规行为发生时,如果存在有效的制裁合规计划(SCP),将被视为具有减轻处罚的重要情节;相反,如果不存在有效的SCP,则可能被认定存在“极其恶劣”的因素。

2. OFAC合规指南

OFAC“胡萝卜加大棒”的执法政策促使美国境外的公司在日常经营中关注评估制裁风险,并采取措施防止直接或间接违反美国的制裁法规。OFAC希望公司自身建立基于风险的合规程序,以避免违反美国的制裁法规。2019年5月2日,OFAC发布了名为《OFAC合规义务框架》(A Framework for OFAC Compliance Commitments)的指南。该指南规定并详细阐述了每个SCP应当至少包含五个基本要件,即管理层义务、风险评估、内部控制、测试和审计以及培训,表明了OFAC所预期的有效SCP标准。OFAC根据先前的执法经验,在该指南的附件中列举了10项违反OFAC制裁合规规定的根本原因,从反面教材的角度指引企业合规。

OFAC合规指南列出了判断行政执法和民事处罚的11项通常考虑因素。[①] 这些因素涵盖了违法主体的主客观情况、制裁规范、损害后果、处罚情况等方面,总结起来包括:管辖对象违法行为的主观知晓和故意程度;管辖对象的特定情况和特征(商业成熟程度、经营规模、财务状况、交易数量和受制裁的历史情况);OFAC风险为本的制裁计划的存在、性质;违法行为对制裁计划的损害程度;管辖对象对违法行为的后续补救措施;管辖对象与OFAC合作的性质和程度;违法时间与制裁规范通过之间的关系;管辖对象的违法行为受到的其他处罚情况;行政执法对管辖对象今后遵守美国制裁法规的促进作用;个案中需要考虑的其他因素。

(三)金融监管机构的作用

DFS从2005年开始对违反美国制裁法规的外国银行在纽约的分行进行高额处罚。DFS虽仅是执行OFAC条例规定的存档与合规要求,但现在已经成为针对金融机构违反制裁法规的主要执法机构。

---

① See OFAC Economic Sanctions Enforcement Guidelines, 74 Fed. Reg. 57593, 57602 to 57604 (Nov. 9, 2009).

## 五、单边制裁救济

OFAC 指定"黑名单"和制裁措施会对制裁对象的权益造成影响,制裁对象可以根据美国法律申请复议和司法救济。由于 OFAC 享有裁量权,法院对 OFAC 的决定在很大程度上采取遵从的态度,因此单边制裁救济面临较大的困难。在某种程度上,这进一步便利了美国实施域外管辖。

### (一)申请复议

制裁对象可以向 OFAC 申请复议,要求 OFAC 将其从"黑名单"上剔除。OFAC 会审查复议请求并书面回复申请人。如果申请没有被 OFAC 接受,申请人可以不限次数地继续申请。OFAC 在指定 SDN 名单和复议程序方面存在透明度低和裁量权大的现象,通常不会公布其决策的具体事实依据和证据基础。当事人质疑 OFAC 的决定一般难以在实体上被 OFAC 接受。

### (二)提起司法诉讼

OFAC 属于财政部内设机构,当事人可以就 OFAC 的行政执法行为寻求司法救济。IEEPA 没有就 OFAC 制定"黑名单"和执法的行为规定司法审查标准,法院可以根据《行政程序法》(APA)对 OFAC 的行为进行审查。从实践来看,OFAC 单边制裁的司法诉讼具有如下特征:

首先,根据 APA 的通常审查标准,行政行为不得存在"专断、反复无常、滥用裁量或不依法办事"的现象。对于 OFAC 指定"黑名单"的行为,法院关注的是 OFAC 的指定行为是否有实质证据支持。

其次,鉴于 OFAC 的行为属于政府的对外关系行为,法院大多采取遵从的态度。在判决实践中,法院可能一方面认定 OFAC 指定"黑名单"的行为违反了法律;另一方面又认为这些违法行为无害,或者认为自己职权有限,无法就此向当事人提供救济。[①] 法院甚至会认为,OFAC 的决定不需要遵循某种精确的模式,只要"黑名单"的指定路径清晰、合理即可,即使其清晰度并不理想。[②]

再次,经济制裁是政府行使执法管辖权以保护本国免于来自外部的威胁,与法院诉讼属于不同领域。因此,这种管辖权的行使范围并不必然受推定国会

---

① See Zevallos v. Obama, 793 F. 3d 115.

② See Zarmach Oil Services, Inc. v. U. S. Dep't of Treasury, 750 F. Supp. 2d 154.

“反对域外适用”等司法领域的法律解释原则限制。

最后，制裁对象可以从《联邦宪法》角度质疑 OFAC 的制裁，特别是《联邦宪法》关于正当程序的规定。

（三）《联邦宪法》角度的抗辩

长期以来，当事人根据《联邦宪法》第五修正案的正当程序条款，就 SDN 名单认定提起诉讼，但难以得到法院的支持。进入 21 世纪以来，出现了制裁对象根据《联邦宪法》第四修正案起诉 OFAC 的案件。这些案件的案情大多类似：OFAC 指定制裁对象，并在没有搜查令的情况下实施财产冻结。

1.《联邦宪法》第四、五修正案的适用问题

针对 OFAC 行使公权力的执法行为，美国《联邦宪法》第四、五修正案在诉讼实践中经常被援引。根据《联邦宪法》第四修正案，公民的人身、住宅、文件和财产有不受无理搜查和扣押的权利，不得侵犯。第五修正案规定，不经正当法律程序，公民不得被剥夺生命、自由或财产。不给予公平赔偿，私有财产不得充作公用。

从诉讼实践看，欲确定 OFAC 的执法是否违反美国《联邦宪法》的正当程序条款，在逻辑上需要考虑三个方面的问题：首先，制裁对象是否有权获得美国《联邦宪法》第四、五修正案的保护？其次，OFAC 的制裁措施是否构成扣押、征收等正当程序条款所禁止的行为？最后，如果构成，此种行为是否属于正当程序条款所允许的例外情形？美国法院关于上述问题的判决存在分歧，有些判决遵从 OFAC 的执法决定，有些判决则认为 OFAC 的执法违反了正当程序条款。

“遵从论”主要基于如下两方面的理由：首先，OFAC 冻结令不构成《联邦宪法》第四修正案意义上的“扣押”。[①] 其次，即便冻结令构成扣押，OFAC 存在免于适用正当程序条款的特殊需求。在 Al Haramain Islamic Foundation, Inc. v. U.S. Department of the Treasury (Al Haramain Ⅱ)案件中，俄勒冈州联邦地方法院认为，OFAC 冻结资产的行为构成《联邦宪法》第四修正案意义上的“扣押”，但美国政府对 OFAC 的执法存在特殊需求，要求适用“搜查令”不具有可操作性，OFAC 存在不适用第四修正案的特殊需求。[②]同理，政府根据行政令

---

① See Holy Land Foundation for Relief & Development v. Ashcroft, 219 F. Supp. 2d 57.

② See Al Haramain Islamic Foundation, Inc. v. U.S. Department of the Treasury (Al Haramain Ⅱ), Civil No. 07-1155-KI, 2009 WL 3756363, at 15 (D. Or. Nov. 5, 2009).

冻结资产,并没有据此获得资产的所有权,不构成正当程序条款意义上的"征收"。若事先通知制裁对象,则会导致冻结资产等措施无法实施。[1]

也有法院对《联邦宪法》第四修正案的规定采取宽泛的立场。在 KindHearts for Charitable Humanitarian Development, Inc. v. Geithner 案中,俄亥俄州联邦地方法院"破天荒"地认定 OFAC 的冻结令违反了《联邦宪法》第四修正案。[2]

此外,OFAC 过度拖延回应当事人的复议申请会被法院认为违反正当程序条款。例如,在 2012 年的 Al Haramain Ⅲ案中,联邦第九巡回上诉法院认为,OFAC 拒绝披露调查和指定 SDN 的理由使得 Al Haramain 无法充分应对 OFAC 没有披露的疑点,因而有违正当程序条款。[3]

2. 外国人是否有权获得正当程序条款的保护

从联邦法院的诉讼判决实践看,《联邦宪法》保护的是外国人在美国境内的财产权益。外国人除非在美国拥有财产,与美国建立了实质联系,否则难以获得美国《联邦宪法》的保护。就 OFAC 执法而言,外国人在美国境内的财产如果因被列入"黑名单"之类的政府干预而受到侵害,可以主张获得《联邦宪法》的保护。[4] 换言之,SDN 名单当事人要申请从"黑名单"中被除名,只有在美国拥有财产,其与美国境内财产相关的权益才能获得美国《联邦宪法》的保护。华盛顿特区巡回上诉法院裁定,被认定为"外国恐怖组织"(FTO)的两个伊朗组织有权根据美国《联邦宪法》第五修正案获得正当程序条款保护,因为这两个组织出现在美国国家新闻大厦并在美国金融机构开设了小额银行账户。[5] 在 Al-Aqeel v. Paulson 案中,法院认为 Al-Aqeel 担任美国公司的高管,经常到访美国,帮助所任职公司取得美国境内的财产,与美国有充分的接触,有权根据美国《联邦宪法》第五修正案寻求保护。法院还认为,Al-Aqeel 无权根据美国《联邦宪法》第四修正案提起请求,因为他属于阿拉伯公民,并且其被冻结的资产位于美国境外。[6]

---

① See Zevallos v. Obama, 793 F. 3d 116.

② See KindHearts I, 647 F. Supp. 2d 857, 919 (N. D. Ohio 2009).

③ See Al Haramain Islamic Found., 686 F. 3d 984-985.

④ See Nat'l Council of Resistance of Iran v. Dep't of State, 251 F. 3d 204.

⑤ Ibid., 201-202.

⑥ See Al-Aqeel v. Paulson, 568 F. Supp. 2d 70-71.

### （四）从立法角度规范 OFAC 的执法行为

IEEPA 和《爱国者法案》赋予 OFAC 冻结资产的权力，而 OFAC 行使被授予的权力应基于何种证据标准则不属于司法审查的职权范畴。尽管 OFAC“黑名单”有除名程序，但是法院通常基于遵从行政决定的原则，没有发挥独立审查的制约功能。司法机关对 OFAC 的执法行为采取遵从的态度，降低了 OFAC 改革完善其监管规范的动力。

美国域外制裁在国际法层面引发两个问题：首先，美国的制裁法规适用于与美国并不存在充分联系的外国机构，此种域外管辖做法是否违反国际法？其次，美国强制外国人遵守美国的制裁法规，此举如果有违外国人母国的强制性法律规范，是否构成干预他国内政？这些问题都有待我们从国际法和国内法等多个角度进行观察和讨论。“去风险”（de-risking）话语对于应对美国制裁法规的域外扩张具有一定的启示意义。

### （五）“去风险”的国际话语权

美国在反洗钱、反恐融资和反腐败领域执法管辖的扩张，针对的是目标实体的某些特定交易，使得潜在交易对手方在交易前需要对目标实体进行尽职调查以降低交易风险。金融监管机构在反洗钱、反恐融资等方面提出了对金融机构的监管要求。在双重压力之下，金融机构建立了内部合规程序，将上述监管要求内化为自身的合规要求。为了“自保”，金融机构将来自特定地区或存在被制裁风险的客户界定为高风险客户，通过关闭高风险客户的账户或拒绝为其提供银行服务的方式“去风险”。金融机构这种“去风险”措施在日常业务中还表现为繁重的展业原则、尽职调查要求。一些合规部门在尽职调查中会定期审查银行与金融机构之间的结算业务代理关系，以确保银行、金融机构、具有重大影响的股东、董事会成员没有被列入本国或外国制裁“黑名单”或“观察名单”。Wolfsberg 集团 2014 年发布代理行反洗钱原则，列出了风险为本的反洗钱尽职调查所包括的反洗钱、反恐融资和规避制裁等方面的措施。其中，需要考虑的部分因素包括代理行客户的地区风险、所有权及管理架构、分支附属机构、业务、客户基础、所采购的产品与服务等。对于高风险客户采取更深入的尽职调查，会造成客户无法及时在银行开立账户或者账户被银行武断地关闭。

管理洗钱、制裁等金融风险与金融普惠性之间的矛盾在“一刀切”的“去风险”措施中表现出冲突。监管机构起初关注的是“去风险”对金融稳定的影响。

G20认为“去风险”会影响代理行，进而影响经济发展和贸易融资，将“去风险”问题提升到金融稳定层面。当前，“去风险”对金融普惠性的影响受到国际社会的关注。

反洗钱金融行动特别工作组（FATF）是“去风险”领域重要的国际组织。FATF由G7国家于1989年创设，起初的主要任务是创设反洗钱的国际框架。“9·11”事件发生之后，FATF又承担起反恐融资的职责。1990年，FATF发布了40项建议，涵盖FATF反洗钱等职责范围内的一系列法律、监管和操作层面的要求。此外，FATF还采取“胡萝卜加大棒”的方式对各国的执行情况进行评估。

（六）合同层面的应对

在美国金融市场的强大影响力之下，美国单边制裁容易使得企业或金融市场的流动性和交易陷入混乱。从交易当事人角度而言，谁应该承担因此产生的风险？应由谁来决定此种风险的分配？在合同层面，可以考虑进行如下合同条款的细节安排：

首先，在相关合同中加入普遍适用的陈述和保证条款，要求交易相关方在合同中承诺其自身以及其直接或间接控制的实体均未受任何国家和国际性组织的制裁。

其次，在提前还款、非法化、违约事件、不可抗力和重大不利事件等条款中纳入交易方违反合同的相关制裁规定。

再次，鉴于单边制裁日益增加，不可抗力条款或非法条款可能无法涵盖当事人应对制裁的所有情形。合同当事人可以在合同中就此作出特别约定，就交易对手成为制裁对象或受到处罚的情形作出安排。

最后，可以通过保密条款对交易信息披露作出相关规定。

# 第二编

# 美国金融法规域外管辖的实践分析

为应对金融危机，美国总统奥巴马于2010年7月21日签署通过《多德-弗兰克法案》，被认为是美国自20世纪30年代大萧条以来最为重要的金融监管变革。该法案的条文共分16个部分，多达1000多条，对包括银行、证券、保险、对冲基金、信用评级机构、交易商、投资咨询机构、会计制度、上市公司等在内的金融体系运行规则和监管架构进行了全面的改革与修订。《多德-弗兰克法案》主要关注的是美国的金融机构和市场，但是防范系统性风险这一首要目标决定了它会直接或间接影响到美国境外的金融机构和市场。

《多德-弗兰克法案》相关立法条文就域外适用事项作出明确规定，实现了立法管辖的突破，对美国通过司法、执法路径跨国传播其监管规范起到了重要作用。就本书的研究主旨而言，这些立法规定体现在联邦证券法反欺诈条款域外管辖(《多德-弗兰克法案》第929P条)、沃尔克规则(《多德-弗兰克法案》第619条)和互换领域等之中，存在管辖标准宽泛、模糊等问题。对这些领域法律条款的实践分析有助于验证本书关于美国金融法规域外管辖的法理与支撑机制的分析。

# 第四章　美国证券法的域外管辖

证券领域的域外管辖是美国金融法规域外适用的典型，在美国法域外管辖的历史和现实中具有重要地位。2010 年裁决的 Morrison 案是美国联邦最高法院首次涉及美国证券法规的域外适用问题，明确了推定国会“反对域外适用”适用于证券领域，确立了美国证券法域外管辖的新标准，在美国金融法域外管辖领域具有里程碑性质的地位。本章主要结合美国证券欺诈诉讼域外管辖案例和《多德-弗兰克法案》，分析证券领域的域外管辖规定。

## 第一节　美国证券法域外管辖的立法规定

美国涉外证券诉讼通常适用美国证券法，一旦确立了涉外证券诉讼管辖权，也就确立了案件的准据法为美国法律。因此，美国证券法的立法管辖权对讨论域外管辖问题具有重要影响。

### 一、美国证券法域外适用的相关条文

保护投资者是证券法的核心使命，公开登记、打击证券交易过程中欺诈投资者的行为是证券法的重要任务。美国证券法及 SEC 制定的规则都对此作出了规定。美国证券发行、交易监管在联邦层面主要受 1933 年《证券法》和 1934 年《证券交易法》调整，而在域外管辖问题上长期缺乏明文的立法规定。各级法院围绕 1934 年《证券交易法》第 10(b)条(以下简称“10(b)条款”)的域外适用问题，作出了大量有影响力的判决，并发展出域外管辖的重要标准。《多德-弗兰克法案》从立法层面对美国证券领域的域外管辖问题作出了明确规定。

（一）10(b)条款

10(b)条款授权 SEC 创制规范，以界定与购买或销售证券有关的可制裁的

不当行为。根据授权，SEC 于 1942 年制定了 10(b)-5 规则，规定了一系列宽泛的行为构成非法。10(b)条款及其规则在司法实践中扩展适用于各类欺诈、不公平交易案件，成为美国证券法上应用最广泛、最重要的反欺诈条款，被称为"无所不包"(catch-all)的条款。[①]

但是，美国国会在制定《证券交易法》时，仅规定 10(b)条款的适用必须使用了州际商业手段，而没有就其域外适用范围作出明确规定。10(b)-5 规则也没有明确 10(b)条款的域外适用范围。10(b)条款适用于哪些求偿方？在什么情况下适用？对这些问题的回答会直接影响证券跨境发行、交易地点以及信息披露等安排，对证券交易及合规监管具有重要意义。有关美国证券法域外适用的争论主要围绕 10(b)条款的域外适用问题展开，成为美国证券法域外适用实践中讨论最多、影响最大的条款。

美国联邦各级法院在司法实践中对此发展出域外管辖的多种判断标准。在 Schoenbaum v. Firstbrook 案(以下简称"Schoenbaum 案")[②]中，第二巡回上诉法院的判决涉及 10(b)条款的域外适用问题。法院认为，尽管《证券交易法》没有明文规定域外适用问题且存在第 30(b)条的规定，但是 10(b)条款本身的重要性、外国交易对美国国内投资者的影响使得该条款可以域外适用，此即效果标准。后来，在 Leasco Data Processing Equipment Corp. v. Maxwell 案(以下简称"Leasco 案")中，第二巡回上诉法院扩大了 10(b)条款的域外适用范围，将美国境内实施的针对境外证券交易的欺诈行为纳入 10(b)条款的调整范畴，此即行为标准。法院认为，欺诈行为发生在美国境内，在此种情况下适用调整欺诈行为的 10(b)条款不涉及域外适用问题。法院还指出，尽管《证券交易法》没有明文规定这个问题，但是可以推定国会如果想到这一点，肯定会适用 10(b)条款。[③] 嗣后，第二巡回上诉法院及其他法院在涉及 10(b)条款域外适用问题时，都采纳了上述案件所确立的行为标准和效果标准。联邦最高法院在 Morrison 案判决中最终改变了这一局面。

---

① See Ernst & Ernst v. Hochfelder, 425 U.S. 185, 203 (1976).

② See Schoenbaum v. Firstbrook, 405 F.2d 200, 206 (2d Cir. 1968). 联邦最高法院在 Morrison 案中推翻了这一判决。

③ See Leasco Data Processing Equipment Corp. v. Maxwell, 468 F.2d 1334-37 (2d Cir. 1972). 联邦最高法院在 Morrison 案中推翻了这一判决。

(二) 1934 年《证券交易法》第 30 条

根据 1934 年《证券交易法》第 30(a)条的规定,对于交易商或经纪商在外国交易所的交易,如果发行人为美国公司,则适用美国《证券交易法》。该法第 30(b)条排除了域外适用,但指出此种排除并不适用于 SEC 的反规避规范。尽管如此,法院仍在实践中发展出域外适用的标准。

## 二、通过规则创制澄清证券法的域外适用范围

为便于 SEC 执法,国会在 1934 年《证券交易法》第 21(a)(2)条中授权 SEC 调查违反外国法的行为。该法第 24(d)条就 SEC 从外国监管机构获得信息规定了《信息自由法》的例外。

根据 1933 年《证券法》第 5 条的规定,未经登记,在美国销售证券的行为属于违法。但是,该条并没有明确这一规定所应适用的地域范围,而仅要求实施如下行为的人遵守登记要求:利用州际商业中的任何交通、通信手段、工具或利用邮递,通过使用或借助招股说明书或以其他方式出售该证券。《证券法》第 19 条赋予 SEC 创制监管规范的宽泛权限。[①] 但是,该条也没有明确授权 SEC 界定《证券法》第 5 条规定的登记义务所应适用的地域范围。

1. S 条例[②]

1990 年发布的 S 条例考虑到了证券法保护美国资本市场、美国市场投资者、礼让原则和全球市场参与方的合理期待。[③] S 条例详细界定了证券法登记要求适用的地域范围,并豁免了美国境外的某些证券的发行、交易在美国的登记义务。[④]

首先,S 条例指出,证券登记是为了保护美国资本市场和在美国市场购买证券的投资者,无论这些投资者属于美国人还是外国人。美国境外交易遵守美国

---

① SEC 有权随时根据需要制定、修订、废除相关为执行本法项下各项规定所需的规章,包括适用于各种不同种类的证券和发行人的注册登记表及招股说明书的规章,以及用于定义本法中使用的会计、技术和贸易术语的规章。

② S 条例是指美国 SEC 根据 1933 年《证券法》制定的 Regulation S,又称"1933 年《证券法》S 条例"。

③ See Offshore Offers and Sales, Securities Act Release No. 6863, Exchange Release No. 27942; Investment Company Act Release No. 17, 458, 55 Fed. Reg. 18306, 18,308 (April 24,1990).

④ See 17 C. F. R. § 230. 901 (2016).

境外法律，符合礼让原则，也符合全球市场参与方的合理期待。[①]

其次，S条例豁免了美国境外的某些证券的发行、交易在美国的登记义务。[②] S条例规定了两项例外：发行人安全港和转售安全港。安全港都需要符合如下两项基本要求：(1) 发行或交易属于"离岸交易"；(2) 没有在美国进行"直接的销售尝试"。

"离岸交易"指的是没有面向美国境内的人发行，并且买方位于美国境外或者交易是在外国交易所进行的。买方是否位于美国境外主要取决于买方的物理位置。但是，S条例明确规定，专门面向境外的可以是别的美国公民群体发行或销售证券，不属于离岸交易。同时，面向美国境内的某些"非美国人"的证券发行或销售却属于离岸交易。"直接的销售尝试"是以美国为市场，根据S条例发行证券的活动。S条例明确规定离岸购买方的再销售也需要遵守S条例，进一步延展了证券法登记要求的域外性。

S条例转售安全港规定了同样的离岸交易以及在美国境内无"直接的销售尝试"。对于具有实质性美国市场利益的特定证券，两种安全港都规定了额外的条件。

再次，S条例将美国境内的一些交易界定为离岸交易，而美国境外的一些交易则没有被界定为离岸交易。在美国流通的出版物中植入广告之类的活动具有地域性，被排除在"直接的销售尝试"之外，而向美国海外驻军官兵发行证券的行为则具有域外性。S条例明确将登记要求适用于离岸购买方转售S条例项下证券之行为。

最后，S条例澄清了1933年《证券法》中登记规则的域外适用问题，但不适用于联邦证券欺诈条款。[③]

2. 司法对S条例的遵从

美国法院很难像SEC这样细致地规定证券法适用的地域范围。第二巡回上诉法院在司法实践中判定，根据切夫朗原则，作为对国会授权行政机构管理

① See Offshore Offers and Sales, Securities Act Release No. 6863, Exchange Release No. 27942; Investment Company Act Release No. 17, 458, 55 Fed. Reg. 18306, 18308 (April 24, 1990).

② See 17 C. F. R. § 230. 901 (2016).

③ See Regulation S—Rules Governing Offers and Sales Made Outside the United States Without Registration Under the Securities Act of 1933, Preliminary Note 1.

的法律之合理解释,法院应遵从 S 条例。[1] 在 Morrison 案中,Scalia 大法官根据 S 条例决定《证券法》的"聚焦"事项,并延伸适用于《证券交易法》。[2] 值得注意的是,SEC 在制定 S 条例时并没有采用推定国会"反对域外适用"的立场。

通过出台 S 条例,SEC 的管辖动因从保护美国投资者转向保护美国资本市场的完整性。第二巡回上诉法院在 1998 年 6 月 EOC 案的判决中指出,法院在审理涉及美国证券登记法律的案件时,适用法院在反欺诈案件中形成的行为标准和效果标准。显然,法院在证券法域外适用问题上没有区分反欺诈责任与证券登记事项。美国此举具有推动离岸证券发展的政策考虑。

## 三、"官、民分立"的证券域外管辖标准:《多德-弗兰克法案》第 929P 条

《多德-弗兰克法案》第 929P 条关于域外适用问题的规定在"联邦证券法反欺诈条款的域外管辖"这一标题之下。这个条款的(b)(1)—(3)分别就 1933 年《证券法》第 22 条、1934 年《证券交易法》第 27 条和 1940 年《投资顾问法》第 214 条的域外适用问题作了规定,并区分了 SEC、司法部的官方执法诉讼与民事诉讼。这些规定本身存在不确定性,引发了较大的争论。

### (一)证券域外管辖领域"官、民分立"的理由

《多德-弗兰克法案》为何要区分官方执法诉讼与民事诉讼的域外管辖标准?这个问题涉及两个层面的分析:第一,民事法规与公法规范的域外适用有无差异?第二,私人提起的诉讼与官方提起的诉讼在证券法的域外适用方面是否应有差异?在 SEC 明确《多德-弗兰克法案》在私人诉讼中所适用标准前,《多德-弗兰克法案》区分 SEC、司法部执法诉讼与私人诉讼的域外适用标准,有一定的道理。

首先,根据美国《联邦宪法》关于立法、行政和司法的权限划分规定,对外关系事项主要由行政机关负责。司法部等政府部门提起的行政或刑事诉讼服务于维护美国的公法利益。对于影响美国利益的境外行为,官方执法机构提起诉

---

① See Europe & Overseas Commodity Traders, S. A. v. Banque Paribas London, 147 F. 3d 118, 123 & n. 3 (2d Cir. 1998), abrogated on other grounds by Morrison v. Nat'l Austl. Bank, Ltd., 561 U. S. 247 (2010).

② See Morrison v. Nat'l Austl. Bank, Ltd., 561 U. S. 247, 268-269 (2010) (quoting 15 U. S. C. § 77e(a)(1) (2012)).

讼符合其职责定位，在域外适用问题上作出不同于民事诉讼的规定有其合理依据。

其次，官方执法诉讼与民事诉讼具有不同功能，影响到各自的域外适用范围。“反对域外适用”主要是基于两个方面的考虑：(1) 国会立法时主要关注国内事项；(2) 避免因域外适用造成与他国的冲突。私人民事诉讼考虑的是私人利益，缺乏减少因诉讼所引发的国际关系冲突方面的激励，存在滥诉的可能性。刑事诉讼定位于打击犯罪、维护一国公共秩序，官方诉讼或监管会考虑到公共利益。SEC、司法部可以通过双边、多边合作为域外适用《多德-弗兰克法案》提供条件保障，适用行为标准和效果标准可以避免可能发生的域外管辖冲突。实证研究发现，在没有外国监管机构配合的情况下，SEC 通常不愿意针对在美上市的外国公司执行美国证券法。[①] 从实践看，SEC 更多通过与他国签订法律互助协定、谅解备忘录等国际合作措施，推动实施美国证券法的域外管辖。在官方执法诉讼领域扩张本国管辖，有助于维护本国秩序，防止私人诉讼域外适用《多德-弗兰克法案》所可能造成的“竞次”效果。

也正是因为上述原因，10(b)条款下的私人诉权属于默示推定，而官方执法职权则属于明示规定。私人根据 10(b)条款求偿时需要承担各类举证责任，而官方执法机构则不需要承担信赖、经济损失和损失的因果关系等举证责任。

最后，从能力匹配因素看，官方执法更具有减少此种冲突的能力。因为官方机构更有能力判断何种情况下的域外适用会引发国际关系的紧张或冲突，并有能力对外寻求执法合作以降低此种冲突的可能性。在 RJR Nabisco 案中，法院指出，私人诉讼具有对外关系层面的意义，至少在境外交易和境外主体成为目标时。[②] 当私人提起涉外民事诉讼时，在美国法律的适用范围上，法院会推定国会“反对域外适用”。当行政机构对境外交易和境外主体提起诉讼时，法院很少会加以阻碍。法院似乎相信负责任的政府官员会理解主权国家间的共同管辖权和不同利益。

在 United States v. Bowman 案（以下简称“Bowman 案”）中，法院在与

---

① See Jordan Siegel, Can Foreign Firms Bond Themselves Effectively by Renting U. S. Securities Laws?, *Journal of Financial Economics*, Vol. 75, No. 2, 2005, p. 319.

② See RJR Nabisco, Inc. v. European Community, 136 S. Ct. 2090 (2016).

American Banana Co. v. United Fruit Co. 类比后，认为“反对域外适用”推定在民事和刑事领域存在不同的效果，刑事法规可以推定域外适用。[①] 这一判决与联邦法院在民事案件中通常采取的“反对域外适用”推定存在较大差异。[②]

2010 年，在 Morrison 案中，联邦最高法院判决认为，10(b)条款仅适用于与美国国内证券交易相关的欺诈，将 10(b)条款的适用范围限定于交易地。10(b)条款包含民事和刑事责任内容，是否意味着刑事法规同样适用“反对域外适用”推定，进而否定了 Bowman 案的判决立场？联邦最高法院在 Morrison 案判决中并没有说明这一点。联邦第二巡回上诉法院在 2013 年 8 月的 United States v. Vilar 案（以下简称“Vilar 案”）的判决中明确指出，Morrison 案所确立的交易标准适用于刑事案件。[③] 但是，联邦第二巡回上诉法院在 Vilar 案的判决中忽视了 Morrison 案原告为私人这一身份，而 Vilar 案的原告则为官方机构。[④] 从司法实践的整体情况看，Morrison 案对刑事案件的影响似乎很小，法院无论明示还是默示，更倾向于采纳 Bowman 案的判例。[⑤]

### （二）证券域外管辖领域“官、民分立”的争论

在立法管辖权领域，美国通常并不区分公法和私法、刑事和民事。美国的很多成文法都具有监管和救济目的，并提供了刑事和民事两种执法手段。除非存在明确相反的规定，否则美国法院在解释此类成文法的地域范围时，通常秉持相同的立场。[⑥]

随着《多德-弗兰克法案》的颁布，证券域外管辖领域“刑、民分立”的法律争论主要体现在第 929P 条中“管辖”(jurisdiction)这个词。关于它是指联邦法院对官方提起的证券诉讼之司法管辖权还是法律的域外适用问题（即立法管辖

---

① See United States v. Bowman, 260 U. S. 94, 95-96 (1922).

② See Gary B. Born, A Reappraisal of the Extraterritorial Reach of U. S. Law, *Law and Policy in International Business*, Vol. 24, No. 1, pp. 51-54.

③ See United States v. Vilar, 729 F. 3d 62, 70 (2d Cir. 2013).

④ 关于这个问题的论述可参阅：Daniel Herz-Roiphe, Innocent Abroad? Morrison, Vilar, and the Extraterritorial Application of the Exchange Act, *Yale Law Journal*, Vol. 123, No. 6, 2014, p. 1875。

⑤ 这些案例包括：United States v. Weingarten, 632 F. 3d 60, 66 (2d Cir. 2011); United States v. Singhal, 876 F. Supp. 2d 82, 97 (D. D. C. 2012); United States v. Carson, No. SACR 09-00077-JVS, 2011 WL 7416975; United States v. Campbell, 798 F. Supp. 2d 293, 303 (D. D. C. 2011)，等等。

⑥ See The American Law Institute, Restatement (Fourth) of the Foreign Relations Law of the United States, Pt. Ⅳ, Ch. 1, § 402, cmt. c,d.

权),存在争议,包括立法管辖论、国会立法表述失误论、事项管辖论等主张。[①]

1. 立法管辖权

一种观点认为,《多德-弗兰克法案》第 929P 条在文字表述上存在缺陷,但是《多德-弗兰克法案》的立法过程表明,国会实际上是想改变联邦法院在 Morrison 案判决中确立的交易标准。[②] 在 Morrison 案中,联邦最高法院确立的交易标准是针对 10(b)条款的域外适用问题,而非联邦法院的司法管辖权问题。因此,这里的"管辖"(jurisdiction)指的是立法管辖权,而非司法管辖权。在司法实践中,有法院认为《多德-弗兰克法案》这个条款是关于 SEC、司法部反欺诈诉讼中的证券交易法域外适用问题的规定。[③] 在 SEC v. Gruss 案中,法院认定《多德-弗兰克法案》第 929P 条确实恢复了 SEC 域外适用 10(b)-5 规则的管辖权。[④]

2. 司法管辖权

在 SEC v. A Chi. Convention Ctr., LLC 案中,法院认为《多德-弗兰克法案》第 929P 条并不一定恢复了联邦第二巡回上诉法院先前的判例所确立的域外适用标准。[⑤]《多德-弗兰克法案》第 929P 条在立法上明确了"反对域外适用"的推定不适用于 SEC 和司法部的执法诉讼情形,解决的仅是官方提起执法诉讼时的管辖权问题,而 Morrison 案明确证券法的域外适用属于实体问题。[⑥] 同时,《多德-弗兰克法案》第 929P 条(b)款明确了 SEC 和司法部在反欺诈诉讼中的行为标准和效果标准,[⑦]但没有明确赋予私人原告此种权利。在《多德-弗兰克法案》颁布前,SEC 主要针对证券欺诈提起执法诉讼,很少会单独就登记等监

---

① 相关讨论可参见 Richard W. Painter, The Dodd-Frank Extraterritorial Jurisdiction Provision: Was It Effective, Needed or Sufficient?, *Harvard Business Law Review*, Vol. 1, pp. 202-205.

② See Marc I. Steinberg and Kelly Flanagan, Transactional Dealings—Morrison Continues to Make Waves, *The International Lawyer*, Vol. 46, 2012, p. 837.

③ See SEC v. Tourre, No. 10 Civ. 3229(KBF), 2013 WL 2407172, at 1 (S. D. N. Y. June 4, 2013).

④ See SEC v. Gruss, 859 F. Supp. 2d 653, 661 (S. D. N. Y. 2012).

⑤ See SEC v. A Chi. Convention Ctr., LLC, 961 F. Supp. 2d 905, 908, 916-917 (N. D. Ill. 2013).

⑥ See Morrison v. Nat'l Austl. Bank Ltd., 130 S. Ct. 2869, 2877 (2010).

⑦ 其中,对效果标准的规定是"foreseeable substantial effect within the United States"。但是,《多德-弗兰克法案》第 929P 条(b)款(2)项并没有明确影响的对象是美国市场、投资者还是美国境内的证券交易,而只是提及"在美国境内"(within the United States)。

管事项提起诉讼。但是,曾有法院判决区分了这两类条款的域外适用范围,认为反欺诈条款的域外适用范围比登记监管等监管性质的法律规范的域外适用范围更为宽泛。[①] 自 Morrison 案作出判决以来,针对非美国的经纪人或投资顾问未进行登记这一行为,SEC 已经提起多起诉讼,而且多数案件没有涉及欺诈诉因。

另有法院认为,这个条款到底是关于司法管辖的规定还是实体条款的域外适用规定,无法判断。[②]

3. SEC v. Traffic Monsoon 案

值得注意的是,2017 年 3 月 28 日,美国联邦地区法院在 SEC v. Traffic Monsoon 案的判决中首次明确了《多德-弗兰克法案》允许政府执法行为仍然适用行为标准和效果标准。

在这个案件中,SEC 认为 Traffic Monsoon 销售 AdPacks 构成了“庞氏骗局”,违反了 1934 年《证券交易法》10(b)条款以及第 10-5(a)和(c)条,并且违反了 1933 年《证券法》第 17(a)(1) 和 (3)条。被告抗辩认为,根据 Morrison 案所确立的交易标准,尽管存在《多德-弗兰克法案》第 929P 条(b)款的规定,但是其管辖标准是行为标准和效果标准。Traffic Monsoon 是网络流量交易商,客户通过网络购买其产品,其中 90%的客户位于美国境外,SEC 无权对其行使管辖权。

联邦地区法院没有采纳被告的抗辩意见,而是指出:尽管国会在制定《多德-弗兰克法案》时错误地使用了“管辖权”这个词,但是国会允许 SEC 和司法部对境内的欺诈行为及其行为后果采取执法行为,无论证券交易行为发生在何地。一方面,联邦地区法院认可被告的主张,《多德-弗兰克法案》第 929P 条(b)款没有明确否定联邦最高法院在 Morrison 案中的判决,因为这个条文规定的是管辖权问题,没有触及证券法的实体适用范围问题。但是,联邦地区法院指出,联邦最高法院已经判决认定,如果有充分的证据证明,“反对域外适用”的推定可以被否定。在考察相关证据后,联邦地区法院认为《多德-弗兰克法案》第 929P 条(b)款起草的条文情境、立法历史和明文的目的都表明,[③]国会有意让

---

① See Consolidated Gold Fields PLC v. Minorco, S. A., 871 F. 2d 252,262 (2d Cir. 1989).

② See A Chi. Convention Ctr. L. L. C., 961 F. Supp. 2d 905, 916-917.

③ See 156 Cong. Rec. H5233, H5237 (June 30, 2010) (Statement of Rep. Kanjorski).

SEC 适用行为标准和效果标准，让 1934 年《证券交易法》10(b)条款和 1933 年《证券法》第 17(a)条适用于美国域外的交易，尽管条文本身明确使用的是“管辖权”这个词。据此，SEC 的主张符合行为标准：被告欺诈外国投资者时，在美国境内运营，SEC 享有管辖权，可以发布针对被告的禁令。这是美国联邦地区法院首次明确认定 OFA 第 929P 条(b)款所确立的管辖标准取代联邦最高法院在 Morrison 案中所确立的标准。

美国联邦第十巡回上诉法院于 2019 年 1 月作出判决，维持原判。上诉法院认为，联邦证券法的域外适用并非司法管辖权问题，而是实体法问题。尽管《多德-弗兰克法案》错误地将这个条款定位为管辖权而非实体法，但是国会明确允许 SEC 与司法部基于美国境内的行为或效果提起执法诉讼，无论证券交易发生在何地。只要行为发生在美国境内，SEC 就可以对非美国居民所从事的外国证券交易提起执法诉讼。这是涉及《多德-弗兰克法案》是否允许美国政府提起此类诉讼的首个上诉案件。

（三）私人诉讼的域外管辖标准

《多德-弗兰克法案》虽明确了 SEC 和司法部执法诉讼的效果标准和行为标准，但没有明确私人诉讼的域外管辖标准。DFC 第 929Y 条要求 SEC 研究私人诉讼的域外管辖问题，并交由 SEC 征求公众意见后确定。这些问题包括：跨境证券欺诈之私人诉讼域外适用 10(b)条款的成本收益如何？这会对国际礼让产生何种影响？是否应该采取比 SEC 和司法部诉讼更狭义的域外管辖标准？私人范围是仅限于机构投资者还是包括其他投资者？交易平台的类型、所处地域位置对 10(b)条款的适用有何影响？鉴于问题的复杂性，SEC 组织了来自公司融资、金融创新、风险管理、战略、执行、国际事务和法律等内设机构的员工组成工作组，研究这些问题。

2010 年 10 月 25 日，SEC 发布了研究草稿，征求公众意见，后来收到了个人投资者、机构投资者及其代表组织、行业协会、外国政府机构、律师事务所、会计师事务所和学术界等的 72 份评论意见。其中，30 份来自机构投资者及其代表组织，19 份来自律师事务所和会计师事务所，8 份来自外国政府机构，7 份来自学术界，1 份来自个人投资者。44 份评论意见支持采用行为标准和效果标准或对其进行某些修正。23 份评论意见支持采纳 Morrison 案所确立的交易标准。其他评论意见支持采取替代性的方法或仅规定提供额外的信息。

从提交评论意见的主体立场看，投资者及其代表组织均支持采用行为标准和效果标准或对其进行某些修正。相反，发行人及其附属组织都支持采用交易标准。一些外国政府机构也支持采用交易标准。学术界和律师事务所的立场则存在差异，一些人支持采用行为标准和效果标准，另一些人则支持采用交易标准。

有一些评论意见讨论了行为标准、效果标准是否应仅延伸适用于机构投资者，同时一致反对区别对待机构投资者和非机构投资者。[①] 有观点建议修正行为标准、效果标准，对美国投资者的域外证券交易提供10(b)条款的私人诉讼保护。此种主张的理由是，美国投资者与美国之间具有最强的联系，而且此种情况下的域外适用不会造成国际礼让方面的问题。[②] 同时，SEC还与相关利益当事方举行了会谈。[③]

从整体上看，SEC的报告梳理了所征集到的各界观点，但自己没有给出结论。SEC理事Aguilar强烈批评了该报告，认为该报告没有提出具体的建议，更没有回应国会的要求。Morrison案确立的交易标准没有反映当今全球证券交易环境的现实，在一定程度上剥夺了投资者的私人诉权，国会应恢复私人诉讼的行为标准和效果标准。[④]

笔者认为，Morrison案确立的交易标准中的交易地存在模糊性，很容易引发各国在管辖权和法律适用方面的竞争和冲突。尽管存在不确定性，但是国会不太可能推翻联邦最高法院在Morrison案中确立的交易标准。《多德-弗兰克法案》明确了SEC和司法部在执法诉讼中的域外管辖标准，在某种程度上可以

---

① See Study on the Cross-Border Scope of the Private Right of Action Under Section 10(b) of the Securities Exchange Act of 1934: As Required by Section 929Y of the Dodd-Frank Wall Street Reform and Consumer Protection Act, Study by the Staff of the U. S. Securities and Exchange Commission, April 2012.

② See Letter from NASCAT, Maryland State Retirement and Pension System, New York State, and Consolidated Retirement Fund.

③ See Study on the Cross-Border Scope of the Private Right of Action Under Section 10(b) of the Securities Exchange Act of 1934: As Required by Section 929Y of the Dodd-Frank Wall Street Reform and Consumer Protection Act, Study by the Staff of the U. S. Securities and Exchange Commission, April 2012.

④ See Luis A. Aguilar, Defrauded Investors Deserve Their Day in Court, Dissenting Statement Regarding the Study on the Cross-Border Scope of the Private Right of Action Under Section 10 (b) of the Securities Exchange Act of 1934: As required by 929Y of the of the Dodd-Frank Wall Street Reform and Consumer Protection Act, April, 2012.

算是立法机关对联邦最高法院域外管辖权的一种调适和重新明确,是对“反对域外适用”推定的一种“反动”。美国证券法规域外适用将形成私人诉讼与官方执法诉讼并存、诉讼与监管并存的双重二元格局,联邦最高法院在域外管辖立场上出现所谓的“限缩”,美国金融监管机构却在向域外扩张自己的管辖权。

一国监管法规的域外适用在实体内容上可能与他国法律规范发生冲突,包括涉外行政执法和涉外私人诉讼引发的冲突。行政机构之间可能通过行政执法合作化解或缓解此类冲突。在私人诉讼情形下,通常不存在此类合作措施。相比私人诉讼,官方执法诉讼涉及外国政府利益。美国官方执法诉讼主要由司法部负责,政府其他部门根据案件情况协同参与。跨境诉讼还会涉及负责对外关系的部门。各国负责对外关系的部门之间需要考虑维持长期互惠关系,会在个案中考虑对方国家的利益,并可能在一些双边或多边谅解备忘录中将此种互惠关系的安排予以明确,甚至约定一国负有义务采取积极措施促使另一国利益的实现。美国 2017 年的反垄断国际执法与合作指南专门就礼让作出规定,在决定是否提起调查或诉讼时,司法部和联邦贸易委员会应考虑是否会影响其他主权国家的重大利益。①

第四次重述在域外管辖问题上没有区分私人诉讼和官方执法诉讼,而是指出:除非国会存在明确的相反意思,否则法律在官方民事诉讼领域所适用的地域范围没有区别。② 但是,在刑事诉讼领域,联邦最高法院指出 RICO 是很罕见的,清楚表明该法具有域外效果,尽管缺乏明确的规定。③

### (四)证券监管诉讼领域的“司法遵从行政”

根据 1934 年《证券交易法》10(b)条款的授权,SEC 创制了 10(b)-5 规则,但没有涉及 10(b)条款适用的地域范围问题。④ 在实践中,SEC 采纳了联邦法院所创设的行为标准和效果标准。在 Morrison 案中,联邦最高法院将“反对域外适用”推定适用于 1934 年《证券交易法》10(b)条款,创设了确定美国证券法

① See U. S. Department of Justice and Federal Trade Commission, Antitrust Guidelines for International Enforcement and Cooperation ¶ 4. 1 (January 13, 2017).

② See The American Law Institute, Restatement (Fourth) of the Foreign Relations Law of the United States § 404, Reporters' Notes 4 (AM. Law Inst. 2018).

③ See RJR Nabisco, Inc. v. European Community, 579 U. S. _(2016), https://www.supremecourt.gov/opinions/15pdf/15-138_5866.pdf

④ See 17 C. F. R. § 240.10(b)-5 (2016).

适用地域范围的交易标准。Scalia 大法官在判决书中论及"司法遵从行政"解释的问题，并基于两个方面的理由，没有遵从 SEC 关于 10(b)条款适用地域范围的解释。

首先，行为标准和效果标准并非 SEC 对 10(b)条款的解释，而是联邦法院发展出来的域外适用标准。

其次，SEC 的解释忽视了"反对域外适用"推定，存在不合理之处，或者说没有行使此种解释权。在决定 10(b)条款的域外适用问题上，联邦法院指出，《证券交易法》没有对此作出明文规定。《证券交易法》第 3 条关于"州际商业"的界定包括州与州之间、州与外国之间或外国之间的贸易、商业、运输或通信。但是，这种一般性的指代并不足以表明 10(b)条款提及"州际商业"而具有域外适用意图。同样，《证券交易法》第 2 条在规定证券交易法的目的时，提及"外国商业"这个词，也过于概括，不足以清楚地表明立法意图。法院认为，只有在法律就域外适用作出明文规定的情况下，才可以推翻国会"反对域外适用"的推定。法院批评了诉诸行为标准和效果标准，揣摩国会具有域外适用这一立法意图的做法。与之不同的是，《证券交易法》第 30(b)条在一般性禁止域外适用的同时，规定了两项例外。这种原则禁止、明确特定例外的做法也表明，《证券交易法》除了第 30 条外，并不存在域外适用。据此，10(b)条款本身没有明确规定域外适用的意图。

在决定 10(b)条款可否域外适用时，法院考察了几部相关的法律，以决定它们是否证明了国会具有将 10(b)条款域外适用的意图。法院认为无法推断国会具有将 10(b)条款域外适用的意图。同时，法院注意到《证券交易法》并没有明确的条文支持行为标准或效果标准成为 10(b)条款域外适用的标准。

行政机关的法律解释是否需要遵从法院的两步分析法？进一步而言，在 Morrison 案中，如果秉持"司法遵从行政"这一原则，即使联邦最高法院确立了 10(b)条款域外适用的交易标准，SEC 仍然可以根据国会所授予的规范创制权自创标准，甚至可以推翻交易标准。

《证券交易法》第 30(a)条明文赋予 SEC 创制规范以调整美国域外交易所的交易之权。监管条例界定了《证券法》在登记要求方面的适用地域范围。禁止银行从事自营交易的沃尔克规则也通过监管条例明确了其所适用的地域范围。如果说只能由法院来推定国会"反对域外适用"的意图，那么上述监管条例关于域外适用的规定是否有效?如果司法应适度遵从监管机构的判断,那么法院能否对此类监管规范作"反对域外适用"的推定解释。

如果监管机构能够指出此种解释的法律依据,那么监管机构关于域外适用的监管可以得到遵从。如果情况表明监管机构已经考虑到"反对域外适用"推定的效果,那么监管机构的解释可以被认为是合理的。

## 四、通过跨境互动促进监管规范的域外传播

除了提起行政和司法诉讼,SEC 还通过与他国开展跨境合作的方式打击证券欺诈行为。在双边合作的基础上,SEC 通过加入 IOSCO 这一多边组织,与其他国家的监管机构签订 MOU,开展证券监管信息合作和执法调查。

SEC 通过其国际事务办公室与境外机构进行跨境协调、合作,以推广美式证券监管规范。合作事项主要包括跨境证券监管执法、制定共同的证券监管实体政策。国际事务办公室采取各种非正式的合作安排和不具有约束力的框架协议,包括 MOU、监管对话、IOSCO、技术协助计划等。

### (一)MOU

从 20 世纪 80 年代起,国际事务办公室采取 MOU 的形式开展合作,内容大多涉及执法合作联系安排。针对新兴市场国家,MOU 还规定了在订单处理、结算、清算等领域的技术性支持。这些框架性协议提升了合作意愿、信息分享效率和相互信任。但是,MOU 一般不具有国际法或国内法上的效力。

### (二)监管对话

监管信息交换使得 SEC 与境外监管机构能够相互评估对方的做法,识别、讨论和协调共同关注的证券监管问题,进而增强讨论和解决实体问题的意愿。根据具体合作需求的不同,监管对话的内容也存在差异。例如,美国—欧盟金融市场监管对话是美国与欧盟进行监管对话与协调的主要平台,对会计标准的协调较为关注。美国在与亚洲国家的监管对话中,则关注证券监管与执法合作。例如,中美战略经济对话涉及证券监管合作的内容。

### (三)IOSCO

IOSCO 的创立和运作在很大程度上受到美国的影响。IOSCO 虽然没有执法权,但可以创制不具有法律约束力的监管目标、指南和行为准则,为协调各国

监管政策和信息提供必要的手段。在推进跨境监管标准方面，IOSCO 作为多边组织，发挥着比监管对话更重要的作用。

多边信息备忘录(MMOU)是 IOSCO 推动跨境执法的重要抓手。与传统的 MOU 不同，MMOU 关注的是监管执法合作，并将监管机构能够迅速获得证券执法权所需要的信息之程序予以固化。此举是为了强化对跨境投资者的保护，弥补国内监管漏洞。IOSCO 成员方承担了遵守义务和最低限度的义务。

## 第二节　美国证券法诉讼域外管辖的标准演变与特点

### 一、联邦法院证券诉讼域外管辖的特点

20 世纪 60 年代以来，美国证券市场的涉外因素增多，表现为证券交易主体、交易场所和交易工具等市场要素均具有涉外性。联邦各级法院需要决定是否有权审理这些涉外证券交易。从判决实践看，投资者和发行人国籍、证券交易行为发生地和影响地是联邦法院判断司法管辖权的重要参照要素。联邦法院证券诉讼域外管辖具有如下几个特点：

#### (一) 证券欺诈诉讼是焦点

从联邦法院域外管辖实践看，主要围绕证券欺诈问题和联邦证券法的欺诈条款展开。这些欺诈条款主要体现在 1933 年《证券法》第 12(2)、17(a)条和 1934 年《证券交易法》10(b)条款以及 SEC 据此制定的 10(b)-5 规则中，集中表现在 10(b)条款的域外适用问题上。

#### (二) 联邦第二巡回上诉法院的重要地位

美国联邦法院在证券领域的域外管辖标准主要由联邦巡回上诉法院发展出来，特别是第二巡回上诉法院，在证券法领域具有“事实上的最高法院”之誉。[①] 第二巡回上诉法院及其法官 Friendly 在其中发挥了非常重要的作用。

#### (三) 混淆联邦司法管辖权与立法管辖权

根据美国法院系统和管辖权分配的原则，联邦法院(包括联邦最高法院、巡

① See Jan G. Deutsch, Chiarella v. United States: A Study in Legal Style, *Texas Law Review*, Vol. 58, 1980, p. 1299.

回上诉法院和地区法院三级法院)能够接触到域外适用美国法律的问题。联邦证券法领域的立法管辖与联邦司法管辖问题产生了交集。联邦法院涉及的证券法域外管辖问题主要涉及两个方面:(1) 联邦法院的司法管辖权问题;(2) 联邦法院对国会关于联邦证券法立法意图的解释,即立法管辖权问题。

在联邦制下,联邦法院的事项管辖权由《联邦宪法》和国会规定,是《联邦宪法》关于联邦与州的管辖事项权限划分在司法管辖领域的体现,属于程序事项。事项管辖权使联邦法院可以对某一类争议进行审理,但不涉及具体争议案件应适用何种实体法的问题。立法管辖权是指立法者制定实体法而不必考虑由哪个法院来适用该法律的权力。[①] 二者的使用容易产生混淆。

首先,国会制定的实体法有时也会明确由联邦法院适用此种法律,实际上划定了联邦法院与州法院的管辖权限。此时,联邦法院对实体法的解释既有立法管辖权的因素,也有司法管辖权的影子,二者交织在一起,容易产生混淆。

其次,域外管辖是联邦法对域外事项的调整,涉及的是立法管辖权问题。"反对域外适用"推定是联邦法院解释国会立法意图的规则,其功能是划分美国与他国的法律适用管辖权,决定的是实体事项。但是,美国法院长期以来将此种域外适用的解释与法院的事项管辖权相等同,使得域外适用这一立法管辖问题转变成联邦法院关于域外事项的司法管辖问题。

在证券法等领域,同样如此。1933 年《证券法》和 1934 年《证券交易法》赋予联邦法院对证券案件的立法管辖权和事项管辖权。联邦法院在确定自己是否有权管辖证券案件时,需要理解国会的意图,并对国会的意图进行解释。但是,国会并没有明确这两部法律的适用范围。这样,联邦法院对证券案件的事项管辖权与联邦证券法的适用范围或管辖问题就交织在一起。

最后,在美国涉外证券诉讼中,立法管辖、司法管辖和准据法问题相互交错,增加了问题的复杂性。如果联邦证券法的域外管辖属于法律适用问题,则涉及冲突规范在域外管辖中的地位。立法管辖权和冲突法上的管辖权之法律适用的区分难度更大。如果域外管辖属于联邦法院的事项管辖权问题,则涉及协议管辖在域外管辖中的地位。美国证券法赋予私人诉权。因此,在分析法院的事项管辖权或监管法规的适用范围时,会涉及证券法是公法还是私法

① 参见张茂:《美国国际民事诉讼法》,中国政法大学出版社 1999 年版,第 33 页。

的属性划分。在证券法被定性为公法的情况下，法院审理涉外证券纠纷，通常只能适用本国证券法。上述两种因素的结合，导致美国涉外证券诉讼中立法管辖、司法管辖和准据法问题交织在一起，造成美国证券法域外管辖的复杂性。

（四）Morrison 案判决是域外管辖标准的里程碑

在 Morrison 案前，联邦法院将联邦证券法的域外适用问题解读为联邦法院的事项管辖权，发展出效果标准和行为标准。联邦法院在解释 10(b)条款时，认为国会是想保护投资者免受证券交易欺诈，无论这些证券是否在有组织的美国证券市场进行交易。[①] 这些适用标准被提炼成效果标准和行为标准。效果标准关注的是不法行为是否对美国或"美国人"造成实质性影响（substantial effect），行为标准关注的是不法行为是否发生在美国境内。联邦法院在解释联邦证券法的域外适用问题时同样面临解释标准的不确定性问题，并因缺乏可预测性和存在不一致性而受到了批评。[②]

2010 年，联邦最高法院首次就证券法域外管辖作出判决（即 Morrison 案判决），认为 10(b)条款不能域外适用，只能适用于美国国内证券交易所的交易以及国内其他证券交易，此即交易标准。[③] 联邦证券法域外适用问题出现了两个区分：联邦证券法的域外适用问题与联邦法院的司法管辖权问题的区分，SEC、司法部的执法诉讼管辖标准与私人证券欺诈诉讼域外管辖标准的区分。Morrison 案的判决和《多德-弗兰克法案》的颁布对证券领域的域外管辖产生了标志性的影响。

## 二、联邦法院对证券法域外适用的解释：围绕 10(b)条款的标准演变

联邦证券法域外适用的解释主要涉及采取何种标准判断国会是否具有域外适用的意图。联邦证券法域外适用的司法实践和争论主要围绕 10(b)条款的域外适用范围展开，形成效果标准、行为标准和交易标准，并呈现几个方面的特

---

① See Leasco Data Processing Equipment Corp. v. Maxwell, 468 F. 2d 1326, 1336 (2d Cir. 1972).

② See Stephen J. Choi and Linda J. Silberman, Transnational Litigation and Global Securities Class-Action Lawsuits, *Wisconsin Law Review*, 2009, pp. 467-468.

③ See 561 U. S. at 267.

点。把握这些特点和规律，有助于我们更好地理解当前的管辖标准和发展动向。

（一）效果标准

效果标准以境外行为在美国境内所造成的经济影响为依据，主张美国行使管辖权，是存在较大争议的标准。美国经常将其域外管辖解释为域外行为对本国境内的影响效果，进而将之与客观的属地管辖挂钩，以此寻求正当性。但是，这种解释容易产生纠纷。[①]

效果标准是最早出现的美国证券法适用于美国境外的欺诈交易的标准，始于20世纪60年代的Schoenbaum v. Firstbrook案[②]。在这个案件中，联邦第二巡回上诉法院确定10(b)条款可以基于美国证券市场或投资者的影响得到适用，并将效果标准引入证券领域。

在这个案件中，加拿大一家公司的董事Firstbrook以欺诈方式让该公司以低价向加拿大其他公司发行股票。此举稀释了Firstbrook所在公司原先所发行股票的价值，包括该公司在美国证券交易所上市的股票。为此，一些股东在美国提起了诉讼，指控Firstbrook违反了美国1934年《证券交易法》10(b)条款以及SEC根据该条款制定的10(b)-5规则。联邦第二巡回上诉法院认为，保护美国境内证券投资者的利益是1934年《证券交易法》的立法宗旨。尽管被指违法的行为发生在美国境外，但交易涉及在美国证券交易所登记、上市的股票，加拿大境内的行为影响了美国境内的证券市场价格，并损害了美国投资者利益。联邦法院据此对违反美国证券法的行为享有事项管辖权。[③] 值得注意的是，这份判决书的起草人Lumbard法官曾从事证券监管工作，倾向于扩张美国的域外管辖权。

在嗣后的案件中，联邦第二巡回上诉法院强化了对效果标准的要求，指出仅是不利影响并不足以构成效果标准，[④]更要关注美国投资者或美国市场是否受到欺诈行为的损害，外国行为对美国境内的具体损害（而不仅仅是一般影响）

---

① 参见徐崇利：《美国及其他西方国家经济立法域外适用的理论与实践评判》，载《厦门大学法律评论》2001年第1期。

② See Schoenbaum v. Firstbrook, 405 F. 2d 200, 204 (2d Cir. 1968).

③ Ibid., 405 F. 2d 200, 208 (2d Cir. 1968).

④ See Bersch v. Drexel Firestone, Inc., 519 F. 2d 974, 989 (2d Cir. 1975).

必须足以对"美国的利益产生可预见性和实质性损害"。[①] 同时，仅凭单纯的效果标准不足以确定一国可以域外适用本国证券法。

首先，传统的客观属地原则只适用于行为在域外产生、结果及于域内的情形，且该结果也是行为的组成部分，而不仅仅是行为的影响。[②] 域外管辖对行为地的关注很容易造成混淆。例如，效果原则中的"效果"仅指物理上的效果，还是可以包括政策上的或经济上的效果？随着金融市场的全球化和相互依赖程度的提升，一国境内的行为很容易影响他国。按照效果标准的逻辑，这容易导致一国享有无限的管辖权。

其次，"效果"在管辖依据中的地位。同一行为可能同时对多国产生重要影响，引发管辖权冲突。效果应当是连续的而非偶然的，是主要的而非次要的。《对外关系法重述(第二次)》(以下简称"第二次重述")第 402 条规定，美国可以基于域外行为对本国境内的影响行使管辖权，但需要满足两个前提条件：(1) 影响效果具有重要性；(2) 管辖权的行使具有合理性，且符合第二次重述第 403 条的规定。

（二）行为标准

行为标准与国际法上的主观属地管辖存在关联性，是对效果标准的补充。20 世纪 70 年代，联邦第二巡回上诉法院在 Leasco 案中将行为标准引入证券欺诈诉讼领域。在这个案件中，原告美国公司指控英国公民 Maxwell 通过虚假陈述方式诱使原告购买英国公司的股票。美国法院以虚假行为发生在美国为由，适用了 10(b)条款以及 10(b)-5 规则。[③]

相比效果标准，行为标准具有更厚实的属地管辖依据，但在适用方面同样面临难题。跨境证券交易行为可以由分散在各国的行为共同构成，欺诈行为可以由多个行为共同构成。美国境内何种程度的行为足以使美国法院获得管辖权，是个难题。联邦法院对行为标准予以发展，具体包括：行为标准要求实施欺诈的实质性行为发生在美国境内；[④]被告在美国境内的行为不仅仅是其他地方

---

① See Tamari v. Bache & Co. S. A. L., 730 F. 2d 1103, 1108 (7th Cir. 1984).

② 参见〔英〕詹宁斯、瓦茨修订：《奥本海国际法》(第一卷第一分册)，王铁崖等译，中国大百科全书出版社 1995 年版，第 328 页。

③ See 468 F. 2d 1326, 1333-1339 (2d Cir. 1972).

④ See Psimenos v. E. F. Hutton & Co., Inc., 722 F. 2d 1041, 1045 (2d Cir. 1983) (citing IT, 519 F. 2d at 1018); Berger, 322 F. 3d at 193.

所发生欺诈行为的预备行为，直接造成了原告的损失。

1. 因果关系要求

在 Bersch v. Drexel Firestone 案（以下简称“Bersch 案”）中，联邦法院指出，10(b)条款不适用于美国境外证券销售对外国人造成的损失，除非美国境内的行为（或不作为）直接造成了此种损失。[①] 换言之，行为标准适用于私人跨境证券诉讼时，境外投资者受到的损害要与美国境内的行为之间存在直接的因果关系。

首先，直接因果关系要求有助于将那些与美国以外国家联系更为密切、更适于在他国求偿的案件排除在外。

其次，直接因果关系要求有助于降低私人在跨境证券欺诈诉讼中适用 10(b)条款的概率，从而降低与外国发生冲突的程度，也避免将美国的证券救济资源用于与美国关联程度较低的案件。在判断此种程度方面，联邦法院依据的是“直接造成”标准，即证券欺诈中的行为直接造成了投资者的损害，无论投资者或证券销售市场所在地为何。

在嗣后的司法实践中，此种严格的因果关系标准似乎没有得到遵守。美国法院审理的大量跨境证券案件，其交易行为并未发生在美国境内。例如，被告针对外国投资者销售股票，仅策划欺诈的行为发生在美国境内，或者仅承销、起草招股说明书、向美国境外投资者欺诈发行证券的会计工作发生在美国境内，或者仅以获得海外投资者资金的会议、电话和银行账户所在地在美国作为管辖依据。

2. 美国境内“行为”界定

从实践看，不同法院对于行为足以引致联邦法院的事项管辖权的“境内”要求之程度存在分歧。欲明确何种程度的行为才足以引发 10(b)条款规定的域外适用，需要关注行为标准背后的政策原理。

据考察，哥伦比亚特区巡回上诉法院适用的行为标准极为严格，要求美国境内的行为构成证券法上的违法行为。第三、第八和第九巡回上诉法院的行为标准则较为宽松，仅要求美国境内的“某个行为”对于促成欺诈行为具有重要性。[②] 第五、第七巡回上诉法院适用的行为标准之严格程度介于二者之间，要求

---

① See Bersch v. Drexel Firestone, Inc., 519 F. 2d 974, 993 (2d Cir. 1975).

② See Junsun Park, Global Expansion of National Securities Laws: Extraterritoriality and Jurisdictional Conflicts, *The University of New Hampshire Law Review*, Vol. 12, No. 1, 2014, p. 72.

美国境内的行为“直接造成”原告所宣称的损失。此种损失构成了所指控欺诈行为的实质部分并对其成功具有重要性。Friendly 法官指出，不能将行为标准扩展到依据“纯粹预备性的”“与外国行为相比较微弱的”行为就确定管辖权的程度。如何界定“纯粹预备性的”“直接造成”仍然是有待解决的问题。[①] 原告不仅要证明损失是由欺诈行为造成的，还要证明损失是由美国境内的欺诈行为造成的。在 Morrison 案中，美国司法部长与 SEC 向联邦最高法院提出了这一主张。[②] 在任何情况下，针对该行为的调查、执法，行为发生地国无疑要比行为效果地国处于更为有利的地位，特别是在行为效果较为分散的情况下。[③]

## 三、行为标准与效果标准的融合：投资者国籍因素的影响

行为标准与效果标准最初各自独立发展，但联邦法院在司法实践中将这两项标准糅合在一起，交替使用。[④] 投资者国籍因素在其中发挥了重要的作用。受害投资者的身份会影响适用行为标准、效果标准的宽严程度。如果受害投资者为外国人，那么美国境内的行为必须直接造成案件中的损害结果。如果受害投资者是位于美国境外的美国籍投资者，那么美国境内的行为只要对结果具有重要的促成作用即可。前者要求行为与后果之间的因果关系必须是直接、实质性的，后者则只要求行为是促成性的或预备性的即可。

### （一）Bersch 案

在 Bersch 案中，原告购买了加拿大公司的证券，但以被告的招股说明书没有披露几位公司高管的某些非法活动为由，在美国提起了虚假陈述诉讼。从案件最终认定的事实看，被告的招股说明书在美国境外完成，但在纽约召开过几次招股说明书准备会议，使用了纽约的律师事务所和会计师事务所，在纽约起草了招股说明书的部分内容并将文本内容传送到日内瓦。被告在美国境外完成招股说明书后，将复印件发送到美国，投资者据此购买了被告的股票。第二巡回上诉法院适用行为标准和效果标准，决定美国证券法能否适用于对美国境

---

① See Morrison v. Nat'l Austl. Bank Ltd., 547 F.3d 167, 171 (2d Cir. 2008).

② See Brief for the United States, at 26 (Feb. 26, 2010) (available at 2010 WL 719337).

③ See Donald C. Langevoort, Schoenbaum Revisited: Limiting the Scope of Antifraud Protection in an Internationalized Securities Marketplace, *Law & Contemporary Probslems*, Vol. 55, No. 4, 1992, p. 247.

④ See Morrison v. Nat'l Austl. Bank Ltd., 130 S. Ct. 2869, 2879 (2010).

内影响较小的违法行为。[①]

与上文提及的 Schoenbaum 案和 Leasco 案中的原告均为“美国人”，被告均为外国人不同，Bersch 案原告既有“美国人”也有外国人，以 Bersch 为代表的原告按国籍和居住地的不同划分，包括三种类型：(1) 外国投资者；(2) 居住在美国境外的美国投资者；(3) 居住在美国境内的美国投资者。

第二巡回上诉法院针对三类投资者，适用不同的行为标准。[②] 针对美国境内投资者所遭受的损害，法院认为，即使被告在美国域外的行为仅为预备性的，美国法院仍然有权管辖。[③] 针对居住在美国境外的美国投资者所遭受的损害，法院认为，国会虽然没有打算利用证券法保护成千上万在美国境外遭受外国人证券欺诈行为损害的美国投资者，但是被告在美国境内预备性的行为实质性地造成了原告的损失，法院基于被告在美国境内的行为可以行使管辖权。针对美国境外的外国投资者遭受的违法侵害，被告在美国境内的违法行为只有直接造成了该损失，美国才会适用美国证券法，管辖该境外的违法侵害行为。本案中，被告在美国境内的行为只是预备性的，不足以使法院拥有对外国投资者求偿事项的管辖权。

笔者认为，原告的国籍可以作为效果标准中的评估因素，但不宜作为行为标准中的评估要素。从实践看，第二巡回上诉法院在这个案件中根据原告国籍不同而给予不同程度保护的做法遭到了批评。[④]

第二次重述第 403(2)(b)条讨论了国籍在评估域外管辖合理性中的作用。在效果标准中，原告的国籍是考虑违法行为之国内影响的合理因素。在 Bersch 案中，第二巡回上诉法院还讨论了适用效果标准的可能性。[⑤] 法院认为，对美国利益的影响必须能够体现在对国内投资者的损害上，仅仅是一般性质的不利影响(如投资者信心的整体下降)不足以构成效果标准。由于原告依赖被告邮寄美国的招股说明书以购买股票，因而法院根据效果标准获得管辖权。[⑥] 但是，在

---

① See Bersch v. Drexel Firestone, Inc., 519 F. 2d 987-993.

② Ibid., 519 F. 2d 993.

③ Ibid., 519 F. 2d 992-993.

④ See Notes, American Adjudication of Transnational Securities Fraud, *Harvard Law Review*, Vol. 89, No. 3, 1976, pp. 553-572.

⑤ See Bersch v. Drexel Firestone, Inc., 519 F. 2d 988-989.

⑥ Ibid., 991.

行为标准中，考虑国籍因素会对受到同样损害的不同原告造成保护程度上的差异。

（二）因果关系

外国发行人的股票交易必须与美国存在某种关联，其不当陈述才可能违反10(b)条款和10(b)-5规则？即使发行人的行为违反了前述条款，上述关联是否足以让发行人就其行为造成股票购买方损失承担民事责任？对此，存在信赖理论和欺诈市场理论两种主张。

证券法关于反欺诈规定的域外适用之效果标准和行为标准建立在传统的依赖理论之上。第二巡回上诉法院作出的关于欺诈条款域外适用的四个经典判决都是在欺诈市场理论确立之前发展起来的，促成了 Morrison 案之前 10(b)-5 规则赔偿诉讼的域外适用标准。这四个案件分别是 Schoenbaum 案①、Leasco 案②、Bersch 案③和 IIT v. Vencap, Ltd. 案④。

按照传统信赖理论，原告需要证明发行人的虚假陈述直接传导给投资者，并对投资者的投资决策产生影响，关注的是不实陈述对原告是否参与交易的决策影响，而不是对交易价格的影响。因为投资者购买的是非公开交易发行人的股票或在首次公开发行(IPO)阶段购买股票，此时还没有在公开交易市场形成有效的交易价格。欺诈市场理论从普通法传统的信赖理论演变而来，目的是维持市场的完整性。原告在交易市场进行交易，被告的不实陈述导致证券价格上涨，欺诈市场理论据此推定此种价格上涨给在此期间进行证券交易的原告造成了损失。这种因果关系举证责任倒置大大便利了原告的求偿，提高了原告的胜诉概率。但是，这两种理论主张存在如下几个问题：

首先，单个投资者甚至无法意识到发行人存在欺诈行为。即使投资者能够发现欺诈行为，也不一定能够对原告的交易决策产生影响，因为不实陈述虽让证券更具吸引力，但同时也抬高了其价格。

其次，在欺诈市场理论下，虚假信息对特定股票价格的影响通过套利交易

---

① See 405 F. 2d 200 (2d Cir.), rev'd in part en banc on other grounds, 405 F. 2d 215 (2d Cir. 1968).

② See 468 F. 2d 1326 (2d Cir. 1972).

③ See 519 F. 2d 974 (2d Cir. 1975).

④ See 519 F. 2d 1001 (2d Cir. 1975).

等方式,能够波及全球各地。如果按照效果原则,似乎受影响的各国均对此种虚假陈述行为享有管辖权。

最后,欺诈市场诉因所追求的目标在何种程度上可以域外适用? 由域外哪些主体去推动实现这些目标? 法院还是监管机构更适于担当此种推动职责?

保障证券市场的正常交易秩序,维护投资者的合法权益,是各国证券法共有的价值取向。仅从这个角度看,一国适当行使证券法域外管辖权并不必然干涉他国监管证券市场的主权权力。从 20 世纪 30 年代之前严格属地原则所依据的"保护美国投资者"到 30 年代股灾之后的"维持美国证券市场的完整性",再从"市场完整性"细化到"美国证券业道德水准的提升",甚至找到了"不让美国宝贵的司法资源用在外国人身上""防止美国成为金融海盗的安全港""避免美国成为金融犯罪分子炮制证券欺诈阴谋的大本营"等理由,[①]美国证券法域外适用的理由一直处于发展演变之中。

## 第三节 Morrison 案的"焦点分析"法:10(b)条款的"交易标准"

如上文所述,Morrison 案是美国联邦最高法院首次就美国证券法的域外适用作出判决,确立了适用 10(b)条款的交易标准和证券法域外适用的"聚焦分析"法,成为美国证券法域外适用标准的里程碑式判决。但是,对于"交易标准"的解读,国内外仍然存在不同的观点。本节对此进行梳理,力图阐明这一标准的内涵及其发展动向。

### 一、Morrison 案判决确立 10(b)条款的"交易标准"

Morrison 案的原告、被告均位于美国境外,除了部分欺诈行为发生在美国境内的佛罗里达州外,证券交易行为也发生在美国境外,在几个方面均具有外国因素,因而被称为"外国(F)立方"案件。本案申诉方认为其所寻求惩罚的行为发生在佛罗里达州。一审法院认为原告的求偿没有满足行为标准,因而驳回了案件。[②] 上诉法院支持一审法院的判决结果,认为本案既不符合行为标准,也

---

① 参见李国清:《美国证券法域外管辖权问题研究》,厦门大学出版社 2008 年版,第 280 页。

② See In re National Australia Bank Securities Litigation, No. 03-6537, 2006 WL 3844465, at *2-8 (S. D. N. Y. Oct. 25, 2006).

不符合效果标准，因为欺诈陈述行为来自被告位于澳大利亚的公司总部，对美国或“美国人”没有任何影响，欺诈行为与被告子公司的行为之间缺乏直接的因果关系。[①]

联邦最高法院驳回了原告的请求，同时创设了10(b)条款新的域外适用标准——“交易法”及其背后的“聚焦分析”法。

“反对域外适用”推定，是指如果法律没有明确规定其域外适用范围，就推定国会立法时没有将该法适用于域外的意图。但是，联邦法院在实践中如何确定“明文规定”颇费周折。在Morrison案中，联邦最高法院秉承了两步走的方法，通过分析1934年《证券交易法》10(b)条款关注的“焦点事项”以确定该条款是否可以域外适用，确立了“焦点分析”法。

首先，法院考察了国会是否存在将1934年《证券交易法》域外适用的意图。如果立法没有明确规定域外适用，那么就可以推定国会没有此种适用意图。[②]法院指出，“反对域外适用”推定不需要法律明确规定“本法适用于美国境外”，可以通过考察法律条文语境予以确定，即并非“明确声明规则”。当然，如何考察“法律条文语境”会成为界定法律域外适用范围的重要问题。

其次，法院分析了原告主张的事实能否被定性为具有域外性。一个案件通常是由多个行为促成的，一些行为可能发生在美国境内，另一些行为可能发生在美国境外。为此，法院采取了“焦点分析”法：如果法律条款所关注的事项发生在美国境内，适用美国法就不具有域外性；反之，适用美国法就具有域外性。新问题随之产生：法院如何确定哪些事项属于法律关注的“焦点事项”？[③] 由于各条款关注的“焦点事项”不同，因此会对交易地点的判断产生影响，但都遵循Morrison案所确立的判例标准。

---

① See 547 F. 3d 167, 177 (2d Cir. 2008).

② See Morrison v. Nat'l Austl. Bank Ltd., 130 S. Ct. 2878 (2010).

③ Morrison案后，“聚焦分析”法引发了很多评论。例如，Lea Brilmayer, The New Extraterritoriality: Morrison v. National Australia Bank, Legislative Supremacy, and the Presumption Against Extraterritorial Application of American Law, *Southwestern University Law Review*, Vol. 40, 2011, p. 655; Hannah L. Buxbaum, Morrison v. National Australia Bank: Defining the Domestic Interest in International Securities Litigation, *American Society of International Law Proceedings*, Vol. 105, 2011, p. 402; John H. Knox, The Unpredictable Presumption Against Extraterritoriality, *Southwestern University Law Review*, Vol. 40, 2011, p. 635; Austen L. Parrish, Evading Legislative Jurisdiction, *Notre Dame Law Review*, Vol. 87, No. 4, 2013, p. 1673。

问题在于，国会将10(b)条款聚焦于证券交易事项而非证券欺诈行为的方法是什么？联邦最高法院又是如何据此将证券交易行为作为判断域外性的标准的？法院认为必须评估《证券交易法》所关注的"焦点"，这部法律关注的不是欺诈行为发生地，而是美国境内的证券买卖，10(b)条款和10(b)-5规则仅适用于美国证券交易所上市证券的买卖以及美国境内其他证券的买卖。法院关注的"买卖"(purchase or sale)这一证券交易行为(而非欺诈行为)的发生地位于美国境外。既然《证券交易法》关注并仅适用于美国境内的交易行为，本案也就不存在域外适用问题。[①]

## 二、10(b)条款"交易标准"与"焦点分析"法的内涵发展

在确定美国国会没有域外适用10(b)条款的明确意图之后，联邦最高法院指出，10(b)条款关注的是美国境内买卖证券的交易行为，而非证券欺诈行为。尽管本案被告的某些欺诈行为发生在美国境内的佛罗里达州，但证券交易行为发生在加拿大，因而本案不适用10(b)条款。联邦最高法院据此确立了适用1934年《证券交易法》10(b)条款的"交易标准"。

相比交易主体的美国国籍、证券上市地点等因素，交易行为的关键环节显然更具有决定性作用。"交易标准"中的"交易"对应的英文是"transaction"，而非交易所意义上的"exchange"。

### (一)"交易标准"的判断方法

"交易标准"的判断方法是，如果证券交易发生在美国的证券交易所或在美国境内交易其他证券，则属于美国境内的交易，与之相关的欺诈行为可以适用10(b)条款。联邦最高法院在明确指出10(b)条款关注的是"国内交易"之后，没有详细阐述"交易标准"的具体判断方法，尽管这一判断方法受到联邦各级法院的广泛遵从与运用。

在证券交易电子化的背景下，证券交易可能涉及多个国家或法域，确定交易地点的难度增加，特别是面临以下问题：非上市证券的交易(或场外交易)是否属于美国"国内交易"，进而受"证券交易法"的调整？如何判断"在美国境内交易其他证券"？如何区分国内证券交易与非国内(或涉外)证券交易？

---

① See Morrison v. Nat'l Austl. Bank Ltd., 130 S. Ct. 2885 (2010).

联邦第二巡回上诉法院率先在其后的判决中阐述了这些问题,其他联邦法院遵循普通法的判断模式,仔细考察案件事实情况以及先例做法,在实践中对“交易标准”的判断作出多项判决,形成判断交易地是否位于美国境内的多种标准。

（二）在美国境内证券交易所上市的证券

很明显,在美国境外证券交易所交易证券属于域外交易,不能适用10(b)条款。但是,证券在美国境内的证券交易所上市本身并非适用10(b)条款的充分必要条件,案件争议所指向的具体证券交易这一“关键步骤”还必须发生在美国境内。鉴于全球资本市场的互联互通发展迅速,“关键步骤”的判断标准也显得有些复杂。

交易所合并后或合作后,不同国家的交易所在法律上可能与美国的交易所具有关联性,同一证券可以在多国交易所交易。对于同时在美国以及美国境外上市的证券,在外国交易所交易是否应受到美国法的管辖？如果欺诈行为发生于在美国境外上市的证券交易过程中,是否适用10(b)条款？对此,联邦法院在一些案件中认为,必须考察整个交易过程,以决定关键步骤是否发生在美国境内,即“关键步骤”标准。

其一,证券上市地点并非决定性因素。对于证券同时在美国境内和境外上市的情形,联邦法院认为Morrison案之“交易标准”关注的是证券交易的国内所在地,双重上市证券在美国上市这一事实本身并不足以导致美国(或外国)原告对其所购买外国交易所上市交易的股权主张适用Morrison案所确立的标准。联邦法院在City of Pontiac Policemen's and Firemen's Retirement System, et al. v. UBS AG, et al.案[①]的判决中阐述了这一标准。联邦法院认为,UBS股票在外国交易所和纽交所同时上市,美国投资者在美国发出订单指令,购买的是外国交易所上市的外国发行人的证券,不符合Morrison案所确立的在美国国内交易所交易这一标准,美国法不能域外适用于UBS在美国境外交易所的买卖行为。[②]

其二,证券登记不是确定交易地点的核心因素。因为证券登记是交易准备

---

① See 752 F. 3d 173 (2d Cir. 2014).

② See 752 F. 3d 173 (2d Cir. 2014).

行为，这种交易可能是美国境内的交易，也可能是美国境外的交易。[①]

其三，当事人的国籍、居住地亦非判断交易标准的决定性因素。[②] 纽约南区法院在判决中根据交易标准指出，如果美国国内居民在境外交易所购买外国公司的股票，则该居民无法适用10(b)条款提起私人诉讼。[③] 与之相反，外国投资者买卖美国证券交易所上市的证券或根据交易标准，也能根据联邦证券法在美国法院提起诉讼。在SEC v. Compania Internacional Financiera案中，被告通过差价合约(CFD)在美国境外从事针对美国境内上市公司的内幕交易活动。法院认为，Morrison案并没有要求被告本身必须进行美国上市证券的交易或其他国内交易活动。被告购买海外CFD的行为是一种与在美国证券交易所交易证券相关的欺诈或串谋行为，构成"关键步骤"，属于10(b)条款调整的范畴。[④]

在SEC v. Goldman Sachs & Co.案中，纽约南区法院指出，1933年《证券法》第17(a)条的关注点与1934年《证券交易法》10(b)条款的关注点不同，第17(a)条意义上的国内交易有可能属于10(b)条款意义上的外国交易。第17(a)条不仅适用于"sale"，还适用于"offer … of any securities"，而"offer"的定义条款表明第17(a)条关注的是发行方而非发行接受方。一项交易要构成在美国境内发行，发行人必须打算在美国境内发出处分证券的要约，或者在美国境内征集购买证券的要约。本案中，被告通过美国境内的电话向德国境内的人发出了要约，因而交易行为发生在美国境内，不适用"反对域外适用"推定。[⑤]

### (三)"交易标准"与1933年《证券法》第11条的关系

交易行为发生在美国境内，是否就必然可以适用美国证券法？进一步而言，是否只要一法律条款的"聚焦事项"发生在美国境内，就可以适用该法律条款？1933年《证券法》第11条关于虚假陈述的规定就涉及这一问题。

根据1933年《证券法》第11条的规定，当包含招股说明书在内的注册申报文件包含虚假记载或者重大遗漏时，投资者有权寻求赔偿救济，除非其在买受证券时已经知悉虚假陈述的存在。第11条项下的原告可以是在发行市场上买

---

① See In re SMART Techs., Inc. S'holder Litig., 295 F. R. D. 50, 56-57 (S. D. N. Y. 2013).

② See Absolute Activist, 677 F. 3d 69.

③ See In re Alstom SA Sec. Litig., 741 F. Supp. 2d 469, 471 (S. D. N. Y. 2010).

④ See SEC v. Compania Internacional Financiera, No. 11-4904, 2011 WL 3251813 (S. D. N. Y. July 29, 2011), at 3.

⑤ See SEC v. Goldman Sachs & Co., 790 F. Supp. 2d 147, 164-165 (S. D. N. Y. 2011).

入证券的投资者，也可以是在二级市场上买入证券的投资者，但是应当证明相关证券可以追溯至其指称含有虚假陈述的注册申报文件。Morrison案所确立的10(b)条款"交易标准"对1933年《证券法》第11条有何影响？部分证券境外发行可否适用美国《证券交易法》10(b)条款？[①]

在"交易标准"模式下，如果"追溯"要求证券发行必须限于美国境内，那么境外发行、美国交易的证券就无法适用1993年《证券法》第11条。这种认定如果成立，对证券市场互联互通的法律适用无疑会造成很大的影响。

## 三、场外交易与交易地点的确认

Morrison案没有就"在美国境内交易其他证券"进行界定。鉴于资本市场证券交易的复杂性、场外交易的灵活性和创新程度高，交易标准中交易地点的确认显得更为复杂。美国联邦法院在证券互换、存托凭证诉讼等案件中就此发展出"不可撤销义务或所有权转移"标准。

### （一）"不可撤销义务或所有权转移"标准

美国联邦法院在司法实践中阐释了"不可撤销义务或所有权转移"标准，认为如果要充分证明非美国上市的证券交易发生在美国，原告必须证明不可撤销义务发生在美国，或者所有权在美国转移。

在Absolute Activist Value Master Fund Ltd. v. Ficeto案[②]中，联邦第二巡回上诉法院率先明确了非上市证券交易构成"国内交易"的判断标准：在非上市证券交易过程中，当事人就证券买卖达成一致并受到约束，就构成"交易"；当不可撤销的责任承担或所有权转移发生在美国境内时，即构成"国内交易"。[③]

本案原告开曼群岛对冲基金认为自己在美国中介和投资经理的拉高出货中，遭受了1.95亿美元的损失。法院认定，原告没有证明买方在美国境内购买、接收证券或卖方交付证券的过程中承担了不可撤销义务，也没有证明股票所有权转移发生在美国境内。

---

① 关于这个问题的论述，可参见Joseph A. Grundfest, Morrison, the Restricted Scope of Securities Act Section 11 Liability, and Prospects for Regulatory Reform, *The Journal of Corporation Law*, Vol. 41, 2015, p. 1。

② See 677 F. 3d 60 (2d Cir. 2012).

③ Ibid., 677 F. 3d 67,68.

首先,在事实判断标准上,法院需要考察证券交易过程中导致当事人承担不可撤销义务的事实是否发生在美国境内。如果导致不可撤销义务的事实发生在美国境内,则10(b)条款可以适用,否则就不能适用。原告必须合理证明买方承担了在美国境内支付、接收证券这一不可撤销义务,或者卖方承担了在美国境内交付证券的义务。不可撤销的事实包括订立合同、确立购买订单、转移货币或所有权。① 但是,仅表示购买指令或货币交易发生在美国境内或者仅经纪商出现在美国,都不足以确定交易发生地。② 很明显,法院并不是要"毕其功于一役"地提出"国内交易"的判断标准,而是要仔细考察每个案件的具体事实才能确定。

其次,义务的不可撤销性是对合同当事人双方而言的。如果合同需要履行审批等手续,并不影响证券交易合同当事人义务的不可撤销性。在Choi v. Tower Research Capital LLC案中,原告与美国境内的交易对手达成交易,在韩国进行清算和结算。联邦第二巡回上诉法院认为,尽管在清算和结算之前,交易可能被取消或变更,但这并不代表当事人在交易达成后可以自由取消或变更交易,交易所有权纠正当事人交易合同中的错误与合同项下的义务是否属于不可撤销义务并不是一回事。③ 另一些判决则更直白地指出,当事人在取消承诺方面没有裁量权时,此种义务就具有不可撤销的性质,即使交易需要获得其后的其他条件才能完成。④ 在Giunta v. Dingman案⑤中,联邦地区法院认为,原告没有充分地证明本案属于《证券交易法》10(b)条款项下的"国内交易",进而以不具有事项管辖权为由驳回了原告的起诉。联邦第二上诉巡回法院在上诉审理中指出,尽管公司的股票没有在美国国内交易所上市,但原告充分证明了公司在美国境内承担了不可撤销义务。在本案中,投资要约购买被告50%的利益并转账汇款10万美元,构成了在纽约签署的协议,被告因此有义务在美国交付证券。尽管这份协议需要巴哈马的批准,但是协议达成时当事人即已承担不可撤销义务。同时,法院没有采纳被告关于

① See Absolute Activist Value Master Fund Ltd. v. Ficeto, 677 F. 3d 69, 70.

② Ibid., 677 F. 3d 68.

③ See Choi v. Tower Research Capital LLC, 890 F. 3d 60,68 (2d Cir. 2018).

④ See Arco Capital Corps., Ltd. v. Deutsche Bank AG, 949 F. Supp. 2d 532, 543 (S. D. N. Y. 2013).

⑤ See Giunta v. Dingman,893 F. 3d 73 (2d Cir. 2018).

本案协议主要由外国因素主导,属于域外交易的主张。联邦第二巡回上诉法院推翻了联邦地区法院驳回起诉的裁定。

最后,不可撤销义务是必要但不充分条件。在 Parkcentral Global HUB Ltd. v. Porsche Automobile Holdings SE 案(以下简称"保时捷案")中,联邦第二巡回上诉法院指出,在进行场外交易的情况下,证券在美国境内交易是必要条件,但是仅凭此并不足以导致 10(b)条款的适用。① 在 Inre Vivendi, S. A. Securities Litigation 案②中,Vivendi 普通股股东对该公司及其董事高管提起诉讼,认为自己在美国承担不可撤销义务,符合 Morrison 案之"交易标准"的第二个要素。联邦第二巡回上诉法院认为,本案中,美国境内的当事人因并购交易而获得普通股,但并非并购交易的当事人,无法据此判断并购构成美国的"国内交易"。

联邦第二巡回上诉法院在 2014 年的裁决中认为,"国内交易"的存在是适用 10(b)条款的必要但不充分条件。互换协议在美国境内签署和履行,构成美国境内的证券交易。但是,"国内交易"是 Morrison 案判决标准的必要但不充分条件,因为联邦最高法院并没有判决 10(b)条款适用于任何国内交易。以证券为基础的互换协议之价值与所指涉的证券具有内在的关联,互换交易基本上是基于外国交易所和外国市场的交易,而非 10(b)条款所调整的"国内交易"。如果仅基于互换协议是在美国国内签署的就适用美国证券法,会使得美国证券法适用于境外上市证券的交易行为。

在 SEC v. Goldman Sachs & Co. 案中,SEC 对高盛公司及其副总 Fabrice Tourre 提起诉讼,指控其在担保债务 ABACUS 中存在欺诈行为。法院认为,"买""卖"与不可撤销义务相关,当买方支付、接收证券和卖方交付证券时,双方相互承担不可撤销义务,买卖行为就发生了。③

"不可撤销义务或所有权转移"标准会降低交易标准的清晰度,容易导致跨境证券交易规避适用 10(b)条款。笔者认为,如果据以确定交易权利义务的协议适用的准据法不是美国的法律,则不可撤销义务没有在美国产生,不应产生美国法的适用问题。尽管相关证券交易的支付清算等交易后环节发生在美国

① See 763 F. 3d 198,215 (2d Cir. 2014).

② See 838 F. 3d 223 (2d Cir. 2016).

③ See SEC v. Goldman Sachs & Co. , 790 F. Supp. 2d 163-164 (S. D. N. Y. 2011).

境内,但这个过程中的转移、抵销等混同过程已经很难与具体交易相关联。

(二) 互换交易的"国内交易"判断

与证券相关的互换交易之欺诈形式更为复杂多样,欺诈方可以是互换交易的对手方或与互换交易不相关的第三方,欺诈的内容可能直接与证券相关,或者仅与互换协议相关。

以美国证券交易所上市证券为对象的互换交易如果发生在美国境外,则无法适用美国的证券法规。在 Absolute Activist Value Master Fund Ltd. v. Homm 案中,联邦第二巡回上诉法院认为,如果互换的证券在美国境外上市交易,发行人存在欺诈行为,则美国境内的互换交易当事人无权根据交易标准对该证券发行人的欺诈行为提起 10(b)条款诉讼。①

在 Elliott Associates v. Porsche Automobil Holding SE 案中,原告美国对冲基金公司 Elliott Associates 从事德国大众汽车公司(以下简称"大众公司")股票证券互换交易,被告德国汽车制造商 Porsche Automobil Holding SE(以下简称"保时捷")既非互换协议的当事人,也对此互换交易不知情。由于德国上市交易的大众公司股价上升,原告遭受损失。原告对被告提起诉讼,指控后者操纵了大众汽车公司的股票。美国联邦地区法院驳回了原告的诉请,理由是这份互换协议本质上属于外国交易,不属于 10(b)条款的保护范畴。②

在保时捷案③中,根据在美国签署的互换协议,原告购买德国大众公司普通股互换产品,该产品与德国大众公司在美国境外交易所上市的股票价值挂钩。2005 年至 2007 年,保时捷增持大众公司的股票并打算收购大众公司。2008 年,保时捷对外声称其增持股票是为了防止大众公司被另一公司敌意收购。这一虚假陈述使得大众公司的股票价格被高估,一些对冲基金据此进行了卖空交易,并在美国境内实施了证券互换交易。这为保时捷通过看涨期权方式增持股票提供了条件。根据 10(b)条款,原告对保时捷的这一虚假陈述提出诉讼,要求被告赔偿互换协议项下的损失。

---

① See Absolute Activist Value Master Fund Ltd. v. Homm, No. 09-CV-8862, 2010 WL 5415885, at 5 (S. D. N. Y. Dec. 22, 2010), rev'd sub nom Ficeto, F. 3d, 2012 WL 661771.

② See Elliott Associates v. Porsche Automobil Holding SE, 759 F. Sup. 2d 469 (S. D. N. Y. 2010).

③ 763 F. 3d 198 (2d Cir. 2014).

美国联邦地区法院判决认为，证券互换协议的经济实质是围绕证券进行交易。保时捷增持大众公司的股票和被指控的欺诈行为都发生在德国，即使证券互换交易发生在美国境内，也并不足以认定交易为美国国内交易。否则，只要互换协议一方当事人位于美国境内，都会适用美国证券法。据此，本案中的证券互换协议不属于10(b)条款调整的范畴。案件上诉后，联邦第二巡回上诉法院维持了这一判决。

（三）存托凭证的"交易标准法"

Morrison 案判决后，机构投资界曾提示，机构投资者应从原先在美国境外交易所买卖股权、进行全球组合投资转向在美国境内交易所投资 ADR，因为境外买卖证券已经无法获得 10(b)条款的反欺诈保护。[①] 但是，从司法实践看，联邦法院并不认为美国境内的 ADR 交易一定要适用美国证券法。联邦法院的一些裁判实践表明，发行人在多大程度上会因美国境内的 ADR 交易而被适用 10(b)条款，发行人是否保荐或协助 ADR 在美国境内的发行是重要考量因素。从既有裁判实践看，联邦法院的基本立场是：保荐反映了发行人有进入美国资本市场的意图并为此采取了行动，发行人应向购买 ADR 的美国境内投资者承担欺诈责任，可以适用 10(b)条款。

In re Volkswagen "Clean Diesel" Marketing, Sales Practices, and Product Liability Litigation 案[②]是联邦法院首次就 Morrison 案判决如何适用于 ADR 场外交易的私人诉讼案件表态。2017 年 1 月 4 日，美国加利福尼亚北区联邦地区法院判决指出，本案中的 ADR 并不独立于大众公司的证券或大众公司本身。首先，大众公司因保荐了 ADR 而直接介入 ADR 在美国境内的发行。其次，大众公司与 ADR 之间的存管协议受纽约法律调整，发行人提交的 F-6 登记表格、大众公司在 SEC 的 12g3-2 规则项下的合规义务都被要求由发行人在其母国所在地的网站上提供英文版的披露文件，说明本案中的交易并非主要是美国境外的交易。法院还指出，保时捷案中的被告并非美国境内的互换交易当事人，无法合理预见互换协议的存在，更没有影响或控制互换协议的条款和条件，因而

① See Morrison v. National Australia Bank: The Impact on Institutional Investors, Council of Institutional Investors, https://www.cii.org/files/publications/white_papers/02_02_12_morrison_v_national_australia_bank.pdf, last visited on 2019-8-18.

② See 2017 WL 66281 (N.D. Cal. Jan. 4, 2017).

保时捷案无法适用10(b)条款。这是保时捷案与本案判决存在差异的重要原因。

在 Vancouver Alumni Asset Holdings Inc., et al. v. Daimler AG, et al. 案[①]中,联邦法院判决美国证券法适用于Daimler保荐的ADR。法院认为,本案中的ADR并没有独立于Daimler的外国证券或Daimler自身,Daimler直接参与了ADR美国境内的发行,并采取了积极的行动以向美国投资者提供证券,与交易相关的所有中介经纪人、清算交割代理人都是美国机构。

2016年5月,加利福尼亚州联邦地区法院将Parkcentral案的判决分析方法延伸适用于Toshiba案,认为如果是在美国境内的场外市场购买无保荐的Toshiba ADR,10(b)条款不能适用。与之不同,在Toshiba存托凭证的另一案件中,Toshiba认为美国境内存在交易是《证券交易法》适用于本案的必要但不充分条件,原告还需要证明Toshiba与Toshiba ADR之间存在关联。但是,联邦法院认为《证券交易法》的适用建立在美国境内存在交易的基础之上,自己考察的是交易地点,而不是Toshiba是否参与了交易。Toshiba或许最终会被认定不需要承担责任,但这并不意味着本案不适用《证券交易法》。上诉法院没有阐述证券法交易是适用于国内交易(domestic exchanges)抑或仅适用于国内交易所的交易。但是,法院认为,首先,Toshiba存托凭证属于《证券交易法》上的"证券"。本案中的ADR由存托机构以提交F-6表格的形式在SEC登记,Toshiba公司自身并没有正式加入其中。其次,根据联邦第二、三巡回上诉法院的"不可撤销义务"标准,鉴于买方承担了支付并接收证券的义务,卖方承担了交付证券的义务,应允许原告变更诉请,主张在场外交易市场(OTC)购买Toshiba存托凭证的行为属于国内买卖,以及被指控的欺诈行为与此种购买行为相关。

对于投资美国境内上市股票的离岸基金,基金投资者不能因购买这些基金受欺诈而利用10(b)条款提起证券欺诈诉讼。在Banco Santander案中,法院指出,不能将购买离岸基金份额的行为在功能上等同于购买美国境内股票的行为,进而通过此种传递效果允许外国投资者适用Morrison案所确立的交易标准,提起10(b)条款项下的证券欺诈诉讼。因为这样做实际上会考察推定外国

---

① See 2017 WL 2378369 (C. D. Cal. May 31, 2017).

投资者是否具有购买美国证券的意图，此种主观推定会破坏 Morrison 案所确立交易标准的清晰度。[①]

（四）中介交易的"交易标准法"

在 Morrison 案涉及外国发行人欺诈的基础上，联邦法院在一些案件中将交易标准推广适用于投资顾问、经纪商和承销人等证券中介的欺诈行为。

首先，经纪人所在地不是判断"国内交易"的决定性因素，因为单凭这一标准无法断定合同是否已经签署。即使证券由美国公司发行并在 SEC 登记，也不能据此断定构成"国内交易"。[②]

其次，如果投资者遭受损失的交易发生在外国交易所或美国境外，则不适用 10(b)条款，即使中介居住地位于美国并主要在此实施欺诈行为，或者经常在美国同其投资者客户会面。[③]

最后，投资顾问、经纪商等证券中介在外国证券交易中欺诈客户的，不能根据交易标准适用 10(b)条款的私人责任，即使这些证券中介在美国境内开展业务或向美国投资者提供服务。

（五）数字金融的"国内交易"标准

《证券交易法》、Morrison 案判决确立交易标准涉及的都是在特定物理空间进行交易的金融工具。区块链技术的基础是分布式记账技术，即在多台计算机（即节点）上同时记录数字交易，形成去中心化的记账网络。由于每个账本记录的内容都在同一网络中的其他账本上记录，如果要改动账本上的记录，网络上的节点都必须达成共识：拟进行的变动事实上是有效的变动，因而分布式账本上的记录通常都被认为不可私自篡改，不需要特定的中心化实体对账本内容负责。区块链技术意味着金融交易可以同时记录在区块链的各个节点上，而以首次代币发行（ICO）为代表的数字金融交易则是数字空间的交易，无法借助地理上的领土空间界定其交易地点，由此带来了管辖权方面的问题。

1. 数字金融交易领域的管辖权问题

数字金融交易在司法管辖权、法律适用等方面引发了以下一些基础性的

---

① See Banco Santander, 732 F. Supp. 2d 1317-1318.

② See Absolute Activist Value Master Fund Ltd. v. Ficeto, 677 F. 3d 68.

③ See Absolute Activist Value Master Fund Ltd. v. Homm, No. 09-CV-8862, 2010 WL 5415885, at 5 (S. D. N. Y. Dec. 22, 2010), rev'd sub nom Ficeto, F. 3d, 2012 WL 661771.

问题：

首先，节点确认与管辖权分配问题。分布式账本的每个账本都位于多个节点之上，这些节点进而又可以位于任何物理空间。当前，对于分布式账本的物理空间位置的确定方法缺乏统一的看法，这可能更会引发管辖权方面的问题。如果分布式账本的节点位于不同国家或美国不同的州，各国或各州都可能基于账本节点所在地主张管辖权，进而可能导致账本操作被迫遵守这些国家或州的法律规范，甚至引发法律冲突。多重管辖或法律冲突会降低分布式账本的效率和运行。分布式账本创设人可以为所有节点规定统一的法律适用条款以解决这个问题。

其次，对人管辖权问题。法院审理案件建立在对案件享有事项管辖权和对人管辖权的基础之上。外国人在美国被诉，美国联邦法院需要决定是否适用美国法以及法院对外国被告是否享有对人管辖权。当一家公司使用区块链和分布式记账技术时，需要依托位于世界各地的多个节点。分布式账本没有具体的物理位置，目前也没有统一的程序可借以判断其位置所在地，那么法院如何根据节点这个连接因素确立被告与美国的“最低限度联系”，进而行使管辖权？

最后，管辖权冲突问题。原告对多节点分布式账本提起诉讼的，如果某个节点或多个节点位于原告所在地，是否会导致异籍管辖权的丧失？在多节点位于不同国家或州的情况下，哪个法院可以对被告行使对人管辖权？换言之，能否根据单一节点对整个分布式账本行使对人管辖权？

2. 数字金融交易领域的域外管辖权问题

随着 2017 年代币融资的兴起和 2018 年虚拟货币价格的波动，美国监管机构开始积极介入对境外交易对手的调查，私人投资者也在美国法院提起了大量的诉讼案件，美国法院受理的区块链诉讼案件剧增。在 Tezos Securities Litigation 案（以下简称“Tezos 案”）和 Alibaba Group Holding Ltd. v. Alibabacoin Foundation 案中，美国联邦法院就区块链交易中的外国公司管辖权问题作出裁决。

2018 年 8 月 7 日，美国北卡罗来纳州联邦地区法院就 Tezos 案作出的一份裁定显示，美国联邦证券法可能适用于美国境外的区块链代币销售方。这个案件的被告自 2017 年 7 月开始发行比特币、以太币，面向的投资者部分来自美国境内。2017 年 10 月，一些美国投资者以代币属于未登记的证券为由提起多个诉讼。2018 年 3 月，北卡罗来纳州联邦地区法院将这些诉讼合并审理，即 Tezos 案。这个案件的被告包括 Tezos 的出资方 Arthur Breitman 和创始人 Kathleen Breitman，以及二者共同设立的公司 Dynamic Ledger Solutions (DLS)、Tezos 基金（瑞士非营利组织，ICO 发行人）、Bitcoin Suisse AG（瑞士机构，协助发行代币）、Timothy Draper（Tezos 的早期投资者）。

被告基于如下理由要求驳回本案诉讼：(1) 法院对本案不享有对人管辖权；(2) 审理本案的法院系"不方便法院"；(3) 域外适用《证券交易法》不适当；(4) 原告没有证明存在《证券交易法》第 12 条规定的"法定卖方"责任；(5) 原告没有证明存在《证券交易法》第 15 条规定的"控制人"责任。

Seeborg 法官没有支持被告 DLS 和 Tezos 基金的驳回请求，但以不具有对人管辖权为由支持 Bitcoin Suisse AG 的驳回请求，并以原告没有提供事实证明 Timothy Draper 为法定卖方或控制人为由支持 Timothy Draper 的驳回请求。

在对人管辖权方面，Bitcoin Suisse AG 和 Tezos 基金都认为法院没有对人管辖权，但法院只采纳了 Bitcoin Suisse AG 的抗辩主张。Seeborg 法官认为，Bitcoin Suisse AG 证明了其没有直接向美国投资者提供代币销售服务，Tezos 基金则与美国存在充分的接触：(1) 本部在加利福尼亚的 Breitmans 是 Tezos 基金在美国事实上的营销部门；(2) 除了美国，Tezos 基金几乎没有在其他地方营销代币；(3) 代币的认购方都是美国居民。Seeborg 法官特别指出，如果原告是少数信息灵通、能够成功获得信息并参与面向国外市场的 ICO，则本案的结果可能不同。但是，本案中，Tezos 基金鼓励美国人参加代币销售，并且美国投资者很容易做到了这一点。

在美国证券法域外适用方面，Tezos 基金认为，根据 Morrison 案所确立的"交易标准"，所有权转移的地点或买卖、接收证券的行为发生地是判断交易是否位于美国境内的标准，进而据此确定《证券交易法》的某些条款是否适用于特定的诉讼。本案所有交易都发生在奥尔德尼岛，不属于美国的"国内交易"。

Seeborg 法官强调，应关注代币销售交易的实际地点而非合同约定的地点，特别是未登记证券在互联网上购买、交付以及区块链上的保存记录之实际发生地。本案交易地点位于美国境内，理由如下：

首先，代币销售的网站服务器位于美国亚利桑那州，网站运营主要由加利福尼亚州的 Arthur Breitman 负责。

其次,代币销售面向的营销客户群体是美国居民,原告通过支付以太币的方式参与ICO,支持此种支付的网站服务器位于亚利桑那州。

最后,购买方的出资在被主要集中在美国的全球节点网络确认有效后,交易不可撤销。据此,美国《证券交易法》应予适用。

3. 述评

首先,法院判决提及的"不可撤销义务"标准似乎对区块链技术存在误解。法院认为,加密货币不可撤销地转移的判断标准主要集中于美国的全球节点网络,是判断加密货币是否在美国境内销售的重要因素。但是,区块链技术最重要的特点在于交易的确认可以通过分布式账本的每个节点进行。换言之,区块链的每个节点都可以不可撤销地记录每笔交易,一旦交易记录在区块链上,国内外的所有节点上都会同时记录该交易。因此,区块链上的节点在美国境内的数量多少并非决定不可撤销义务或所有权转移是否存在于美国境内的关键因素。

其次, 从表面上看,联邦地区法院分析的因素与当事人在美国境内承担不可撤销义务、转移数字资产所有权几乎没有关系。判决所列举的考虑因素与对人管辖权分析的因素相类似,也与联邦最高法院在Morrison案中衡量域外性时明确拒绝采纳的因素相类似。在Morrison案中,当事人要求法院采取"重大和实质行为"(significant and material conduct)标准,即美国境内的实质行为对于交易的成功是重大的。联邦最高法院认为这种主张在《证券交易法》上并没有依据。[①]

被告在美国境外设立Tezos基金,选择美国境外的法院管辖,指定交易地点位于美国境外,这些交易结构设计都没能让区块链交易回避美国《证券交易法》的调整。美国法院透过合同形式约定,看穿实际的交易地点,进而确定美国《证券交易法》在本案中适用。

在某些情况下,计算机硬件所在地可能具有决定性作用。在Myun-Uk Choi v. Tower Research Capital LLC案中,联邦第二巡回上诉法院认为,根据"不可撤销义务"标准,本案买方通过位于伊利诺伊州的计算机服务器与卖方达成交易,因而本案中的国际商品交易属于"国内交易"。[②]

---

① See Morrison v. Nat'l Austl. Bank Ltd., 561 U.S. at 270.

② See Myun-Uk Choi v. Tower Research Capital LLC, 890 F.3d 60,67 (2d Cir. 2018).

在 Stoyas v. Toshiba Corp. 案中，联邦第九巡回上诉法院采纳了“不可撤销义务”标准，以判定证券交易是否属于美国“国内交易”。法院指出，与缔约相关的事实(订单募集、所有权转移和货币交易)都与证券交易直接相关。[①] 根据这个分析框架，联邦地区法院在 Tezos 案中权衡了与 ICO 相关的各项地理因素。

随着证券交易媒介数字化，此类数字化产品同样会在美国交易所上市，交易标准中的“交易所上市”这一分支标准因此同样得以适用。区块链技术具有数字记录和不可单方撤销的特点，这对传统证券法执法机制的效率产生了很大的影响。

综上，就数字金融交易而言，验证节点所在的物理位置会影响法院的管辖权分析。在对人管辖权方面，有关涉外在线业务的判例对于区块链公司规避在美国被诉具有指导和借鉴意义。策略性地选择争端解决方式和管辖法院同样具有重要意义。

## 四、关于 Morrison 案“交易标准”判决的简要评述

Morrison 案是美国联邦最高法院首次就美国证券法规域外适用问题作出裁决，推翻了关于证券法规域外适用的行为标准和效果标准，在“反对域外适用”推定、联邦立法管辖权与司法管辖权的划分、立法管辖交易标准的确立等方面均有创新发展。

### (一) 澄清事项管辖与立法管辖

在 Morrison 案之前，法院通常将证券法的域外适用问题作为事项管辖权处理。在 Morrison 案判决中，联邦最高法院将这个问题明确界定为联邦证券法的调整范围问题(即立法管辖权问题)，而不是联邦法院是否有权行使司法管辖权的问题。在具体标准方面，联邦最高法院否定了联邦下级法院关于证券法域外适用的行为标准和效果标准，确立了适用《证券交易法》10(b)条款规定的“交易标准”。

### (二)“交易标准”具有模糊性，未否定证券法的域外管辖权

联邦最高法院在 Morrison 案判决中力图建立一个清晰、简单的标准，以确

① See Stoyas v. Toshiba Corp., 896 F. 3d 933, 949 (9th Cir. 2018).

定证券法能否在该案中适用，但只是将 10(b)条款的域外适用与证券交易地相挂钩，没有就如何判断交易地确立具体的标准。对于在美国证券交易所上市的证券，交易地很容易确定，通常为交易所所在地。但是，如何判断 Morrison 案中的在美国境内非交易所买卖其他证券，是"交易标准"面临的复杂问题。

在交易手段电子化和交易形式日益创新的情况下，交易涉及的当事人或其代理人、结算地等因素都有可能成为决定交易地标准的最重要因素，交易地的判断存在较大的灵活性。投资者通过外国网站执行的交易或通过美国境外的经纪人公司进行的证券交易是否属于美国境内的交易？在美国境内以外国股票为基础产品，从事衍生金融交易是否属于美国境内的交易？诸如互换之类的非传统证券交易能否适用 Morrison 案确立的"交易标准"，仍然存在不确定性。[①]

联邦法院确立的"交易标准"符合解释"反对域外适用"推定所秉持的"国会关注国内事项"这一基调。但是，Morrison 案确立的"交易标准"并没有否定美国法的域外适用，只不过是在说辞上作了调整，力图增强美国法调整域外事项的正当性。从联邦法院关于法律条款的聚焦分析可以看出，只要法院认为某个条文关注的行为发生在美国境内，即可导致美国法的适用，无论构成案件事实的其他行为是否发生在美国境内，以及是否与美国存在联系。国会的域外适用意图无法限制"焦点分析"法。可以认为，"焦点分析"法实际上并未限制美国法的域外管辖，甚至更加便利了美国法灵活地管辖域外事项。

### （三）Morrison 案判决具有广泛的影响力

联邦最高法院在 Morrison 案中确立的判决标准的影响力不仅限于 1934 年《证券交易法》，对整个美国金融法的域外适用解释都产生了影响。虽然联邦最高法院在 Morrison 案中集中讨论的是 1934 年《证券交易法》，但明确指出 1933 年《证券法》与 1934 年《证券交易法》关注的都是美国境内的证券交易，同样适用这一标准。[②] 在 Morrison 案判决之后，美国各级法院在司法实践中也采纳了这一主张。

首先，联邦最高法院区分了实体法与执法措施适用的地域范围。在 RJR

---

① 关于这个问题的讨论，可参阅 Alexander S. Birkhold, The Problematic Extraterritorial Reach of U.S. Regulators and Nonconventional Securities, *Yale Journal of International Law*, Vol. 40, No. 1, 2015。

② See Morrison v. Nat'l Austl. Bank Ltd., 561 U.S. 247, 268 (2010).

Nabisoc 案中，联邦最高法院明确指出，无论法律条文规定的是实体条款、救济措施还是管辖权，推定“反对域外适用”的法律解释方法都同样适用。[①] 即使在认定 RICO 实体条款可以域外适用之后，法院仍然单独分析了这部法律的私人诉因条款并认定其无法域外适用。[②] 同样，在 Kiobel 案中，联邦最高法院判决认为外国人在侵权法案项下的诉讼不具有域外性，尽管其实体法律规范根据习惯国际法可以适用于美国境外。[③]

其次，Morrison 案关于推定“反对域外适用”的判决也被适用于证券以外的领域。例如，在 Kiobel 案中，联邦最高法院遵从 Morrison 案判决，认为公司不应承担《外国人侵权求偿法》下侵害国际人权或违反其他国际法行为的责任。[④] 一些联邦法院还将 Morrison 案判决适用于《多德-弗兰克法案》的反报复条款[⑤]以及商品期货[⑥]和企业破产[⑦]等领域。还有法院认为 Morrison 案判决的适用不受原告主张的责任性质影响，无论民事还是刑事责任均可适用。[⑧]

（四）“交易标准”不足以预示金融域外管辖立场的变化

有观点认为，近些年来，美国联邦法院对跨国诉讼案件的审理兴趣降低。[⑨] 实践中，确实出现了联邦法院通过属人管辖权的限缩、“不方便法院”以及“反对域外适用”推定等方式拒绝审理跨国诉讼案件，特别是涉及适用联邦法的案件的现象。这是否意味着美国在金融域外管辖态度上有所缓和？笔者认为，此种司法现象只是美国域外管辖策略上的变动，而并非根本立场的改变。

首先，与冲突法所形成的一国法律域外适用不同，美国法律的域外管辖缺乏冲突规范的指引和国内民主正当性原则的支撑。为避免他国仿效美国的域外管辖做法，美国近年开始在域外管辖策略上作一些变动，司法域外管辖表现

---

① RJR Nabisco, Inc. v. European Commuity, 136 S. Ct. 2090, 2101 (2016).

② Ibid.

③ See Kiobel v. Royal Dutch Petroleum Co., 569 U.S. 108, 117 (2013).

④ See Kiobel v. Royal Dutch Petroleum Co., 133 S. Ct. 1661-1662 (2013).

⑤ See Liu v. Siemens A.G., 763 F.3d 175, 176 (2d Cir. 2014) (interpreting 15 U.S.C. § 78u-6(h)(1)(A) (2012)).

⑥ See Loginovskaya v. Batratchenko, No. 13-1624-cv, slip op. at 19 (2d Cir. Sept. 4, 2014).

⑦ See Sec. Inv'n Prot. Corp. v. Bernard L. Madoff Inv. Sec. LLC, 513 B.R. 222, 226-233 (S.D.N.Y. 2014) (interpreting section 550(a)(2) of the Bankruptcy Code).

⑧ See United States v. Vilar, 729 F.3d 62, 66 (2d Cir. 2013).

⑨ See Cassandra Burke Robertson, Transnational Litigation and Institutional Choice, *Boston College Law Review*, Vol. 51, 2010, p. 1113.

得很明显。联邦法院对“域外管辖”的含义作狭义解释，并没有改变域外管辖的现实。例如，联邦法院将对外国行为的监管解释为国内监管而非域外监管，认为只有在监管对象没有对美国产生影响时才会产生域外监管问题。实际上，外国行为仍然受到了美国的管辖，只是美国不承认此种管辖为域外管辖而已。又如，联邦法院认为效果标准要求境外行为的影响效果必须发生在管辖国境内，此种意义上的效果标准具有地域属性。换言之，这种做法是美国为了更有力地行使域外管辖权。

其次，域外管辖不仅包括司法的域外管辖，还包括立法和执法领域的域外管辖，各类管辖权可以采取不同的标准。域外管辖存在立法、司法和执法方面的复杂互动机制，联邦法院在域外管辖司法策略上出现变动，并不代表立法、执法领域之域外管辖立场的变化。从表面上看，联邦法院的域外管辖取向似乎表现出“限缩”，但监管机构的域外管辖范围实际上在扩大。《多德-弗兰克法案》第 9 章明确了 SEC 和美国司法部诉讼的行为标准和效果标准，SEC 跨境执法的力度并没有被削弱，反而获得了更多创制域外管辖标准的权力。联邦最高法院确立的“聚焦分析”法是否适用于 SEC 的监管权？SEC 是否可以继续采用行为标准或效果标准？这些问题仍然有待观察。

最后，域外行为会在美国境内产生公共的损害后果，这是美国联邦法院行使域外管辖权的重要理由。如果仅是私人权益受到损害，还不足以促使联邦法院行使域外管辖权，除非这种争端会为其他人规避美国法提供机会或激励，进而影响美国法在美国境内的适用。在这里，美国法院的逻辑是维护监管权，关注的是本国的主权；另一种逻辑是维护与美国价值观相关的权利，如人权。两种逻辑经常会发生交叉。例如，美国实施经济制裁的理由就包括外国“侵害”人权、腐败等行为威胁到美国的国家安全。

## 第四节　证券法域外管辖领域的私法自治

法院在涉外证券案件中是否可以适用外国法？这个问题可以从两个方面考虑：法院是否有义务主动适用外国法？如果当事人对证券交易进行法律选择，法院是否应该尊重当事人的此种意思自治？

笔者认为，尽管美国法院很难主动适用外国证券法，但不应一概否认证券法适用中的私人意思自治因素。在证券诉讼中，判断私人能否选择准据法，应考虑争议的事项内容和证券法的宗旨。

## 一、证券法的法律属性与法律适用

证券法是公法还是私法的属性定位，会直接影响到证券法域外适用的可能性。根据传统的冲突法理论，公法的适用具有严格的属地性。在监管这一具有公法性质的问题上，一般都是适用本国法以维护本国的监管利益，并且立法管辖权与司法管辖权相统一。在私法领域，立法管辖权与司法管辖权则不一定相统一，司法管辖权的确立依据与准据法（即一国的立法管辖权）存在不同，一国法院存在适用外国法的可能性。从实践看，美国法院会以"不方便法院"为由，拒绝适用外国证券法。①

对这种现象的解释是，美国证券法是美国干预经济的产物，兼具公法和私法性质，其中公法性质居多。

首先，美国证券法是政府干预经济的产物。为了应对1929年爆发的经济危机带来的大萧条，美国政府先后通过了1933年《证券法》和1934年《证券交易法》等联邦层面的法律规范。

其次，美国证券法的内容、后果和目标具有公法性质。这些证券法律规范规定了强制性的报告要求、内幕交易监管、禁止贿赂外国官员、委托书征集等内容，并规定了刑事责任与民事责任。这些监管规定服务于维持证券市场稳定和维护投资者利益等公共目标，具有强制性，属于公法性质。

由于将证券法定位于公法，因此美国法院审理证券纠纷时只适用美国证券法律规范。此种立场使得美国证券诉讼需要分析是否存在美国证券法上的诉因。

## 二、通过当事人意思自治排除域外管辖

在美国法院不主动适用他国法律的情况下，通过当事人协议选择争端解决方式（诉讼或仲裁）、管辖法院（美国法院还是其他国家的法院）和选择适用他国法律的方式，在多大程度上可以排除美国证券法的域外管辖？笔者认为，如果不适用美国证券法，仍然可以实现美国证券法所要维护的利益，即外国法、外国

---

① See Hannah L. Buxbaum, Multinational Class Actions Under Federal Securities Law: Managing Jurisdictional Conflict, *Columbia ournal of Transnational Law*, Vol. 46, No. 1, 2007, p. 14.

法院能为原告提供充分的救济,则当事人意思自治可能受到联邦法院的认可。如果事关管辖权选择,则还涉及美国证券法反规避条款和“不方便法院”原则。

（一）理论分析

首先,理论上并没有完全否定选择适用公法的可能。早在 20 世纪 70 年代末,Lowenfeld 就发表长文质疑冲突法与国际公法的传统划分,主张采用冲突法的方法解决涉及外国公法的案件。① 美国证券法属地管辖范围的扩张也引发了学术界的争论,认为这不利于维护美国投资者的利益。② 20 世纪末,美国学术界兴起的关于通过赋予当事人选择证券法之权以进行监管竞争、提升证券监管效率的讨论,包括发行人选择、交易所选择和替代合规等主张。③ 当然,这些建议是建立在发行人所选择的监管与母国证券监管具有可比性的基础之上的。④

其次,在证券监管中维护投资者利益的内容可以归属于侵权诉讼,证券交易诉讼在很大程度上可以归属于侵权法律适用问题。涉外侵权诉讼的法律适用存在意思自治的空间。

最后,证券法涉及公司内部事务和公司治理,证券监管包含大量的公司治理内容。私人证券诉讼不仅具有证券监管和执法功能,更具有维护自身合法权益的功能。在涉及私人权益的类似诉讼之情境下,允许私人选择法律以调整自身权益具有必要性。

（二）美国的司法实践考察

美国的司法实践表明,证券法的域外适用应从证券法保护的利益出发,考察法律条文的实体内容,决定是否可以接受外国法的适用,而非机械固守公法、私法之属性划分。

与传统冲突法考虑连接点,进而决定法律适用不同,美国法院在审理涉外证券欺诈案件时,通常是在确定诉讼管辖权后直接适用美国法。从司法实践看,在 20 世纪 80 年代后期以前,合同法在涉及 1934 年《证券交易法》之 10(b)

---

① See Andreas F. Lowenfeld, Public Law in the International Arena: Conflict of Laws, International Law, and Some Suggestions for Their Interaction, *Recueil des Cours*, Vol. 163, 1979, pp. 373-376.

② See Roberta Romano, Empowering Investors: A Market Approach to Securities Regulation, *Yale Law Journal*, Vol. 107, No. 5, 1998, pp. 2362-2363.

③ See Stephen J. Choi and Andrew T. Guzman, Portable Reciprocity: Rethinking the International Reach of Securities Regulation, *Southern California Law Review*, Vol. 71, 1998, p. 903.

④ Ibid., p. 921.

条款的诉讼中几乎没有发挥作用。在因 Lloyd 伦敦公司倒闭引发的系列诉讼案件中，美国联邦法院承认了当事人选择的有效性。[①] 在这些案件中，美国法院考察当事人所选择的准据法——英国法的实体内容，评估其适用效果，以确定该准据法是否给予投资者美国法上的充分保护。换言之，如果当事人事先选择了特定国家的法律，美国法院会考察准据法与美国证券监管规范的相似性，以确定适用外国法能否实现美国法的公共政策目标，进而决定是否适用当事人所选择的法律。此种做法体现了冲突法上的实体法倾向。从实体角度看，美国证券法的保护标准较高，美国投资者、美国证券市场可以从美国证券法的域外适用中获益。这可能是美国证券法域外适用政策的重要权衡因素。

在适用的地域范围方面，根据"反对域外适用"推定的解释方法，联邦法院通常是解释国会（而非当事人）的意图以确定联邦证券法能否适用于域外。在 RJR Nabisco 案中，联邦法院判决认为美国反垄断法不能域外适用，即使接受这些法律影响的外国原告明确同意适用。[②] 但是，这是当事人要求适用美国法的情形，并不能据此否定当事人选择适用外国法。

美国的立场表明，证券监管规范的跨境适用已经超越了单纯基于领土地域的判断标准确定适用何国法律，而是进一步深入考察比较各国的法律规范的实体内容以决定法律适用。[③] 鉴于美国对投资者保护的标准较高，投资者更愿意主张适用美国证券监管规范，这会使得其他国家的证券监管规范朝着与美国证券监管规范趋同的方向发展，构成更高层面的美国法域外适用。

### （三）反弃权条款对适用外国法的影响

反弃权条款体现在美国 1933 年《证券法》第 14 条、1934 年《证券交易法》第 27 条和第 29 条之中。根据 1933 年《证券法》第 14 条和 1934 年《证券交易法》第 29(a)条的规定，当事人通过合同约定放弃遵守证券法的，此种合同约定无效。[④]

---

① 具体案件包括：Richards v. Lloyd's of London, 135 F. 3d 1289 (9th Cir. 1998); Roby v. Corporation of Lloyd's, 996 F. 2d 1353 (2d Cir. 1993); Bonny v. Society of Lloyd's, 3 F. 3d 156 (7th Cir. 1993)。

② See RJR Nabisco, Inc. v. European Community, 136 S. Ct. 2090 (2016), at 2108.

③ 关于此问题的论述，可参阅 Hannah L. Buxbaum, Conflict of Economic Laws: From Sovereignty to Substance, *Virginia Journal of International Law*, Vol. 42, No. 4, 2002, p. 931。

④ 1933 年《证券法》第 14 条规定："责令任何获得证券的人放弃遵守本法规定或者委员会条例和规则规定的任何条件、条款或规定，应属无效。"1934 年《证券交易法》第 29(a)条规定："任何约束条件、条款或规定，责令任何人放弃遵守本法或者任何条例或规则，或者放弃遵守交易所的任何规则的任何规定，应属无效。"

同时，根据1934年《证券交易法》第27条的规定，联邦法院对违反《证券交易法》及其规则的行为享有排他管辖权。反弃权条款强化了证券法的直接适用性，保障了证券法向私人领域拓展和向域外扩张。[①]

反弃权条款对当事人协议选择管辖权和法律适用会产生何种影响？是禁止当事人放弃诉权，还是仅禁止当事人放弃遵守其规定的实体法义务？笔者认为，回答这些问题仍然需要考察当事人的选择所产生的实体性后果。

反弃权条款旨在防止当事人通过管辖权、法律选择来逃避证券法的适用，以避免证券法所追求的公共政策落空。为了确定适用外国法是否会违反美国证券法上的公共政策，首先必须确定外国法律和程序是否存在根本性的不公，以致剥夺了原告所享有的救济权。[②] 联邦第七巡回上诉法院在Bonny v. Society of Lloyd's案中指出，国际证券交易所适用的法律和救济与美国法律存在差异或给投资者的保护程度达不到美国标准的，不能仅以此作为有效依据否认管辖法院、仲裁机构的选择和法律选择条款的执行。现有救济和可能的损害赔偿范围只要足以威慑欺诈美国投资者的行为，足以使美国投资者获知重要信息即可。[③]

有观点认为，规避本国法一律无效，而对于规避外国法要具体分析、区别对待：如果当事人规避外国法中某些正当的、合理的规定，应该认为规避行为无效；反之，则有效。[④]

笔者认为，在此基础上，还应该考虑法律所要保护的利益。例如，银行保密法规定的是银行对客户的保密义务以维护客户的利益，因而客户可以通过合同形式放弃要求银行承担此种保密义务。抵制性立法要求不得向外国投资者提供信息，此种禁止性要求是基于国家利益而非个人利益的考虑，个人不得放弃。因此，对于证券法中涉及投资者私人权益的内容，允许当事人凭借意思自治原则选择适用外国法，放弃本国法的保护，符合基本的法理。在当前我国证券市场国际化的进程中，这个问题值得关注。

### （四）司法管辖权选择与“不方便法院”原则

“不方便法院”原则允许联邦法院以外国法院在裁判争议方面更为适当和

① 相关介绍参见李国清：《美国证券法域外管辖权问题研究》，厦门大学出版社2008年版，第二章。

② See Roby v. Corporation of Lloyd's, 996 F. 2d 1353, 1358 (2d Cir. 1993).

③ See Bonny v. Society of Lloyd's, 3 F. 3d 156, 162 (7th Cir. 1993).

④ 参见黄进主编：《国际私法》，法律出版社1999年版，第271—273页。

便利为由，驳回诉讼。在国际通信、交通不发达，跨国经营企业较少的情况下，"不方便法院"原则的适用具有合理性。从美国法院的诉讼实践看，"不方便法院"原则的适用必须考虑如下两个方面：

首先，是否存在有效的外国替代法院。判断因素包括替代法院能够向被告送达、对争议事项具有管辖权等。外国法院地法与美国法存在差异通常不是决定性(甚至不是重要)因素。[①]

其次，法院必须权衡案件所涉及的公共和私人利益，以确定哪个法院最便于、最有利于实现司法目标。公共利益包括在当地解决当地的冲突，避免适用外国法，避免让陪审团审理对其所在区域没有影响的案件。私人利益包括获得证据的便利性，证人出庭的成本、强制到庭的可能性，以及缩短审判或降低成本的其他可能性。法院在评估这些便利因素时，通常会倾向于支持原告对管辖法院的选择。当然，如果原告是外国人，则此种倾向会有所减弱。

当事人对管辖法院的选择有可能排除美国法院对证券案件的管辖。20 世纪中期以前，美国法院对当事人选择法院的做法持反对态度，认为当事人不得剥夺法院的管辖权，选择管辖法院的协议不具有可强制执行性。随着当事人意思自治程度的提升和替代性争端解决方式的发展，这种立场已经有所缓和。

### （五）利用仲裁排除美国法院管辖域外证券纠纷

1934 年《证券交易法》本身没有明确 10(b)条款所调整的证券欺诈事项的可仲裁性问题。联邦法院对待证券仲裁的态度表明，法院在很大程度上会从实体保护的角度考虑以仲裁方式解决证券纠纷的可行性，以仲裁方式排除美国证券法的适用具有一定的可能性。

美国法院长期纠结于如下问题：如果投资者同意以仲裁方式解决其与经纪人之间的争端，是否意味着放弃了联邦证券法规定的诉权？对此，美国国会于 1925 年通过了《联邦仲裁法》(FAA)，明确规定仲裁条款在联邦法院具有可执行性。在立法明确了对证券仲裁的态度后，司法的态度仍然经历了一段转变时间。联邦最高法院在其审理的关于联邦证券法事项之可仲裁性的首起案件中指出，根据 1933 年《证券法》第 14 条的规定，放弃遵守《证券法》的任何有约束力的条件、条款和规定应属无效，因为仲裁没有充分保护投资者根据《证券法》

---

① See Piper Aircraft Co. v. Reyno, 454 U.S. 235, 247 (1981).

所享有的权利。此种判决透露的是,证券交易商与投资者之间的谈判权不对等,国会的立法意图不允许法院放弃《证券法》项下的司法审查权力。[①]

联邦最高法院在其后逐渐改变了其立场。在 Shearson/American Express, Inc. v. McMahon 案[②]中,联邦最高法院在判决中指出,Wilko v. Swan 案(以下简称"Wilko 案")判决不适用于依据 1934 年《证券交易法》提出的诉请。法院判决的核心理由包括如下几方面:

首先,1934 年《证券交易法》第 29(a)条禁止放弃的仅是该法规定的实体性义务,并未禁止放弃第 27 条项下联邦法院的诉权。

其次,只有在仲裁不足以保护投资者所享有的实体权利时,才会禁止放弃法律所规定的诉权。Wilko 案中的仲裁协议不具有可执行性,并不是因为仲裁协议放弃了 1933 年《证券法》规定的诉权,而是因为仲裁不足以执行该法第 12(2)条规定的实体权利。[③]

最后,Wilko 案判决所依存的环境已经发生了变化。在 Wilko 案后,美国国会已经实质性地强化了 SEC 对自律组织仲裁程序的监管,足以保护 1934 年《证券交易法》规定的实体权利。[④]

可以看出,能否选择诉讼以外的方式解决争端,核心考虑因素是能否实现证券诉讼所要保护的利益。

### (六) 利用"交易标准"构建交易地,回避证券法的适用

联邦最高法院在 Morrison 案中确立的"交易标准"实际上使得美国证券私人诉讼中的法律适用由交易地决定。这里的"交易地"是地理意义上的,如果当事人通过合同将交易地构建为美国境外,则私人诉讼中就无法适用美国 1934 年《证券交易法》10(b)条款,进而实际上排除了美国证券法的适用。跨境证券诉讼的原告利用司法管辖、立法管辖、法律适用等策略回避 Morrison 案确立的"交易标准"具有一定的可能性。

---

① See Wilko v. Swan, 346 V. S. 427 (1953). 但是,这个案件的判决嗣后被如下案件判决推翻:Rodriguez de Quijas v. Shearson/American Express, Inc., 490 U. S. 477 (1989)。

② See Shearson/American Express, Inc. v. McMahon, 482 U. S. 220 (1987).

③ Ibid., 220, 228-229 (1987).

④ Ibid., 220, 233-234 (1987).

# 第五章　沃尔克规则的域外适用

2008 年金融危机爆发后，美联储前主席 Paul Volcker 提出禁止银行从事投机性交易活动的一系列建议，即沃尔克规则(Volcker Rule)。《多德-弗兰克法案》第 619 条以在 1956 年《银行控股公司法》中新增第 13 章的方式将沃尔克规则纳入。由于政治和利益方面的分歧，《多德-弗兰克法案》对沃尔克规则仅作了简单规定：限制银行实体从事自营交易或者投资于对冲或私募基金，国会授权联邦银行监管机构、SEC、CFTC 创制规范以执行沃尔克规则，将具体的实施规范交由监管机构规定。[①] 美国金融监管机构就沃尔克规则的域外适用进行了规范创制。

美国推定国会"反对域外适用"的传统和联邦最高法院在 Morrison 案中关于域外管辖的阐述可以为分析沃尔克规则的域外适用提供思路借鉴。换言之，沃尔克规则的域外适用问题涉及对该规则域外适用的原理、规定及其例外的分析。

## 第一节　沃尔克规则及域外管辖的法律规定

### 一、沃尔克规则

沃尔克规则的域外适用需要考察该规则本身的原理，在此基础上，结合域外管辖的一般法理才能综合分析该规则域外适用的原理，以及此种域外适用在何种程度上具有正当性并获得相应的启示和借鉴。

---

① 关于沃尔克规则及其实施细则在推进过程中的政治和利益分歧的讨论，可参见 Kimberly D. Krawiec and Guangya Liu, The Volcker Rule: A Brief Political History, *Capital Markets Law Journal*, Vol. 10, No. 4, 2015, p. 507。

（一）沃尔克规则的原理

沃尔克规则禁止银行利用参加联邦存款保险的存款进行自营交易、投资对冲(或私募)基金，其核心思想是限制大银行从事高风险业务，以限制金融炒作和投机力量。该原则主要是基于商业银行的本职功能和此类自营业务所具有的风险两个方面的考虑。

首先，商业银行的本职功能是吸收存款、发放贷款和提供清算结算服务，连接供需双方，服务实体经济。商业银行的这些传统业务属于公共事业范畴，受到政府扶持。进行自营交易、投资对冲(或私募)基金等业务具有投机和高风险性质，偏离了银行的传统职能，与商业银行的传统业务区别较大。金融机构可能因享有联邦存款保险等"安全网"保护而过度从事这些活动，诱发道德风险。政府显然不应为银行的投机行为买单，所以银行的传统存贷业务应与投机业务分离。在出现危机时，政府只需救助银行的传统业务。①

从实践看，商业银行的自营交易打破了金融业分业经营和风险传递的界限，成为引发 20 世纪 20—30 年代经济危机的重要原因，美国金融体系由此经历了长达六十余年的分业经营、分业监管体制。同样，美国投资银行进行自营交易、投资高风险金融衍生品，风险承担引发了 2008 年金融危机。

其次，商业银行自营交易存在利益冲突的可能，不利于维护客户利益。

混业经营会导致商业银行的信用风险、市场风险、流动性风险、法律风险和声誉风险等各类风险相互交织、相互"传染"。银行倒闭所造成的后果远比证券交易商、经纪商倒闭严重。沃尔克规则通过禁止银行从事自营交易和投资对冲基金或私募股权基金，控制其风险承担能力，以此隔离风险，简化风险管理的复杂度，提高风险管理和审慎监管的效率。

（二）沃尔克规则的实施细则

2011 年 11 月，美联储、美国货币监理署、联邦存款保险公司、SEC 等金融监管机构联合发布了《禁止自营交易与对对冲基金和私募股权基金投资规定》(以下简称《沃尔克实施细则》)征求意见稿。美国金融机构和业务组织等利益团体围绕沃尔克规则禁止的交易及其例外所涉及的"银行实体""自营交易"等几个

① 参见李镕伊、刘彬:《银行综合经营反思:沃尔克规则的简介及影响》，http://www.csrc.gov.cn/pub/newsite/yjzx/yjbg/201505/t20150514_276939.html，2020 年 5 月 18 日访问。

术语的界定与区分进行了激烈的争论，发表了约1.8万份评论意见。[①] 2013年12月，《沃尔克实施细则》最终版本发布，自2014年4月1日起生效。《沃尔克实施细则》力图平衡金融市场的安全与效率需求，而不是简单地回归《格拉斯-斯蒂格尔法案》或实施分业经营。

为确保银行实体不从事被禁止的活动或投资，并且确保银行实体在从事获允许的活动或投资过程中，其风险可以识别、监督和控制，《沃尔克实施细则》就执行《银行控股公司法》第13条详细规定了禁止的交易活动和允许的交易活动，并要求银行建立与经营活动、规则、范围和复杂性相符的全面合规程序。在结构上，《沃尔克实施细则》分为四个部分和两个附件，其内容分别涉及如下几方面：

A部分规定了职责、范围、目标以及与规则涉及的其他职责之间的关系，并界定了整部规则所涉及术语的含义。

B部分就禁止自营交易作出规定，界定了相关交易活动的含义，并就自营交易的例外情况及其限制作出规定。

C部分就禁止(或限制)银行取得(或持有)相关基金的所有权益或与相关基金保持某些关系作出规定，就相关基金的活动和投资作出界定，并就相关的例外情况及其限制作出规定。

D部分就银行实体建立符合《银行控股公司法》第13条的合规程序作出规定。

《沃尔克实施细则》就沃尔克规则适用的地域范围作了明确规定，其中涉及对《银行控股公司法》第2(h)(2)条、第4(c)(9)条和沃尔克规则第4(c)(12)条等各类例外规定的解释。这些规定较为模糊和抽象，存在较大的解释空间，因而需要对沃尔克规则的域外适用进行应然的分析。

### （三）沃尔克规则域外适用的原理

与证券法反欺诈规则的域外适用不同，沃尔克规则是基于审慎要求和稳健目的。美国境内和境外的监管差异为监管套利提供了便利。这些特殊因素对于分析沃尔克规则域外适用的原理具有重要意义。

---

① See Prohibitions and Restrictions on Proprietary Trading and Certain Interests in, and Relationships with, Hedge Funds and Private Equity Funds, http://www.sec.gov/rules/final/2013/bhca-1.pdf, last visited on 2019-10-18.

1. 防范系统性风险

被纳入沃尔克规则禁止范畴的活动风险高,会对美国金融体系造成系统性风险,无论这些交易行为发生于何地,也无论行为方是美国的母公司还是非美国附属机构。因此,从防范系统性风险的角度而言,美国需要将沃尔克规则域外适用。

2. 维护公平竞争的环境

沃尔克规则会增加美国银行实体合规和运营成本。为维护美国银行在国际市场的竞争力,美国需要将沃尔克规则域外适用,为美国银行实体争取公平竞争的环境。

3. 属人、属地管辖与市场准入需求

美国对本国银行享有属人管辖权,即使这些银行位于美国境外。沃尔克规则监管的实体、交易对手包括位于外国但属于美国实体的附属机构,以及与美国进行交易的实体机构。对于外国银行,仅在美国境内活动时,美国才享有管辖权。美国监管机构在何种程度上能对美国境外机构执行监管要求,有待观察。但是,对于需要获得美国监管机构许可在美国开业的境外金融机构而言,显然不得不遵守上述监管要求以获得美国市场的准入机会。

## 二、沃尔克规则域外适用的规定

根据沃尔克规则,银行实体从事自营交易需要考察如下条件:(1) 交易主体是否属于银行实体;(2) 自营交易和基金活动是否在沃尔克规则允许交易的范畴之内;(3) 如果在允许交易的范畴之内,交易活动是否存在允许之例外情形。

在此基础上,《多德-弗兰克法案》规定了沃尔克规则的域外适用事项。根据《多德-弗兰克法案》第619条在《银行控股公司法》中新增的第13(d)(1)(H)条的规定,沃尔克规则适用于:(1) 美国银行控股公司及其附属机构。(2) 非美国银行控股公司,但获得许可在美国境内从事业务活动,除非该银行实体:① 交易活动仅发生在美国境外;② 不受美国银行实体的直接或间接控制。换言之,沃尔克规则在美国境外的适用在很大程度上取决于对“银行实体”“仅发生在美国境外”“所有权权益”的界定。

沃尔克规则适用于分处全球各地的美国银行实体,并适用于非美国银行组织在美国境内的活动以及在美国境外的某些活动。据此,沃尔克规则会对外国银行组织在美国的经营活动以及在美国境外的某些活动产生影响。“外国银行组织”指的是在美国设立分行或代理机构的外国银行。一般来说,美国对外国银行的监管针对的是美国境内的外国银行分支机构或附属机构。外国银行在美国境外的行为如果与美国存在关联,则也在沃尔克规则的调整范围之内。

（一）禁止自营交易

1. 银行实体

沃尔克规则禁止银行实体的自营交易,不仅针对单个存款机构,还包括其控股母公司、附属机构或分支机构,涉及整个集团。沃尔克规则以受政府存款保险支持的银行机构为监管对象。银行实体包括:(1) 获得美国存款保险的机构,以及对该类机构实施控制的公司;(2) 非美国银行实体,但属于美国 1978 年《国际银行法》第 8 条意义上的银行控股公司;(3) 上述实体的附属机构或分支机构。

根据上述界定,一旦某个企业被认定为银行实体,则禁止该企业所属的整个集团从事自营交易。换言之,美国银行实体的境外机构、在美国设立分支机构的外国银行都属于需要遵守沃尔克规则的主体,除非交易活动(包括参与交易的员工、设施、客户和交易对手)与美国没有关联。

美国境内的非美国银行企业如果要在美国境外继续其自营交易和相关基金业务,则需要考虑如下几个问题:(1) 其非美国分支机构是否属于沃尔克规则中的“银行实体”?(2) 其活动是否受制于沃尔克规则?(3) 为了利用美国境外这一例外,哪些行为是必须实施的?(4) 即使非美国活动属于沃尔克规则的例外,仍需要遵守哪些义务?

2. 自营交易

所谓自营交易,是指银行机构在交易账户中持有、以短期(如 60 日)内再出售为目的、旨在通过短期价格波动套利获取利润的交易,或为上述交易进行对冲的交易。简言之,此处的“自营交易”是银行是为自己(而非为客户提供服务等中间业务形式)所进行的交易活动。这些交易涉及的金融工具包括证券、商品期货、衍生产品,但不包括贷款、商品即期交易、外汇和货币即期交易等。很显然,自营交易的风险与收益都很高。

根据沃尔克规则的规定,以下交易活动不属于自营交易:(1) 承销和做市交易,但交易规模不超过对客户或交易对手近期需求的合理估计量。(2) 代客交易。(3) 风险对冲交易。(4) 以美国政府债券为标的的交易。《沃尔克实施细则》还允许外国政府、美国银行的外国附属机构和外国银行从事其成立所依据的准据法所属国政府发行的主权债券交易。(5) 受监管的保险公司交易。(6) 外国银行机构在境外的交易，前提是交易活动发生在美国境外且从事该交易活动的机构为非美国银行机构的直接或间接附属机构。

《多德-弗兰克法案》关于自营交易的例外规定有一定的道理。承销和代客交易属于银行面向客户的服务，对于提升美国金融市场及市场参与方的流动性具有重要作用。通过做市业务，银行在为客户找到交易对手前，可以自己临时充当交易对手完成与客户的交易。对冲有助于银行降低做市业务所带来的头寸风险。但是，问题在于实践中如何区分做市交易、风险对冲交易和自营交易。

(二) 限制拥有和发起对冲基金、私募基金

沃尔克规则限制银行投资、设立基金或与基金进行交易的能力。银行对单一对冲基金或私募基金的股权权益不得超过基金股权总额的 3%，对所有基金的投资总额不得超过银行一级资本的 3%。根据《多德-弗兰克法案》第 619 条对《银行控股公司法》的修改，除了例外规定，银行可保留利率掉期、汇率掉期等衍生品业务，但要将农产品掉期、能源掉期等业务分拆到附属公司。

1. 涵盖的基金

根据《沃尔克实施细则》的规定，涵盖的基金是指可能构成 1940 年《投资公司法》项下"投资公司"的任何发行人[但不属于《投资公司法》第 3(c)(1)条或第 3(c)(7)条项下的例外]以及五大监管机构根据授权在监管规则中规定的类似基金，涵盖了外国基金、大宗商品池和受《投资公司法》规管的公司。

值得注意的是，沃尔克规则的目的在于防范系统性风险，《投资公司法》则意在保护集合投资基金中的投资者利益。既然两者的立法目的不同，那么沃尔克规则套用《投资公司法》中的名词及其含义是否妥当？这有待观察。

2. 发起

沃尔克规则规定，银行实体不得发起涵盖的基金。这里的"发起"，是指银行实体的如下行为：(1) 充当基金的一般合伙人、管理层成员或受托人；(2) 以任何方式选举、控制或任命雇员、管理人员、总裁或代理人员，这些人构成基金总裁、受托人或管理人员的多数；(3) 基于销售、宣传等目的，与基金共用名称或其中的要素。

沃尔克规则对银行实体的界定比较宽泛，包括非美国银行据以在美国从事业务的分行或代理机构，以及对此类非美国银行实施控制的公司，还包括上述实体的附属机构或分支机构。据此，如果基金发起人是银行实体的附属机构，则也可能被视为银行实体。

银行实体的对冲交易必须与具体的持仓挂钩，应当减少该具体持仓的风险，而且不能引入新的风险。同时，应当清楚地计算和记录对冲需求。银行的关联分析需要显示该对冲明显降低或者显著减缓了具体的、可以确认的风险。禁止银行机构在对冲基金或私募基金中收购或保留任何股票、合伙者或其他所有权益，也禁止这些机构成为对冲基金或私募基金一般合伙人、管理合伙人、受托人或者对董事会、受托人、管理层有任何控制或选择权。银行对任何基金的投资额不能超过基金资产总量的3%。如果银行提供了种子投资资金，必须在一年内寻找非相关投资者投资，以减少或者稀释最初投资到3%以下。这一规定导致部分银行退出了并购业务。

3. 所有权权益

根据沃尔克规则的规定，所有权权益包括：(1) 拥有股权或所有权权益；(2) 对实体的管理层成员或投资顾问的任免权；(3) 从实体获得收入份额的权利；(4) 有权在其他投资者赎回投资权益之后获得基础资产；(5) 有权获得实体的基础资产所产生的收入金额与应付给投资者的金额之间的超额利差；(6) 规定实体的应付权益项可以基于基础资产的损失予以扣减；(7) 直接获得基础资产产生的权益，或根据基础资产的绩效确定权益；(8) 以其他权益方式实现上述任何一项的效果。

(三) 建立合规程序

根据沃尔克规则的规定，银行机构应当建立与其自营交易或投资规模、范围和风险相适应的内部合规程序。此种合规监管体制分层次适用，根据银行实体是否从事自营交易、受限基金活动、投资及其规模，决定银行实体是否需要遵守相应的合规机制。尽管如此，这些合规要求无疑还是会增加银行的经营成本。

在记录和披露量化指标方面，交易资产和负债总额在500亿美元以上的银行机构，应从2014年6月30日起按月报告交易业务的相关信息；交易资产和负债总额在250亿至500亿美元的银行机构，应从2016年6月30日起报告交易业务的相关信息;交易资产和负债总额在 100 亿至 250 亿美元的银行机构,应从 2016 年 12 月 31 日起报告交易业务的相关信息。

在建立合规程序方面,不同银行机构的合规要求有所差别,如果银行实体没有从事自营活动、受限基金活动或投资,则不需要建立上述合规机制。如果银行实体从事了上述活动或投资,但资产规模没有超过 100 亿美元,则只要参照沃尔克规则完善合规机制。交易资产和负债总额超过 100 亿美元的银行机构需要遵守严格的报告要求,按规定的期限向监管机构报告交易业务的风险、限额及其使用情况、对风险因素的敏感性、在险价值、利润和损失等一系列信息,以便于监管机构发现银行实体从事允许的交易活动时是否存在禁止交易的活动。

在合规执法方面,《银行控股公司法》第 13(e)(2)条规定,各监管机构在其监管权限范围内行使合规监管权限,并没有限制联邦法反欺诈条款[如 1934 年《证券交易法》10(b)条款]的适用。

从上述各方面的介绍可以看出,沃尔克规则并非要求金融机构分业经营,而是矫正金融机构的过度综合经营,控制综合经营业务规模,剥离对冲基金、私募基金投资,减少银行高风险、高杠杆的表外业务,降低风险。沃尔克规则在交易类型(做市交易、对冲交易、代客交易等)、交易标的(如美国政府债券)等方面存在例外。此种例外以不损害美国金融体系的稳定性为前提。

## 第二节　沃尔克规则的域外适用:例外及其限制

沃尔克规则的目标是降低美国金融体系面临的风险,避免“太大而不能倒”的道德风险,维护美国的金融稳定。如果风险不会影响美国,美国法律就不需要对之实施管辖。在其他国家没有实施类似沃尔克规则的情况下,美国单方面宽泛地实施沃尔克规则会对美国银行实体在境外的竞争能力造成不利影响。因此,美国对沃尔克规则域外适用作了相应的限定。

### 一、沃尔克规则域外适用之例外

沃尔克规则就其域外适用规定了外国交易例外、交易对手为美国实体或通过美国实体进行跨境交易例外、外国基金交易例外以及母国主权债务交易例外等情形。

（一）外国交易例外："完全在美国境外"(SOTUS)的自营交易

沃尔克规则允许外国银行组织根据《银行控股公司法》第4(c)(9)条从事自营交易，只要交易完全在美国境外进行。同样，沃尔克规则允许银行实体根据第4(c)(9)、(13)条完全在美国境外发起或投资于对冲基金、私募股权基金，只要该对冲基金或私募股权基金的股权权益不面向美国居民出售。这是从交易地点角度限制沃尔克规则的域外适用。

1. 外国银行实体

《沃尔克实施细则》对外国银行实体的资格条件作了规定，具体包括银行实体：(1) 不属于美国银行实体，也不受美国银行实体直接或间接控制；(2) 如果属于外国银行组织，则必须是符合条件的外国银行组织（即QFBO）；(3) 如果既不属于美国银行实体也不属于外国银行组织，则组织成立地必须位于美国境外，而且绝大多数业务位于美国境外。美国监管机构曾经倾向于允许美国银行机构的外国分支在海外进行自营交易，认为这有助于增强美国银行机构的实力并有利于美国的金融稳定，但是遭到美国国会的反对。美国国会的理由是，这样做会促使美国的银行将自营交易从国内转移到海外，并且同样会威胁到金融稳定。[①]

根据美国《联邦存款保险法》，外国银行在美国的分行即使不在存款保险范围内，也应当被视为接受存款保险的存款类银行机构。换言之，中资银行在美国的分行会被视为受保存款类银行机构。据此，沃尔克规则适用于中资银行在美分行、作为其母行的中资银行及其附属机构和关联机构。目前，中国银行、中国农业银行、中国工商银行、中国建设银行、中国交通银行以及招商银行等都在美国设立了分行。这意味着上述银行及其子行、分行和持股25%以上的机构都应当适用沃尔克规则。

2. "完全在美国境外"

《沃尔克实施细则》采取基于风险的方法确定"完全在美国境外"的判断标准，包括自营交易活动所涉及的人员、设施、客户、交易对手与美国没有关联。这主要是从银行实体的内部运行角度进行判断，具体判断要素包括：(1) 买卖该

---

① 参见宁留甫：《沃尔克规则的最新进展及其影响》，载《国际金融研究》2014年第5期。

金融工具的银行机构（包括其分支和雇员）不位于美国或没有在美国注册；（2）交易的决策机构和个人不位于美国或没有在美国注册；（3）交易的簿记不在美国；（4）交易的融资机构不位于美国或没有在美国注册；（5）交易不是通过美国实体操作的。

《沃尔克实施细则》作出此种规定的政策考虑是，美国银行实体没有承担交易风险，就不需要域外适用美国法。这种政策定位体现了国际礼让。同时，这种例外也有利益角度的考虑，包括避免刺激外国银行退出美国市场，防止美国银行实体的外国银行客户流失，确保美国客户能够获得外国银行的服务。

（二）交易对手为美国实体或通过美国实体进行跨境交易的特殊情形

如果交易对手为美国实体，或者通过美国的交易设施从事跨境交易，只要最终风险不是由美国银行实体承担，仍然可以不适用沃尔克规则。根据《沃尔克实施细则》的规定，此种情况需要满足如下条件：（1）交易是通过美国实体的境外操作进行的，美国实体在美国境内的人员没有参与安排、谈判或执行交易；（2）交易必须是通过非附属市场中介（作为本人，非代理）进行的，并及时清算；（3）外国银行组织如果使用基地位于美国的交易设施，则在匿名基础上通过美国交易所或互换执行设施清算交易。其中，"非附属市场中介"指的是在SEC登记为经纪交易商或基于证券业务的交易商，或者在CFTC登记为互换交易商或期货佣金商，或者免予此等登记或排除在此等登记之外的实体。此种规定让外国银行能够从事美国金融工具交易，提升此类金融工具的市场流动性，而又无须在美国境外为此另行建立市场设施。但是，必须通过非附属市场中介进行交易和结算的规定不利于外国银行实体在美国从事证券等非衍生金融工具业务的场外交易。

（三）外国基金交易例外

在基金的界定方面，沃尔克规则采纳的标准是该基金是否具有美国1940年《投资公司法》项下的"投资公司"地位。

在《沃尔克实施细则》征求意见稿中，计划将在美国成立或发行的相关外国基金纳入"涵盖的基金"范畴。在征求意见的过程中，有观点认为这种做法导致"涵盖的基金"范围过宽，超出了监管机构的权限，不符合国民待遇原则，而且有违国际条约。同时，如果外国基金依外国法成立，如何根据美国法监管此类基金也是一大难题。

《沃尔克实施细则》就外国公共基金规定了例外。如果发行人在美国境外成立，并获授权在其母国发行和销售所有权权益，并且此等销售主要（不低于85%）通过美国境外一次或多次公开发行，则不构成沃尔克规则中的基金。外国银行组织可以发起、购买和持有此类基金权益。

《沃尔克实施细则》根据基金的投资或发起主体地位的不同，确定外国基金是否属于"涵盖的基金"。如果是美国银行实体发起的基金，则该基金属于"涵盖的基金"；如果是外国银行完全在美国境外投资的基金，则该基金不属于"涵盖的基金"。

### （四）母国主权债务交易例外

在银行从事主权债务交易方面，沃尔克规则规定，在美国从事经营活动的外国银行可以从事其母国主权债务的自营交易，但不允许美国银行从事外国主权债务的自营交易。[①] 同时，外国银行组织不得从事母国以外其他国家的主权债务的自营交易，除非符合"完全在美国境外"这一标准。

"完全在美国境外"例外并不容易适用，这从两类常见的证券交易中可以看出：第一类交易是在美国境内的证券交易所进行。为了适用"完全在美国境外"例外，外国银行只能通过其非附属市场中介在美国从事证券交易，而不能采取通常的通过该外国银行附属的经纪交易商在美国从事证券交易。但是，无论通过何种机构从事证券交易，风险并没有降低，而且仍然由该外国银行承担。因此，沃尔克规则的此种规定在此种情况下似乎没有太大意义。第二类交易是内部交易，即经纪交易商充当客户的交易对手，内部撮合客户的证券交易。根据"完全在美国境外"例外，外国银行不得与美国的经纪交易商进行内部交易，因为交易无法通过清算机构进行清算。

## 二、对域外管辖例外之限制

为了防止规避域外管辖或破坏域外管辖所要实现的目标，沃尔克规则还对域外管辖例外本身进行了限制。

---

① See Prohibitions and Restrictions on Proprietary Trading and Certain Interests in, and Relationships with, Hedge Funds and Private Equity Funds, http://www.sec.gov/rules/final/2013/bhca-1.pdf, last visited on 2019-10-18.

(一) 反规避规则

根据沃尔克规则,如果监管机构认为某项交易活动(包括滥用监管机构允许的活动)是为了规避沃尔克规则的监管,在符合告知和听证机会等程序要求后,有权要求监管对象停止某项业务或剥离某项投资。

(二) 违反审慎监管

如果交易活动具有如下情形,则即使交易活动属于沃尔克规则例外情形,监管机构仍然可以禁止此类交易活动:(1) 交易导致银行和客户之间的利益冲突;(2) 交易策略或资产具有高风险性;(3) 交易对银行经营的安全和稳定性产生影响;(4) 交易对美国金融系统的稳定性产生威胁。

最终规则体现出较强的开放监管理念,有助于鼓励竞争,提升流动性与透明度。例如,允许外国银行实体进入美国交易所和清算设施。但是,这种方法仍然限制过多,割裂了美国金融市场与外国资本之间的联系,可能导致金融市场"离岸"。

## 三、沃尔克规则域外管辖之简评

首先,"美国实体"的界定过于宽泛,涵盖了外国银行实体设在美国境内的中介交易商之类的附属机构以及美国银行组织或中介交易商的附属机构。因此,牵涉到这些实体的交易都不符合 SOTUS。

其次,通过市场中介与美国实体交易之 SOTUS 例外的涵盖范围不够宽泛。这种例外要求交易在美国清算,但有很多交易(特别是 OTC 领域的衍生品交易)仍然具有双边性。如果外国银行实体的美国境外交易平台与美国境内的交易对手交易的是非清算的交易工具,必须适用做市、承销或对冲例外,就不得不在母国及其他东道国执行沃尔克规则之合规机制,除非通过美国银行的境外机构进入美国市场获得流动性。

再次,SOTUS 的适用依赖于外国银行实体具体交易人员的所在地。如果交易人员在美国境内安排、谈判或执行交易,SOTUS 就无法适用于该交易。这种基于工作地点的限制意味着美国境内的人员不能招揽、销售或安排交易,即使此类交易涉及的金额很小,否则必须遵守沃尔克规则的合规义务。尽管这一规定的目的是要将非美国的自营交易风险排除在美国境外,但很难说"美国人"介入此类交易就会增加美国境内的风险。

又次，适用例外的交易的融资不能直接或间接来自外国银行实体在美国境内的分支或代理机构。

最后，外国银行实体承担了大量的报告义务，增加了合规成本。

沃尔克规则颁布后，影响到了美国银行实体的经营。一些美国银行实体宣布重整商业模式，关闭自营交易部门，出售在对冲基金中持有的份额。由于银行做市交易受到限制，沃尔克规则被认为会降低市场流动性，受到不同程度的批评。正是由于此种原因，沃尔克规则正进行新一轮的修订。

## 四、沃尔克规则对商业银行跨境业务合规的启示

沃尔克规则对推动金融服务实体经济发展、避免过度投机具有一定的积极作用，但其域外适用无疑会对商业银行国际化和混业经营的发展方向造成一定的影响。从法律角度看，《中华人民共和国商业银行法》（以下简称《商业银行法》）、《中华人民共和国证券法》和《中华人民共和国保险法》对中国境内的混业经营进行了限制，强调分业经营，但预留了一定的法律空间。其中，《商业银行法》第 43 条规定："商业银行在中华人民共和国境内不得从事信托投资和证券经营业务，不得向非自用不动产投资或者向非银行金融机构和企业投资，但国家另有规定的除外。"这一条规定为银行的自营业务和投资活动预留了法律空间。同时，我国国内法并没有限制商业银行的海外投资经营范围。

### （一）利用沃尔克规则的豁免条件

为降低沃尔克规则对我国商业银行的影响，可以考虑利用沃尔克规则的豁免条件。中资银行及其在美国以外的分支机构、附属机构和关联机构从事的自营交易业务满足下列条件，可以豁免沃尔克规则的相关要求：(1) 买卖该金融工具的银行机构不是美国银行机构，即不是在美国注册，其经营场所也不在美国；(2) 交易决策地、交易的簿记不在美国；(3) 交易不利用美国银行机构提供的融资；(4) 交易不通过美国银行机构操作。

对于外国银行机构从事的相关交易或投资业务在美国进行清算，只要不是通过美国银行机构实施，或者尽管通过美国银行机构实施，但美国银行机构不参与相关交易，就可以豁免沃尔克规则的相关要求。

沃尔克规则禁止的基金投资只要满足"完全在美国以外"的条件，也可以豁免沃尔克规则的相关要求。"完全在美国以外"的条件与海外自营交易的豁免

条件类似,即不是在美国作出决策、不在美国簿记、不是由美国银行机构提供融资。

同时,沃尔克规则要求,对于被豁免的投资,投资基金不应出售给美国居民。《沃尔克实施规则》明确了"不应出售给美国居民"是指不以美国居民为基金发行对象。这一点也值得注意。

### (二) 注意商业合规程序

沃尔克规则的适用范围非常宽泛,对所有可能涉美的交易和投资业务都应当进行严格审查。对于不符合沃尔克规则及《沃尔克实施规则》规定的豁免条件的,应当及时予以纠正,甚至放弃相关业务。对于相关规则的"模糊地带",如可能被视为自营业务的风险对冲业务,应当谨慎开展。

# 第六章　美国互换交易的域外管辖

《多德-弗兰克法案》第七章通过修改《商品交易法》的方式确立了对场外互换交易的监管框架，其中互换交易是场外衍生品市场监管改革的焦点。CFTC、SEC 的监管细则关于互换交易实体的登记要求、集中结算、报告义务等监管要求和外国交易所的登记具有明显的域外适用性。修改后的《商品交易法》第 2(i)条规定了“直接、重要”(direct and significant)的标准，规定《多德-弗兰克法案》不应适用于美国境外的活动，除非这些活动与美国境内的活动具有直接、实质性的联系或对美国的商业具有影响。互换交易在什么情况下构成对美国金融体系“直接、重要”的影响，是决定美国互换交易监管规范能否域外适用的核心问题。

商业银行是我国金融衍生品市场的“主力军”。对我国而言，一方面，要防范衍生金融交易所带来的系统性风险，推动衍生金融服务于实体经济；另一方面，又要积极推动衍生金融交易市场的发展，特别是在定价权方面发挥更大的作用。我国境内互换交易实体如何合理规避《多德-弗兰克法案》域外适用，推动境内衍生品市场发展，法院如何扩充跨境衍生品交易的管辖权，维护境内投资者利益，是本章主要的探讨目的。

## 第一节　互换交易的特点与监管难点

在国际金融体系中，OTC 衍生品市场跨境交易是常态而非例外。经济发展不仅需要通过融资来获得资金支持，通过投资来获得收益，还需要有效的市场来对冲商业风险，特别是大宗商品价格、对手方信用风险敞口、利率变动和汇率等风险。场外衍生品市场发挥着对冲风险和投机获利等功能，并有助于实现价格发现等深层次经济调控功能，与实体经济价格稳定和社会公众生活密切相关。

随着全球化的发展，各国金融市场互联互通程度日益加强，不仅发达国家的金融市场相互关联，发达国家与新兴市场国家证券市场的关联程度也不断提升。全球衍生品市场的基本功能同样是降低价格风险、供应风险和其他商业风险，将风险转移给最有能力承担的人。美国衍生品监管规范的域外管辖范围自然成为美国金融法规域外管辖的重要内容。

## 一、交易主体的机构性

很长一段时间以来，互换交易的市场主体主要为机构投资者（特别是金融机构），互换交易通常在机构市场进行。互换交易市场参与方通常包括金融机构、制造商、资产管理公司和对冲基金等机构投资者，且主要由少数交易商主导。这些机构投资者主要位于纽约、伦敦、香港、新加坡、东京等发达的国际金融中心。《多德-弗兰克法案》通过之前，美国通常不允许零售客户从事互换产品交易。根据《商品交易法》第2(e)条的规定，现在的情况大致也是如此。从事互换交易的主体必须是合格缔约方（eligible contract participant，ECP），或者交易的场所必须是指定的合约市场。

根据交易目的的不同，这些交易主体可以分为交易商和终端用户。终端用户参与交易的目的是通过套期保值或对冲主营业务风险来管理风险，交易商则还承担着撮合交易的经纪商功能。后者具有一定的投机性，是互换交易市场重要的交易主体。[①] 同时，由于互换业务的复杂性、专业性，互换市场参与方通常仅限于ECP。根据《商品交易法》第1a(18)条的规定，ECP仅限于机构投资者，包括投资公司、保险公司、商品基金和大额员工福利计划等。

由于交易主体主要为机构投资者而非散户投资者，因此投资者保护并非互换交易监管的主要目标。

## 二、交易平台的"场外"性

按照交易场所划分，金融衍生品交易可以分为场内交易和场外交易。场内

---

① 根据国际掉期与衍生品协会（ISDA）2010年的一项研究，美国六大衍生品交易商持有全球场外交易未结算名义金额的37%，最大的14家衍生品交易商占据了82%的交易额。See ISDA, Concentration of OTC Derivatives Among Major Dealers, Nov. 1, 2010 (Research Note, 4/2010).

交易(又称"交易所交易")指的是在固定的交易所(指定的合约市场)进行交易,通过中央对手方(CCP)进行集中清算,交易程序、交易条件和交易合约都具有标准性,典型表现是期货交易。场外衍生品市场并非集中提供交易的固定场所,其交易是由交易双方通过通信手段和电子交易系统(如公告板市场、粉单市场等)协商达成交易,清算主要采用双边方式,因而具有抽象性和无形性。

互换交易是典型的场外交易,从事互换交易的平台分散于世界各地。由于不依赖于任何特定交易所,互换交易活动可以由位于不同国家的双方当事人谈判达成协议,在第三国记账并在第四国进行风险管理。因此,互换交易的地域属性模糊,跨境交易成为常态而非例外。① 交易的跨境性增加了市场参与方相互间的关联性,也增加了系统性风险隐患。

场外互换交易跨境性容易突破市场分割和监管属地性,造成监管规避和监管套利,从而使得场外交易处于无监管状态。例如,市场参与方通过货币互换可以规避一国的外汇管制,基于证券的互换则可以突破一国对证券市场准入和交易活动的监管,投资于该国证券市场。在全球商品价格联动的背景下,仅在本国境内采取措施效果有限,很可能引发监管套利。为避免监管套利和确保监管效果,一国需要就监管规范进行国际协调与合作,强势国家更是存在将本国法律规范适用于域外的冲动。

### 三、交易产品的"定制"性和低透明度

由于不需要在交易所内交易,互换交易在产品设计、交割期限等方面可以根据当事人的需求最大限度地"量身定做",以满足客户个性化、多元化的需求。但是,由于交易由当事人单独谈判决定,标准化程度较低,定价、数量和参与方身份的双边性也降低了交易的透明度。同时,互换交易可以通过不出售资产或负债的方式改变特定资产或负债的风险与收益,进一步降低了交易的透明度。

首先,交易的"定制"导致交易标准化程度低,交易参与方仅限于少数机构投资者,形成交易量小、金额大、流动性弱的特点,交易难以通过 CCP 进行集中

---

① See Exchange Act Release No. 34-69490 (Cross-Border Security-Based Swap Activities; Re-Proposal of Regulation SBSR and Certain Rules and Forms Relating to the Registration of Security-Based Swap Dealers and Major Security-Based Swap Participants), 78 Fed. Reg. 30968, 30976 (May 23, 2013).

清算。近年来，场外金融衍生产品交易金大幅上涨并超过场内交易规模，占据了整个衍生品交易量的绝大多数。根据国际清算银行的一份统计，截至 2014 年 6 月，场内衍生品交易的名义金额为 29 万亿美元，场外衍生品交易的名义金额则达 691 万亿美元。[①] 换言之，场外衍生品交易总量占据全球衍生品交易总额的 95%以上。交易到期是否履行交易合同完全取决于交易对手履约的能力和意愿，存在着较大的信用风险。

其次，互换交易商可以通过此种低透明度来赚取利润。在竞争压力下，互换交易商可能降低对交易对手的要求，使得交易商自我监管难以发挥作用，并且会造成交易及其清算的非集中化、非透明化，甚至导致系统性风险。

再次，场外市场缺乏透明度，交易对手存在信用风险，加剧了对衍生金融市场系统稳定性的担心。2008 年金融危机期间，由于缺乏透明度，雷曼兄弟、美国国际集团（AIG）和贝尔斯登遭受重大损失时，这些机构的交易对手及监管机构都无法评估其他市场参与方面临多大程度的风险敞口，导致金融市场存在普遍的不信任，并最终导致信用市场的冻结。

最后，交易的低透明度使得监管机构无法了解市场参与方交易工具持仓状况的数据，也就无法掌控相应的金融风险。例如，由于场外交易没有报告给监管机构，美联储和财政部无法知道哪些机构面临 AIG 信用风险以及具体的风险敞口，其他市场参与方也因不知 AIG 会造成多大的损失而存在恐慌情绪。

场外衍生金融交易的“场外”性和“定制”性使得美国证券、期货监管的核心措施——信息披露和反欺诈措施的适用受到限制。

### 四、衍生品市场的相互关联性

与证券不同，衍生品交易源于管理、对冲与基础资产相关的风险。金融衍生品交易无须买卖金融资产就可以防止金融资产价值或收益下降，有助于对冲实体经济面临的商业风险，影响与生产生活密切相关的大宗商品的价格，最终影响资源和财富的分配。衍生品市场规模庞大，主要通过交易商和标准化合同文本进行交易，增强了各国衍生品市场的关联性，可能形成与美国具有“直接、

① See International Banking and Financial Market Developments, Bank for International Settlements (BIS) Quarterly Review, Statistical Annex, Table 23A (Dec. 2014), https://www.bis.org/publ/qtrpdf/r_qa1412.pdf, last visited on 2020-9-12.

重要”联系的风险。

首先,全球OTC衍生品市场由欧美主要交易商主导。诸如高盛、瑞银集团(UBS)、德意志银行等主交易商在全球主要金融中心设立分支机构,并通常担任其他交易商的交易对手。交易的跨境性增强了市场参与方相互间的关联性,也增加了系统性风险隐患。

其次,全球性的期货交易所连接了全球各地的交易商,设定了主要基准产品的价格,对全球能源市场、农产品和金融市场的价格产生影响,转而又增强了这些期货交易所的全球影响力。例如,新加坡交易所交易的证券期货产品、富时中国A50指数期货和摩根台湾指数期货的关联关系,使得中国与新加坡两个金融市场的联系更加紧密。

再次,衍生品交易合同的标准化强化了全球OTC市场的相互关联性。据估计,全球90%左右的OTC交易都采用了国际掉期与衍生品协会主协议及其附属协议。交易文本的标准化促进了交易程序的标准化,进而加强了全球OTC衍生品市场的相互关联性。

最后,各国交易平台展开合作,使得衍生品克服时空障碍,同时在世界各地交易,增强了衍生品市场的相互关联性。全球衍生品市场的相互关联性会影响一国衍生品监管规范的创制与实施。

互换交易的清算、未清算互换交易的保证金以及对交易商的资本金、账册保存和监管报告等要求,都可能与系统性风险相关联。强制采用CCP进行集中清算,要求当事人提供交易头寸担保和更多的资本储备,确保监管机构能够获得有效监管所需要的足够信息,这些改革都是为了解决可能与美国具有“直接、重要”联系的风险。

### 五、衍生品交易监管改革

互换交易市场具有全球性,互换产品跨境交易是常态而非例外情形。2008年金融危机爆发后,场外衍生品双边交易、清算风险引起了国际监管机构的高度重视。2009年,G20领导人匹兹堡峰会就衍生品市场改革达成了四项共识,发起了旨在减少场外衍生品系统性风险的改革计划,涵盖衍生品的交易、清算、报告和资本金要求等四个环节。这四个环节分别要求标准化的衍生品应在受监管的平台进行交易,通过CCP进行清算,将衍生品合同报告给交易报告库,非集中清算的衍生品合同应受到更高程度的资本监管。2011年,G20峰会同意在监管改革计划中进一步加入对非中央清算衍生工具的保证金要求。

《多德-弗兰克法案》第七章建立了美国衍生品互换市场的全面监管框架,率先通过国内法对G20衍生品监管改革共识予以落实。该章是为了降低系统性风险(包括互换交易市场相互关联所可能给美国金融体系带来的系统性风险)、增加透明度并促进金融体系的完整性。在域外管辖范围方面,《商品交易法》第2(i)条规定了"直接、重要"标准。美国金融监管规范域外适用不是要尽最大可能扩张美国的监管权,而是要关注如何最好地防止美国境外的系统性风险被传递给美国。

互换交易监管要平衡市场发展与系统性风险防治之间的关系,为经济发展提供健康的流动性支持,监管规范的域外适用同样要考虑这一目标。互换交易监管规范跨境适用的核心是区分两类监管规范:降低系统性风险的互换交易改革、针对市场和交易实践的互换交易改革。前者包括互换清算和未清算交易的保证金、交易商资本金、账册保存和监管报告。这些改革是为了降低与美国具有"直接、重要"联系的风险。公开交易报告、价格透明度、交易平台设计、交易执行方法与机制、人员资质、检查和监管监督主要关注市场和交易实践,指向的是市场操作而非系统性风险。尽管这些改革同样重要,但通常不会与美国产生"直接、重要"的联系。根据市场情况与特征的不同,各国在这些方面可以作出不同规定,不一定要域外适用某个国家的监管规范。交易价格的公开透明、市场结构、交易平台实践、交易执行方法和机制与跨境风险的转移并没有直接的关系,在域外适用方面不是最重要的适用内容。

与之不同,解决市场完整性问题的措施包括便利市场的有效运行,要求公开披露交易信息以促进价格发现或强制要求采取特定交易执行模式。改革并非针对与美国具有"直接、重要"联系的系统性风险,而是需要适应当地市场特征、实践和规范。

美国资本、人员和市场的全球影响力为实施域外管辖提供了市场支撑。美国互换市场交易清算机构、交易数据库等市场基础设施的完备与发达以及美国金融市场设施为此种域外适用效果提供了支撑,也为《多德-弗兰克法案》互换交易监管规范域外适用提供了支撑。

## 第二节　美国对互换交易的监管规定

### 一、互换交易的监管思路与监管格局

《多德-弗兰克法案》第七章共2节、53条，对互换交易监管体制作了全面的安排，包括对市场中介的监管、在受监管平台进行交易、集中清算、交易报告以提升交易后的透明度，重塑了互换交易市场，为绝大多数的场外衍生品建立了新的监管框架。

（一）监管思路

在监管思路方面，《多德-弗兰克法案》监管互换交易主要从互换产品、互换交易主体机构两个层面入手，着眼于提高透明度、降低风险。第七章要求规模较大的互换实体（包括互换交易商、互换主参与方）以符合登记、监督和业务行为标准，并加强了CFTC和SEC创制和执行规范的职权，核心内容涉及如下三个方面：互换交易的集中清算和交易执行报告、互换交易商的登记和全面监管、严格的记录保存和实时报告机制。

1．监管目的

《多德-弗兰克法案》第七章的目的是通过建立互换交易的监管框架，降低衍生金融市场系统性风险，增加透明度，并维护市场的完整性。第2(i)条规定了“直接、重要”的标准，规定《多德-弗兰克法案》不应适用于美国境外的活动，除非这些活动与美国境内的活动具有“直接、重要”的联系或对美国的商业具有影响。

透明度要求包括互换交易前和交易后的透明度。交易前透明度是指为市场提供交易执行前的互换交易信息，包括买卖报价、拟成交数量以及其他相关信息，以降低市场参与方的交易成本和交易风险。交易后透明度是指市场参与方完成互换交易后向市场提供交易信息。《多德-弗兰克法案》提高衍生品市场透明度的监管措施主要表现为互换实体和设施提供者的登记制度、强制性集中清算和交易、记录保存和报告要求。

在降低系统性风险方面，互换交易改革包括互换清算和未清算交易的保证金要求、交易商资本充足率要求、交易记录保存以及交易报告，具体包括强制使

用CCP集中清算,要求当事人提供头寸担保,要求更多的资本储备,确保监管机构获得更充分的信息。这些改革是要降低与美国具有"直接、重要"联系的风险。降低交易对手风险和系统性风险的监管措施主要表现为资本和保证金要求、场外交易的清算和对互换实体的监管。《多德-弗兰克法案》规定金融实体、互换交易商、互换主参与方、互换清算机构以及接受交易和价格数据报告的互换数据库均需在监管机构登记。通过登记标准的设定,可以降低因交易商自身因素对互换交易市场造成的风险,也为CCP甄别和管理风险提供了基础性保障。这些监管要求有些适用于整个机构,有些则适用于具体交易。一旦登记,交易方和市场参与方必须遵守资本、运营、报告、记录保存及商业行为等要求。

在登记、集中清算的基础上,《多德-弗兰克法案》建立了互换交易报告制度和互换数据库制度。清算机构负责市场信息的收集并将该信息通知监管机构,为监管机构检测和处置风险提供重要手段。但是,非金融机构以对冲商业风险为目的的互换交易则享有豁免权。

2. 监管范围

监管范围包括互换产品和主体机构。被纳入监管范畴的互换产品包括互换、证券基准互换和混合互换等三种类型。主体机构包括互换交易主体和市场基础设施提供者两类。互换交易主体包括互换交易商、互换主参与方、证券基准互换商和证券基准主参与方等四类主体(以下简称"互换实体")。《多德-弗兰克法案》同时豁免了对最终用户的监管要求。互换交易市场基础设施提供者包括为互换交易提供市场基础设施服务的交易平台、清算组织和互换数据存储资料库。

可以看出,《多德-弗兰克法案》将场外衍生品交易等纳入监管范围,但主要是注册、登记和集中清算等程序性要求,并没有对其业务活动作出直接限制。

### (二)"二元三进"的监管格局

互换在经济功能上与期货类似,为规避期货市场的监管而产生。《多德-弗兰克法案》第七章在很大程度上借鉴了期货监管安排模式,从互换产品、参与方、市场三个层面对金融互换的交易、清算、信息披露等交易过程实施监管,确立了互换交易"二元三进"的监管格局。

1. 监管权限的“二元”划分

所谓“二元”，指的是对监管权限的划分，CFTC、SEC两个监管机构分别对互换、证券基准互换实施监管，混合的互换则由两者共同监管。

根据《多德-弗兰克法案》第722条的明确授权，CFTC在如下四个方面承担了监管职责：(1) 通过CCP或清算所清算标准化的互换产品；(2) 在透明、受监管的平台交易互换产品；(3) 监督互换交易商以及互换主参与方；(4) 报告互换市场的数据以促进更高的透明度、完善监管监督。《多德-弗兰克法案》要求CFTC制定规则以执行《多德-弗兰克法案》关于互换交易商的登记、SEF、互换数据存储资料库以及其他监管要求。

SEC负责证券基准互换，监管对象包括：证券基准互换产品、从事证券基准互换的主体（证券基准互换交易商、证券基准互换主参与方）以及为证券基准互换交易提供市场基础设施服务的交易平台、清算组织和互换数据存储资料库。

为确保监管的一致性和兼容性，《多德-弗兰克法案》第712条要求SEC尽可能与CFTC、审慎监管机构磋商与协调。但是，《多德-弗兰克法案》对两者的规定在实体上存在诸多相同之处。在监管要求方面，标准化互换产品都需要在有组织的交易平台进行交易并在规定的清算组织进行清算，非标准化互换产品则不需要遵守此种要求。

值得注意的是，《多德-弗兰克法案》赋权CFTC和SEC监管互换交易，《商品交易法》第2(a)(1)(A)条规定了法院对互换交易的管辖权，第25(a)条还赋予私人以诉权。

2. 互换产品交易的“三进”

所谓“三进”，指的是符合条件的交易主体从事互换产品交易需要通过交易所进行交易、通过CCP进行集中清算并将交易信息报告给存储互换信息的交易报告库（即互换数据库），即“进交易所、进清算机构和进互换数据库”。

多边性、中央清算、透明度与流动性是组织化交易平台即场内交易所具有的主要特征。组织化交易平台不仅为交易提供了便利，也为有效监管和防范系统性风险创造了条件。在《多德-弗兰克法案》实施之前，互换交易商之间通过少数封闭的交易平台进行交易，常被称为“交易商间的中介”(inter-dealer brokers)。场外交易导致大量的场内交易场外化，使得同类交易存在不同监管标准，激励了监管套利。《多德-弗兰克法案》意图将这些交易平台转化成公开的市场,消除交易商之间可能的优惠定价。衍生金融监管在很大程度上就是场外交易向场内化演变的过程。《多德-弗兰克法案》关于互换期货化的规定实际上是这一过程中的一个节点。

传统立法上"场内"指的是交易所、多边交易设施、多边电子交易平台、组织化交易平台、组织化交易所或受监管市场,从而将电子经纪平台、交易商间市场和自营交易商平台等组织化柜台交易设施排除在外。要求柜台衍生品交易进所或在电子交易平台交易,清算通过中央向对方进行,交易数据报告给中央报告库,对传统的"场内""场外"区分形成很大的挑战。具体而言,一是什么样的交易设施或系统满足交易所或电子交易平台的要求;二是什么样的柜台衍生合约才是标准化的,必须到交易所或电子交易平台交易。进场交易和中央清算必须满足的两个条件是足够的标准化和充分的流动性。满足了这两个条件的适格衍生品才适合场内交易。

可以看出,防范系统性风险、保护投资者和维护市场的完整性是《多德-弗兰克法案》监管互换交易所要实现的目标。《多德-弗兰克法案》关于衍生品集中清算的规定和其他监管要求使得更多的交易活动通过清算所进行集中清算,并授权美国金融稳定监管委员会(FSOC)认定系统重要性的金融市场基础设施(FMU),但遗留了很多系统性风险问题没有解决。美国监管机构不仅要解决系统性风险问题,还要持续通过双边、多边路径来增强美国公司的竞争力。

## 二、产品监管

《多德-弗兰克法案》第七章将互换产品分为三种类型:互换、证券基准互换和混合的互换,并规定了相应的监管安排。

### (一) 互换

根据《多德-弗兰克法案》第 721 条的规定,互换产品具体包括商品、货币、利率、外汇、政府证券、天气、能源、金属、排放量和宽基证券指数的互换。《多德-弗兰克法案》对互换的界定较为宽泛,涵盖了利率互换、指数信用违约互换、外汇交易互换、某些种类的股权互换以及其他商品互换,约占美国场外交易的 95%。由于实物交割的场外衍生金融交易不以投机为目的,因而被排除在互换产品监管范围之外。

根据《多德-弗兰克法案》的授权,美国财政部于 2012 年 11 月发布最终决定，认为外汇远期与外汇掉期不属于互换产品，不适用强制集中清算、场内交易要求，但并没有将其完全排除在《多德-弗兰克法案》所确定的监管框架之外，尤其是在互换交易对手方为交易商的情况下。外汇远期与外汇掉期仍要履行向互换数据库报告的义务，遵守商业行为准则以及反规避、反欺诈和反操纵条款的规定。[①]

（二）证券基准互换

根据《多德-弗兰克法案》第761条的规定，证券基准互换包括基于以下产品的协议、合约或交易：(1) 单一证券或贷款；(2) 窄基证券指数；(3) 与窄基证券指数中的单个（或多个）证券发行人相关的事件的发生，而这些事件直接影响到该发行人的财务报表、财务状况或金融债务。这种排除旨在确保股票指数期货不易于操纵，不是用来操纵基础证券或相关期权市场或是作为单个股票期货合约的替代。

《多德-弗兰克法案》通过修订1933年《证券法》和1934年《证券交易法》中"证券"的含义，将证券基准互换纳入上述两部法案中的"证券"范畴。这样，证券基准互换需要遵守1933年《证券法》登记注册规定和上述两部法案的反欺诈规定。如果基础证券系享有豁免的证券（如政府证券或市政证券），则以该类证券为基础的协议、合约或交易不属于证券基准互换，除非该协议、合约或交易具有购买期权、出售期权或其他期权的特征，或被业界普遍认为是以上期权。

《多德-弗兰克法案》第七章对互换和证券基准互换的定义非常宽泛，场外衍生金融工具都有可能被纳入SEC和CFTC的互换监管范畴。

## 三、对互换实体的监管

《多德-弗兰克法案》将互换交易主体（互换实体）纳入监管范畴，规定只有合格的参与方才能从事场外互换交易。合格的参与方包括交易商（互换交易商、证券基准互换交易商）、主参与方（互换主参与方和证券基准互换主参与方）和最终用户三类，对其进行分类监管，并授权审慎监管机构监管互换实体的资本金、保证金。据此，互换实体有可能受到SEC、CFTC及审慎监管机构的多重

---

① See Determination of Foreign Exchange Swaps and Foreign Exchange Forwards Under the Commodity Exchange Act, Final Determination, 77 Fed. Reg. 69694 (Nov. 20, 2012).

监管。

（一）互换实体的类型

1. 交易商

交易商是承担互换业务经纪商、做市商功能的金融机构，在日常经营中充当交易对手方。交易商在创新交易产品、充当交易对手、控制对手风险和引发系统性风险等方面都具有重要作用，成为《多德-弗兰克法案》互换交易监管的重要对象。根据交易的互换产品类型，交易商可以分为互换交易商和证券基准互换交易商。

根据《多德-弗兰克法案》第 721 条的规定，互换交易商需要同时满足如下条件：(1) 作为互换交易商出现；(2) 在互换市场做市；(3) 在日常经营中以自营账户从事互换交易；(4) 在行业中被普遍认为是互换市场交易商或做市商。《多德-弗兰克法案》第 761 条对证券基准互换交易商作出了类似的界定。

2. 主参与方

互换交易商以外的市场参与方如果符合如下条件之一，则属于主要互换参与方（主参与方）：(1) 持有大量的互换头寸（为对冲商业风险或雇员福利计划运营风险而持有的头寸除外）；(2) 存在重大对手方风险敞口，可能对美国银行体系（或金融市场）稳定造成严重不利影响；(3) 持有大量互换头寸的高杠杆金融实体尚未受到联邦银行监管机构的监管。《多德-弗兰克法案》第 761 条对证券基准互换主参与方作出了类似的界定。上述条件中的“头寸”“风险敞口”和“杠杆率”的具体规模由相应监管机构规定。

从上述条件中可以看出，主参与方的界定标准背后是判断对美国金融稳定是否会产生影响。同时，这些界定标准存在灵活性，美国监管机构享有较大裁量权，为域外适用这些监管规范提供了条件。

3. 最终用户

《多德-弗兰克法案》根据最终用户是否属于金融机构，将最终用户划分为金融实体最终用户和非金融实体最终用户。由于最终用户通常不是系统性风险传播的源头，并且对其实施监管会带来较高的合规成本，因此两类最终用户享有不同程度的监管豁免，以满足实体经济对于互换业务的正常需求。

最终用户从事场外衍生品交易的目的在于对冲商业风险而非投机。最终用户是利用场外金融衍生产品来管理其经营风险或进行投资的一般市场参与者。

根据《多德-弗兰克法案》第723(a)(3)条的规定，最终用户需要同时满足如下三个条件：(1) 非“金融实体”(金融实体包括主参与方、以证券为基础的主参与方和从事银行业务的企业)；(2) 利用互换是为了对冲或降低自身(而非交易对手方)的商业风险；(3) 就其如何利用互换的方法通知了CFTC。最终用户不需要遵守《多德-弗兰克法案》规定的交易和清算要求。

值得注意的是，《多德-弗兰克法案》赋予监管机构在互换实体界定过程中以较大的裁量权。在界定何为“对冲商业风险”过程中的裁量权，可能使一些制造商被认定为互换交易商或互换主参与方。这也增加了《多德-弗兰克法案》互换交易规则域外适用的不确定性。

### (二) 监管要求

交易商和主参与方关系到互换市场的运营成败，并且是系统性风险的重要来源，因而《多德-弗兰克法案》对上述主体规定了登记许可、资本和保证金、集中交易和清算、报告等方面的监管要求。

1. 登记许可

根据《多德-弗兰克法案》的规定，互换交易参与方(交易商、主参与方和最终用户)必须根据互换产品的不同，向相应的主管监管机构进行登记，获得相应的交易身份。

如果从事互换产品交易，则向CFTC提交登记申请，登记许可为互换交易商(或互换主参与方)。如果从事证券基准互换，则需要向SEC登记许可为证券基准互换交易商(或证券基准互换主参与方)。如果同时从事上述两类产品的互换交易，则需要同时向CFTC、SEC提交申请，分别获得相应的登记许可。

如果是非金融企业为对冲自身商业风险而从事互换交易，则成为最终商业用户，在登记许可方面享有相应的豁免权。

2. 资本和保证金要求

《多德-弗兰克法案》第731条规定，CFTC与有关审慎监管机构协商后，至少每年度规定一次互换交易商和主参与方的资本金、初始保证金和动态保证金要求。

《多德-弗兰克法案》第764条对证券基准互换交易商和证券基准互换主参与方规定了类似的要求。但是，如果交易商为银行等受到审慎监管的机构，则以审慎监管者为主（而非与SEC联合），制定资本金和保证金要求。在不存在其他审慎监管机构的情况下，则由SEC单独制定有关要求。

对于不参加清算的市场参与方，《多德-弗兰克法案》规定需要承担更高的资本和保证金要求，以激励市场朝着集中清算方向发展。可以看出，《多德-弗兰克法案》在监管互换交易方面采取了强制性要求和激励手段并举的策略。

这些资本要求是为了确保互换交易商对手方不会违反互换义务，不仅是为了维护金融市场稳定，还是为了提高市场的完整性。CFTC要求互换交易商遵守商业行为标准，是要让最终用户了解从事互换交易面临的风险。这种披露是要降低互换交易商与交易对手之间的信息不对称。违反这些规则会导致反欺诈条款的适用，互换交易商会因欺诈而面临私法责任、监管和刑事制裁。

3. 集中清算义务

集中清算为交易双方提供履约担保，化解交易双方面临的对手方风险。《多德-弗兰克法案》要求SEC对证券基准互换进行动态审查，以决定对该种类是否必须进行清算，并要考虑法案列出的五项因素（包括对降低系统性风险的影响）。

4. 报告义务

根据《多德-弗兰克法案》第725(c)条和第727条，无论清算与否，互换交易都需要向注册的互换数据库实时报告交易数据。若无可接受相关交易报告的互换数据库，则交易各方应直接向监管机构报告互换交易的信息和数据。

《多德-弗兰克法案》根据市场参与主体对互换交易市场的重要性来确定报告义务的承担方，由交易中相对重要的主体承担报告义务。报告义务人视交易主体不同而异，承担顺序依次为交易商、主参与人、“美国人”。在同等顺序下，则由双方协商确定。如果一方是互换交易商而另一方是互换主参与方，则由互换交易商进行报告。对于不属于上面两种情况的互换交易，则交易各方必须自行决定由哪一方进行报告。如果交易一方为“美国人”，另一方为非“美国人”，则应由“美国人”承担报告义务，无论双方当事人的地位如何。

此种要求的原理在于，交易商的多重身份造成了场外金融衍生产品市场信息不对称。交易商作为产品设计者，掌握了产品的主要信息，并可能充当咨询者和财务顾问等角色，存在滥用信息优势的可能。最终用户很难真正完全理解产品内容，更难以作出真实的交易意思表示。同理，主参与方相对于最终用户也具有一定的优势地位。《多德-弗兰克法案》规定了交易商、主参与方等互换实体的披露义务(即报告义务)及其顺序,有助于降低此种信息不对称。

5. 合规、商业行为准则和利益冲突

根据《多德-弗兰克法案》的规定,互换实体内部必须设立首席合规官。首席合规官直接对董事会(或首席执行官)负责,负责有关法规遵守、设立纠正违规的程序,向 CFTC 或 SEC 提交年度合规报告并保证报告的准确性。

《多德-弗兰克法案》规定了互换实体在与交易对手方互动时需要遵守的商业行为要求,包括向作为对手方的非互换市场参与方进行信息披露的要求,如主要风险、重大利益冲突,以及与互换交易有关的重要动机和交易的每日盯市、头寸限制、文档保存记录等。具体商业行为要求视互换交易商与交易对手的关系、交易对手的地位等不同而异。

为保障交易的公平性,《多德-弗兰克法案》第 731 条规定,若交易对手是特殊实体①,则互换市场参与方在如下两种情况下需要承担特殊义务,遵守更严格的商业行为标准:(1) 互换市场参与方作为投资顾问向特殊实体提供服务时,必须从特殊实体的最佳利益出发,付出合理的努力,从特殊实体处得到必要的信息,合理判断互换是否符合特殊实体的最佳利益。(2) 互换市场参与方作为互换交易对手方时,必须遵守监管机构规定的义务并确保特殊实体获得了独立代理人的服务。② 但是,互换市场参与方如果不知交易对手的上述身份,而且交易是由特殊实体在交易所或互换执行设施(SEF)启动的,则不适用以上商业行为准则。

## 四、对互换交易市场基础设施提供者的监管

《多德-弗兰克法案》规定的互换交易市场基础设施提供者包括互换交易平台、清算机构和互换数据库。从功能上看,市场基础设施提供者通过集中交易、清算、信息登记报备,可以向市场提供交易前后的数据,提高市场的透明度,并发挥价格发现功能。但是,CCP 交易和集中清算模式使得交易对手的信用风险

① 即联邦政府部门、州、州政府部门、市、郡、镇或其他政治单位、1974 年《雇员退休收入保障法案》(ERISA)第 3 条定义的雇员福利计划和政府养老计划以及享受免税待遇的基金。

② 独立代理人必须:(1) 对评估交易及其风险有充足的经验;(2) 法律没有否定其资格;(3) 独立于 MSP 或 MSSP;(4) 承诺服务于其代理的特殊实体的最佳利益;(5) 作了有关披露;(6) 向特殊实体提供了公平定价和交易合理性的书面陈述;(7) 若与雇员福利计划有关,则作为 ERISA 定义的受托人。

集中到了清算组织身上，其他基础设施提供者的功能发挥也直接影响到互换交易的监管效果。鉴此，《多德-弗兰克法案》对互换交易市场基础设施提供者规定了相应的监管要求。

### （一）互换交易平台

从实践看，交易标准化与流动性具有密切的关系。若交易所交易的产品标准化程度高，持续的流动性就更高。场外双边交易的产品标准化程度较低、流动性同样也会较低。《多德-弗兰克法案》将美国的衍生品交易执行设施（DTEF）、豁免商业市场（ECM）以及豁免交易市场（EBOT）全部纳入一个新建的SEF之中，并将交易平台划分为指定的合约市场（DCM）和SEF，标准的互换产品必须在有组织的交易平台进行交易，以便集中监管。

1. 互换交易平台的类型：互换执行设施、指定的合约市场

根据《多德-弗兰克法案》第733条的规定，SEF是指各类投资者通过多种交易方式提供双边买卖报价的交易系统或交易平台。根据《多德-弗兰克法案》第735条的规定，指定的合约市场是大的、获得承认的交易所为有形商品和其他非证券基准产品提供交易的平台。

2. 对互换交易平台的监管要求

根据CFTC的规定，任何一个交易系统或交易平台只要能够允许多个交易者之间进行互换交易，就必须注册为SEF或指定的合约市场，并遵守交易规则等监管要求。DTEF、ECM以及EBOT被纳入SEF之中，进行集中监管。SEF成为连通各交易所、投行和其他相关金融机构的电子化中枢网络。

《多德-弗兰克法案》规定了SEF的两大目标：在SEF从事互换交易、增加互换市场交易前的透明度。SEF具有交易、执行以及处理和确认等三项基本功能。SEF规则规定了两类互换交易：应遵守交易执行要求的交易、允许的交易（不涉及交易执行要求的交易）。

在具体监管内容方面，《多德-弗兰克法案》规定了SEF必须执行的15项核心原则，包括必须制定并严格实施市场、交易的执行管理程序，保证市场或产品不受操纵，以及建立限仓等风险防范规则等。此外，SEF需及时公开市场信息，并向互换数据库报告实时交易数据，披露交易合约、交易量及其价格信息，并任命首席合规官（CCO）。

从《多德-弗兰克法案》对SEF的定义和监管内容等规定可以看出，该法案

只是将 SEF 界定成一种交易系统或交易平台，并没有对 SEF 具体的交易或执行方式作出强制性规定。

（二）清算组织

根据《多德-弗兰克法案》的规定，所有标准化互换产品都需要通过指定的清算组织（CCP）进行集中清算，但纯粹以对冲风险为目的的交易可以不纳入集中清算范围内。指定的清算组织需要获得相应监管机构的许可。根据互换产品类型，清算所可以划分为 CFTC 监管的衍生品清算组织（DCOs）和 SEC 监管的证券清算机构（SCA）。互换交易的集中清算可能是《多德-弗兰克法案》第七章中影响最为深远的改革内容。

集中清算的好处是，可以提升交易的透明度和交易对手的履约能力。CCP 成为每个卖方的买方以及每个买方的卖方，有助于降低交易对手方的信用风险和整个金融体系的系统性风险。但是，CCP 成为市场风险的承担者和管理者，自身会面临交易对手方的信用风险、流动性风险等诸多风险。对此，一方面，CCP 可以通过结算会员要求、会员评级实时监控和保证金制度等来加强自我监管。另一方面，法律需要对 CCP 规定相应的监管要求。

FSOC 可以将清算所认定为系统重要性 FMU。集中清算的互换交易都必须遵守清算机构规定的保证金（包括初始保证金和变动保证金）要求，以化解作为 CCP 所面临的系统性风险，具体规则由监管机构同清算结构协商后确定。不参与集中清算的互换实体应遵守更严格的担保要求。此外，清算组织和交易执行平台负责保存每日的业务记录并向交易数据库报备交易信息。

从实践看，互换交易的清算组织都由现有的清算所经过许可后担任，清算所大多由互换实体控制。鉴此，《多德-弗兰克法案》第 726 条和第 765 条要求 CFTC、SEC 针对拥有互换清算和交易组织股份的互换实体制定防止利益冲突的规则。

如果 CFTC 认定清算组织受到母国监管机构"可比较的全面监管"，则可以根据《商品交易法》的规定豁免互换交易的集中清算。

在监管美国境内从事经营活动的非美国 DCOs 方面，CFTC 已经有了多年的经验。LCH Ltd. 是首家在 CFTC 登记的非美国 DCO，其他 CCP 都是在《多德-弗兰克法案》颁布之后才进行登记的。

（三）互换数据库

互换数据库（即交易报告库）是集中保存交易数据电子记录的数据库，主要应用于场外衍生品市场。此类数据库通常依托交易所等运营机构的既有业务建立，并非特定的独立机构。

这个报告库通过数据的集中收集、存储和传递，集中为具体交易机构和市场提供数据，提高市场透明度和防范系统性风险。对于市场参与方而言，互换数据库有助于更准确评估交易对手和交易市场的风险状况，并有助于互换市场的价格发现。对监管机构而言，互换数据库有助于监管市场参与方的交易合规，打击内幕交易、市场操纵等市场失当行为，并有助于监管者监管具体交易的合规性和分析、判断互换交易造成系统性风险的可能性。为此，《多德-弗兰克法案》规定设立互换数据库这一实体，履行搜集、保管和提供互换交易数据的职能，建立场外金融衍生品市场数据分析和共享机制。对交易数据库的监管重点集中在数据渠道、数据质量和数据信息安全风险等方面。

《多德-弗兰克法案》的一项核心要求是搜集互换市场数据并进行集中保存，即建立互换数据库，负责搜集市场参与方的互换交易数据。互换数据库承担如下职能：(1) 从指定的报告实体搜集交易数据；(2) 核定所搜集数据的准确性并以统一形式保存；(3) 根据 SEC、CFTC 的要求保存记录、数据处理和报告体系；(4) 根据《多德-弗兰克法案》的要求向 SEC、CFTC 提供直接的电子端口，并向公众提供相应的数据信息。

根据权限的不同，可以访问互换数据库的监管机构包括三种类型：互换数据库注册登记机构、对互换数据库有管辖权的机构、其他监管机构。

可以看出，互换交易管辖体现在登记和监管要求方面，但更有赖于以中央交易对手结算所、交易平台和数据存储库等金融基础设施为载体，将交易固化在本国境内。

## 第三节　美国互换交易规范的域外适用

由于金融机构之间的相互关联性，“美国人”与“非美国人”之间的互换交易存在给美国造成系统性风险的隐患，为美国域外管辖互换交易及其对手方提供了政策依据。[①] 为此,《多德-弗兰克法案》第722条、第772条分别就CFTC、SEC监管跨境互换和跨境证券互换作出了规定。

2013年7月,CFTC就跨境适用《多德-弗兰克法案》互换交易条款发布了《互换交易监管规范的解释指南和政策声明》(以下简称《CFTC互换指南》),解释了部分或全部在美国境外完成的交易所在何种情况下应适用美国的监管规范。代表金融业的主要交易商对这一跨境指南提起了诉讼,但败诉。[②] 在制定这一跨境适用指南时,CFTC没有采取通知—评论程序或成本收益分析。[③]《CFTC互换指南》解释了"美国人"的标准,以及互换条例适用于美国互换交易商或非美国交易商等。CFTC还颁布了调整跨境适用于互换交易商、主参与方未清算交易的保证金要求。[④]

## 一、《多德-弗兰克法案》关于互换领域域外适用的规定

《多德-弗兰克法案》第722(d)条和第772(b)条分别就第七章关于互换、证券基准互换条款的域外适用问题作了规定,为判断互换交易规范的域外适用范围提供了原则性的依据。但是,两者存在不同的规定。

### (一) 第722(d)条:互换与美国的重大关联或影响以及规避美国监管

根据《多德-弗兰克法案》第722条的规定,《多德-弗兰克法案》第七章关于互换交易域外适用的规定存在两种情形:(1) 当事人一方为"美国人";(2) 以规避《多德-弗兰克法案》为目的的互换交易。《多德-弗兰克法案》第722(d)条规定,该法案除适用于美国境内的业务活动外,还适用于:(1) 与美国商业活动有直接、重要关系或者对其有直接、重要影响;(2) 违反CFTC可能制定或颁布的

---

① AIG在欧洲的CDS交易造成了AIG的信用违约互换风险。为救助AIG,美国纳税人承担了1820亿美元的救助款项。据统计,美国银行OTC衍生交易约55%—75%的风险敞口都是外国实体。See Jan D. Luettringhaus, Regulating Over-the-Counter Derivatives in the European Union—Transatlantic (Dis)Harmony After EMIR and Dodd-Frank: The Impact on (Re)Insurance Companies and Occupational Pension Funds, *Columbia Law Review*, Vol. 18, 2012, p. 19.

② See SIFMA v. CFTC, 67 F. Supp. 3d, at 422-423.

③ See Anita K. Krug, Investing and Pretending, *Iowa Law Review*, Vol. 100, No. 4, 2015, pp. 1596-1599.

④ See Margin Requirements for Uncleared Swaps for Swap Dealers and Major Swap Participants—Cross-Border Application of the Margin Requirements, 81 FR 34818 (May 31, 2016) (Final Cross-Border Margin Rules), https://www.gpo.gov/fdsys/pkg/FR-2016-05-31/pdf/2016-12612.pdf, last visited on 2020-10-9.

防止规避该法案任何规定或者适当的规则或规章。上述规定与 1934 年《证券交易法》第 30(a)条的规定存在相似之处。

《多德-弗兰克法案》第 722(d)条明确赋予 CFTC 监管权会对美国商业产生直接、重要影响或关系域外活动。这一规定体现了美国域外管辖的效果原则。但是,《多德-弗兰克法案》并没有界定"直接、重要"的含义。这意味着 CFTC 和 SEC 在这两个条款的解释方面享有较大的裁量权。①

鉴于互换交易的"定制"性,为避免当事人通过交易结构设计等手段来规避《多德-弗兰克法案》的监管,第 722(d)条对此种规避监管的互换交易规定了"类推"适用的规则,以"可能制定或颁布"的规则或规章来获取对规避监管的互换交易的管辖权。

《多德-弗兰克法案》第 722(a)(16)条规定,"交易商"和"互换主交易方"的含义根据 1934 年《证券交易法》第 3(a)条确定。《多德-弗兰克法案》第 722(a)(16)条没有采纳住所地标准,而主要关注这两类主体所持有的互换头寸规模、可能带来的风险敞口和杠杆程度。

### (二) 证券基准互换领域:第 772(b)条

《多德-弗兰克法案》第 772(b)条没有明确赋予 SEC 对证券基准互换实施域外管辖的权力,而是作出了类似于 1934 年《证券交易法》第 30 条的规定:只有在域外违法行为存在法律规避的情况下,才能域外适用证券基准互换的监管规范。此种文字表述与联邦最高法院在 Morrison 案中限制联邦证券法域外适用的表述一致。这似乎表明《多德-弗兰克法案》第 772(b)条采取的是"反对域外适用"推定。

此外,如果证券基准互换交易违反 SEC 关于防止规避《多德-弗兰克法案》的规定,则 SEC 享有域外管辖权。这一点与《多德-弗兰克法案》第 722(d)条存在相似性。

## 二、互换交易规则域外适用的具体安排

2008 年金融危机后,衍生品监管改革的一项核心内容是要求某些 OTC 衍

---

① CFTC 总法律顾问指出,《多德-弗兰克法案》第 722 条与美国反垄断法的规定非常相似,CFTC 在决定自己的管辖权限时,已经参考了反垄断法的判例。See CFTC Global Markets Advisory Committee, Meeting, Oct. 5, 2010, Tr. at 99-100 (Dan Berkovitz, CFTC Gen. Counsel).

生品或互换交易必须通过 CCP 进行集中清算。衍生品市场高度国际化，但是由于很多国家都有自己的 CCP，因此集中清算的市场结构呈现出非集中化的现象。这样，实施集中清算面临诸多管辖权问题：哪些 CCP 应被认为满足了强制性清算要求？应适用何种规则？

对于外国 CCP 在何种条件下可以获得此种业务资质，美国和欧盟存在不同的规定。CFTC 对《多德-弗兰克法案》第 722 条的解释是，CCP 如果要从事美国市场参与方互换交易的清算业务，就必须在美国登记为衍生品清算组织（DCO）。这一要求与外国清算所在美国从事期货产品集中清算的要求不同。期货交易的透明度、产品标准化和流动性程度更高，被认为不会像场外衍生品那样导致风险的集中和不透明，因而也不需要采取像互换产品那样的审慎监管措施。

相反，外国 CCP 如果从事美国境外交易所期货产品的清算，只有在涉及美国当事人时，才需要遵守相关的国际标准。根据《多德-弗兰克法案》第 725（b）条，如果 CFTC 认定该 CCP 在母国受到“可比较的全面监管”，则 CFTC 享有豁免外国 DCO 登记的权力。

如上文所述，《多德-弗兰克法案》第七章的域外适用取决于互换交易当事人是否属于“美国人”，以及交易目的是否存在规避美国监管的情形。但是，此种域外适用规定存在不明确性。《多德-弗兰克法案》本身并没有完全界定“美国人”的含义。同时，该法案哪些规定适用于非“美国人”的互换活动以及“美国人”的境外分支代理机构、子机构和附属机构的互换活动，也并不清楚。

### （一）外国分支机构和附属机构

为防止获担保的附属机构将风险导入美国担保方，《多德-弗兰克法案》将其监管规范适用于获担保的附属机构。对附属担保机构的监管有赖于多种因素：（1）相关活动对美国可能造成的风险；（2）监管涉及的事项是清算义务还是交易义务；（3）两国监管规范是否存在差异，可否适用替代合规，是否会导致监管套利。

### （二）外国交易平台登记及例外

美国境外的互换交易平台经常通过邀请美国人成为交易平台参与方或成员方的方式提供交易服务，进入美国境外的市场。对美国投资者参与境外市场，CFTC 施行相应的合约备案和参与许可制度。《多德-弗兰克法案》对外国交易平台(foreign board of trade)、联系合约(linked contract)进行了界定,并就美国交易者参与境外交易平台交易作出了推定,重点监管在境外上市且与美国交易合约密切联系的合约。

对外国交易平台的监管考虑之一是避免外国交易平台利用监管规范进行套利。同时,对外国交易平台的监管要避免不必要的负担和后果。为平衡这两方面的需求,美国一方面要求外国交易平台在美国进行登记,另一方面规定了登记豁免、替代合规和承认外国交易平台母国监管规范等降低监管冲突的缓解措施。

《多德-弗兰克法案》第738条修改了《商品交易法》第4(b)条,规定CFTC可以制定相关的规则,要求外国交易所在CFTC进行登记。根据授权,CFTC于2011年12月5日发布《外国交易平台登记规则》,于2012年2月21日生效。[①] 根据该登记规则,外国交易所如果想要让美国的会员和投资者直接进入它们的电子平台交易或者指令匹配系统,必须根据规定的程序向CFTC申请注册。

在审查境外交易所(FBOT)的申请时,除了要符合美国的监管要求,CFTC还会考虑外国交易平台及其清算组织在其母国是否受到全面的监管以及此种监管是否与美国的监管相类似。[②] 如果外国交易平台在其母国受到全面监管并与美国的监管相类似,则《商品交易法》授权CFTC有条件或无条件豁免SEF登记。[③]

CFTC于2013年10月通过了SEF登记条例,[④]强制性交易要求于2014年2月生效。[⑤] 2013年11月,CFTC表达了如下观点:通过美国境外的互换交易

---

① See Registration of Foreign Boards of Trade, Federal Register/Vol. 76, No. 247/Friday, Dec. 23, 2011/Rules and Regulations.

② FBOT及其清算组织同样需要满足CFTC在无异议函体制下的7项标准:(1)成员资格标准;(2)交易体系;(3)直接进入交易系统的合同条件与条款;(4)结算与清算;(5)所适用的监管机制;(6)规则及其执行;(7)信息分享。

③ See Section 5h(g) of the CEA, 7 U. S. C. § 7b-3(g).

④ See Core Principles and Other Requirements for Swap Execution Facilities, 78 FR 33476 (June 4, 2013), https://www.gpo.gov/fdsys/pkg/FR-2013-06-04/pdf/2013-12242.pdf, last visited on 2020-8-10.

⑤ See Process for a Designated Contract Market or Swap Execution Facility to Make a Swap Available to Trade, Swap Transaction Compliance and Implementation Schedule, and Trade Execution Requirement Under the Commodity Exchange Act, 78 FR 33606 (June 4, 2013) (MAT Rules), https://www.gpo.gov/fdsys/pkg/FR-2013-06-04/pdf/2013-12250.pdf, last visited on 2020-8-10.

平台交易或执行互换，如果与美国境内的交易产生直接、实质性的联系或对美国的商业产生影响，则 SEF 的登记要求适用于美国境外的这个多边互换交易平台。根据这个指南，在评估 SEF/DCM 登记要求时，可以考虑如下两个因素：(1) 多边互换交易平台是否直接向美国人或美国境内的人推销服务；(2) 多边互换交易平台的大多数市场参与方是否都为美国人或美国境内的人。[①]

CFTC 对所有非美国交易平台提出登记等监管要求，迫使非美国交易平台采取避免与美国企业交易的措施，导致全球互换市场的碎片化。[②]

### （三）清算组织的监管竞争

美国对互换交易域外管辖的规定引发了各国的担心。互换交易集中清算的规定会引发全球交易所对场外清算业务的争夺，并会对国际金融体系产生重要影响。如果各国规定强制性集中清算要求，就会导致各国产生多个 CCP，进而导致各国之间竞争 CCP 业务，促使各国放松监管。例如，在保证金要求方面，如果一国法律规定的保证金过高，可能令该国清算机构面临客户流失的局面；如果规定的保证金过低，则达不到制定保证金制度的意图。CCP 集聚的对手信用风险与各国监管的属地性之间存在矛盾。

由于担心《多德-弗兰克法案》强制性清算规定的域外适用会影响本国金融利益，2012 年 8 月 27 日，香港金融管理局（HKMA）、香港证监会（SFC）、新加坡金融管理局（MAS）、澳大利亚证券和投资委员会（ASIC）以及澳大利亚央行（RBA）联合署名，向美国 CFTC 发出公开信，认为美国提出的改革全球衍生品市场的提议有可能造成系统性风险并抑制交易。此前，欧盟也向美国的互换交易域外管辖表达了类似的担心。

2014 年 2 月，在澳大利亚悉尼举行的 G20 峰会上，各方明确承认 OTC 衍生金融交易对替代合规制度的需求，并指出如果不采取替代合规，可能导致市场的"有害碎片化"和意想不到的商业成本。[③]

---

① See CFTC Division of Market Oversight, Guidance on Application of Certain Commission Regulations to Swap Execution Facilities (Nov. 15, 2013), https://www.cftc.gov/sites/default/files/idc/groups/public/@newsroom/documents/file/dmosefguidance111513.pdf, last visited on 2020-8-10.

② See U.S. Treasury Report on Capital Markets, supra note 47, at 133.

③ See Communiqué, G20 Leaders, Meeting of Finance Ministers and Central Bank Governors in Sydney, Australia (Feb. 22-23, 2014).

### (四)外国交易数据库信息获取与保密

各国互换数据库对数据形式的要求不一,导致数据跨境累加计算存在困难。如果数据标准和解释不一致,则会影响数据跨境使用的效率和效果。由于各国在数据库使用和保密方面的法律规定存在差异,数据库跨境存储和使用还面临保密问题。

## 三、跨境协调与《多德-弗兰克法案》域外适用的支撑

《多德-弗兰克法案》第七章的相关规定存在模糊性,其他国家对互换交易缺乏相应的监管规定。因此,美国需要就《多德-弗兰克法案》第七章的域外适用进行跨境协调并为之提供相应的支撑。

在建立互换领域的国际监管标准(包括费用)方面,《多德-弗兰克法案》第752(a)条要求 CFTC、SEC 以及其他审慎监管机构适当地与外国监管机构进行磋商和协调。为了维护公共利益、保护投资者和互换(证券基准互换)对手方利益之需,CFTC、SEC 可以与外国监管机构建立信息分享安排。《多德-弗兰克法案》要求 CFTC 和 SEC 就此进行系列研究并提交报告。

《多德-弗兰克法案》第 719 条规定,在《多德-弗兰克法案》颁布后 18 个月内,CFTC 和 SEC 必须就清算所的国际监管、美国监管制度与国际监管制度一致性等问题共同向国会提交报告。①

同时,CFTC 主席每两年须向国会报告美国和海外衍生品市场情况(包括对其现状的评估)、监管制度在管理系统性风险方面的有效性、美国监管给市场参与方带来的成本以及可获得数据的质量。

本书的认识是,美国监管规范的绩效评估降低了美国单方提高监管标准对美国金融市场所可能造成的不利影响。上述研究、磋商和协调要求不仅具有礼让因素,更具有建构意义,在磋商沟通中就美国监管规范的跨境传播塑造共识。

在此基础上,CFTC 和 SEC 根据《多德-弗兰克法案》的授权,分别制定并发布了《CFTC 互换指南》和《以证券为基础的跨境互换活动解释指南》(以下简称

---

① 2012 年,两个监管机构发布了国际互换监管联合报告。这份报告对美国、欧盟和亚洲三个国家和地区关于场外衍生品的监管体制进行了比较研究,分析了相互之间的异同,讨论了协调的可能性,并提出了下一步的行动建议。See Joint Report on International Swap Regulation: Required by Section 719(c) of the Dodd-Frank Wall Street Reform and Consumer Protection Act.

《SEC互换指南》)。这两份指南界定了互换交易当事人(包括"美国人")的含义,以及"非美国人"决定是否需要登记交易商、主参与方的方法,监管标准对跨境交易当事人的适用和替代合规。这两份指南成为美国域外适用互换交易监管规范的重要风向标和判断标准。2016年5月,CFTC还通过了对未偿互换合约的保证金要求实施跨境方法的有关规则。

## 第四节 CFTC关于互换交易域外管辖的规定

根据《多德-弗兰克法案》第722(d)条的规定,如果美国域外的互换活动对美国境内商业活动有"直接、重要"的影响或与美国境内商业活动有"直接、重要"的联系,《多德-弗兰克法案》第七章就应适用于该互换交易。[①] 为明确"直接、重要"的影响或联系之标准,《多德-弗兰克法案》授权CFTC制定衍生交易监管规范的域外适用规则。

CFTC在全球衍生品市场监管以及落实G20衍生品监管共识方面处于引领地位。2013年7月,CFTC颁布了《CFTC互换指南》,明确了《多德-弗兰克法案》第七章及CFTC所确立互换交易监管规范的域外适用标准。这种域外适用标准具体体现在"美国人"的界定、"非美国人"登记与累加计算、合规义务等方面。但是,由于这些标准比较宽泛、模糊,各国境内的互换交易面临被美国管辖的不确定性和监管冲突。《CFTC互换指南》规定了临时豁免、替代合规,为美国管辖域外互换交易、传播美式监管规范提供了法制保障,美国互换交易市场基础设施为此提供了市场支撑。

《商品交易法》第25条赋予私人诉权,私人不仅可以在法院提起诉讼,还可以在CFTC提起行政程序,寻求救济。如果被指控的欺诈行为发生在美国境外或受害方为"非美国人",法院就会面临管辖权问题。

---

① 《多德-弗兰克法案》第722条修订了《商品交易法》第2条,增加了如下一段话:"(i) Applicability. —The provisions of this Act relating to swaps that were enacted by the Wall Street Transparency and Accountability Act of 2010 (including any rule prescribed or regulation promulgated under that Act), shall not apply to activities outside the United States unless those activities—(1) have a direct and significant connection with activities in, or effect on, commerce of the United States; or (2) contravene such rules or regulations as the Commission may prescribe or promulgate as are necessary or appropriate to prevent the evasion of any provision of this Act that was enacted by the Wall Street Transparency and Accountability Act of 2010."

## 一、《CFTC 互换指南》域外管辖标准解析

为判断"直接、重要"的影响或联系,《CFTC 互换指南》主要是基于互换交易与美国关联,假定凡"美国人"参与的域外互换交易,就会对美国境内的商业活动有"直接、重要"的影响或联系。换言之,互换交易只要与"美国人"存在关联,就可以将《多德-弗兰克法案》第七章适用于域外交易活动,并不需要证明此种联系必须对美国的商业产生实际的影响。①

从表面上看,此种管辖规定似乎只是基于"属人"连接因素,对"美国人"行使管辖权。② 实际上,《CFTC 互换指南》对"美国人"作了宽泛的界定,突破了法律意义上常见的"国籍"或"住所地"标准,将法律意义上的某些"非美国人"也纳入"美国人"的范畴予以监管。

更重要的是,"非美国人"如果在美国境外以"美国人"为交易对手且互换交易金额达到了"最低数量门槛"标准,就需要登记为非美国互换交易商(以下简称"SD")或互换主参与方(以下简称"MSP"),③接受《多德-弗兰克法案》第七章的管辖并不同程度地遵守 CFTC 的监管要求。因此,界定"美国人"成为确定《多德-弗兰克法案》第七章域外适用范围的起点。

为此,《CFTC 互换指南》花了大量的篇幅规定判断"美国人"的标准,以及"非美国人"SD/MSP 登记所需要的"最低数量门槛"累加计算方法,成为《CFTC 互换指南》域外管辖标准的核心内容。

### (一)"美国人"判断标准

《CFTC 互换指南》对"美国人"的界定规定了基本标准,并在此基础上针对特殊情形规定了特殊标准,且以"包括但不限于"的表述方式预留了宽泛的灵活空间。

---

① See Commodity Futures Trading Commission, Interpretive Guidance and Policy Statement Regarding Compliance with Certain Swap Regulations; Rule, Federal Register/Vol. 78, No. 144/Friday, July 26, 2013/Rules and Regulations, at 45299.

② 根据《CFTC 互换指南》,任何实体只要属于"美国人",就必须遵守 CFTC 的监管规范。See Commodity Futures Trading Commission, Interpretive Guidance and Policy Statement Regarding Compliance with Certain Swap Regulations; Rule, Federal Register/Vol. 78, No. 144/Friday, July 26, 2013/Rules and Regulations, at 45, 348-350.

③ 如无特别说明,下文重点围绕 SD 进行阐述,一般不涉及 MSP 特有的规定。

1. 判断“美国人”的基本标准

《CFTC互换指南》中的“美国人”超出了法律意义上具有美国国籍的自然人和法人。《CFTC互换指南》不仅从国籍、地域等传统连接因素角度界定“美国人”，还从股权、控制权、受益人、法律适用及法律责任的承担等角度界定“美国人”，形成了《CFTC互换指南》意义上的特殊“美国人”，为美国管辖域外互换交易提供了宽泛的标准。根据《CFTC互换指南》的规定，“美国人”有其特定的含义，包括但不限于：(1) 美国自然人居民；(2) 被继承人（死亡时为美国居民）的遗产；(3) 依美国法成立（或主营业地位于美国）的法律实体，包括公司、合伙或商业实体；(4) 针对上述“(3)”项下法律实体从业人员的退休金计划；(5) 适用美国某一州（或美国其他法域）法律的信托，且美国法院能对该信托行使主要的监督权；(6)“(3)”以外的集合投资工具，主要由“(1)—(5)”中的一人或数人拥有，仅对“非美国人”发行除外；(7) 主要由“(1)—(5)”中的“美国人”直接或间接拥有，并对该法律实体承担无限责任；(8) 任何账户，至少其中一个受益人是“(1)—(7)”中的“美国人”。

2. 判断“美国人”的特殊标准

《CFTC互换指南》规定了集合投资工具、“美国人”的外国分支机构、受“美国人”担保的关联机构、“美国人”的导管关联机构等几种特殊“美国人”。

(1) 集合投资工具

《CFTC互换指南》从股权的角度判断集合投资工具是否具有“美国人”的身份，如果集合投资工具主要（股权或投票权超过50%）由上述“(1)—(5)”中的“美国人”拥有，则其本身属于“美国人”。[①] 在这里，除非投资者存在共同控制，否则不需要考虑间接控股问题。同时，如果集合投资工具仅对“非美国人”公开发行，不对“美国人”发行，那么也不属于“美国人”。

集合投资工具是“集合”众人资金进行“投资”以实现回报众人集资的“工具”，运作这些资金的公司是集合投资工具的关键，高级管理人员在指导、控制并协调该工具的形成、交易和投资等方面发挥着核心作用。《CFTC互换指南》采用了“透视法”，以高级管理人员（不一定是股东）是否位于美国来判断集合投

① 主营业地规则是将那些在美国境外成立，但业务活动的指导、控制和协调中心在美国境内的实体纳入其中。See Commodity Futures Trading Commission, Interpretive Guidance and Policy Statement Regarding Compliance with Certain Swap Regulations; Rule, Federal Register/Vol. 78, No. 144/Friday, July 26, 2013/Rules and Regulations, at 45309-45311.

资工具的“美国人”身份。因此，《CFTC 互换指南》在集合投资工具“主营业地”的判断方面采用了特殊标准：如果负责组建、推广(或实施集合投资工具投资策略)集合投资工具的高级管理人员位于美国，则集合投资工具就构成“美国人”。①

(2)“美国人”的外国分支机构

根据《CFTC 互换指南》，“美国人”在境外设立的分支机构不具有独立于“美国人”的法律身份，属于“美国人”。这是因为，外国分支机构的权利义务由“美国人”承担，风险最后都会聚集到“美国人”身上，《CFTC 互换指南》据此将外国分支机构纳入“美国人”的范畴。同理，外国人在美国的分支机构不属于“美国人”。美国实体的外国附属或子机构由于在法律上属于外国法人，独立于美国实体，故不属于“美国人”。

(3)受“美国人”担保的关联机构

根据《CFTC 互换指南》，非美国实体如果从其美国关联机构获得无限责任担保，则构成“美国人”。②《CFTC 互换指南》采用“透视法”来判断担保，关注是否会将风险直接传导到美国这一内容而不是担保的具体法律形式。《CFTC 互换指南》将担保纳入计算范围是因为担保会对互换交易的价格形成影响，尽管此种影响会因追索权程度不同而异。至于如何判断“无限责任”，仍然是一个有待解决的问题。

(4)“美国人”的导管关联机构

鉴于关联机构之间的密切关系，美国 SD 或 MSP 可以利用境外关联机构在《多德-弗兰克法案》监管框架之外从事互换活动，此类关联机构成为“美国人”与第三方从事互换交易的“导管”，但其风险会影响并最终传导给“美国人”。③为避免“美国人”利用境外关联机构从事互换活动以规避《多德-弗兰克法案》监管

---

① See Commodity Futures Trading Commission, Interpretive Guidance and Policy Statement Regarding Compliance with Certain Swap Regulations; Rule, Federal Register/Vol. 78, No. 144/Friday, July 26, 2013/Rules and Regulations, at 45309-45311.

② 如果此种担保仅是一般责任担保，则并不自动构成“美国人”，但其互换交易在计算“最低数量门槛”标准时要被计入，并需遵守《多德-弗兰克法案》第七章的一些监管规定。

③ 从实践看，规模较大的跨国公司经常会设立独立的机构(导管机构)来专门管理或对冲风险。导管机构据此可以同跨国公司的各关联机构进行互换交易，并同第三方进行互换以对冲前一互换。同时，导管机构可以作为关联机构的代理人同第三方进行互换交易。在这些情形下，导管机构成为关联机构同第三方互换活动的工具，风险最终传导给“美国人”。

体制,《CFTC 互换指南》认为"美国人"的"导管关联机构"应被视为"美国人",并从如下几个方面提供了判断标准:[①]① 所有权标准:是否主要由"美国人"直接或间接拥有。② 控制标准:是否直接或间接由"美国人"控制或与之受到共同控制。③ 财务报表标准:财务业绩是否应被纳入"美国人"的合并财务报表。④ 交易目的标准:"非美国人"在正常商业过程中是否为了对冲或降低其美国关联机构所面临的风险或代表其美国关联机构之目的而与非美国第三方从事互换交易。同时,"非美国人"同其美国关联机构签订抵消互换或其他安排,以将同第三方的互换交易风险或收益转移给其美国关联机构。

由上可见,导管关联机构的判断标准涉及所有权、控制权、财务报表和交易目的等方面,需要对这些机构进行"透视"才能确定其是否属于"美国人"。

(5)"包括但不限于"

《CFTC 互换指南》明确指出,"美国人""包括但不限于"上述标准所界定的范畴。实践中,考虑到相关事实、环境情况和平衡相关监管利益的需要,无法被列入上述类型但又能对美国产生"直接、重要"影响的市场参与方也可能属于"美国人"。这为 CFTC 今后进一步扩张域外管辖范围提供了空间。

在解释"包括但不限于"方面,《CFTC 互换指南》参考了第三次重述第 403(2)条的相关标准,认为需要考虑的因素包括:① 互换活动与美国商业的关联性;② 互换活动在多大程度上发生在美国境内;③ 监管该互换活动对美国的重要性;④ 引发监管冲突的可能性;⑤ 国际礼让因素。此外,《CFTC 互换指南》认为还需要考虑互换交易方目前受监管的状况。[②]

3. 判断"美国人"之程序保障

从上述介绍可以看出,判断"美国人"需要考虑国籍、住所、所有权、控制权、受益人、法律适用和责任承担等要素,标准极其宽泛。市场参与方在判断交易对手是否为"美国人"时,面临较大的收集信息的压力,承担了较重的尽职调查义务。同时,"包括但不限于"的措辞进一步加剧了判断标准的不确定性。鉴此,《CFTC 互换指南》规定了咨询程序和陈述安排这两种程序措施,以降低"美国人"判断标准所可能带来的不确定性。

---

① See Commodity Futures Trading Commission, Interpretive Guidance and Policy Statement Regarding Compliance with Certain Swap Regulations; Rule, Federal Register/Vol. 78, No. 144/Friday, July 26, 2013/Rules and Regulations, at 45, 358.

② Ibid., at 45, 316.

首先,市场参与方对其本身及其交易对手是否属于“美国人”不确定时,可以咨询 CFTC 工作人员。[①]

其次,市场参与方可以合理依赖交易对手的书面陈述来判断其是否属于“美国人”。至于“合理依赖”之“合理”标准,则需要根据个案中的具体情形进行判断。[②]

(二)非美国 SD/MSP:“影响”的量化与累加

登记为 SD/MSP 不仅限于“美国人”,“非美国人”也有可能需要登记为 SD/MSP。根据《CFTC 互换指南》,“非美国人”如果在前 12 个月内以“美国人”为交易对手在美国境外的互换交易累加达到“最低数量门槛”时,推定其与美国商业有“直接、重要”的影响或联系,需要登记为 SD 或 MSP。在这里,由于交易对手为“美国人”,“非美国人”的互换交易同美国有了联系,同时推定此种互换交易金额达到一定数量即会对美国境内的商业产生“影响”,尽管这种金额是前 12 个月内交易量的累加。

根据《CFTC 互换指南》,非“美国人”(既非“受美国人担保的机构”,也非“导管关联机构”)只需将其同“美国人”(不包括“美国人”的外国分支机构或“美国人(具有 SD 身份)”的关联机构)的互换交易纳入“最低数量门槛”计算范围。[③] “非美国人”共同受控制的关联机构所从事的互换交易金额也要计算在内,除非这些关联机构已经登记为 SD。

“非美国人”登记为 SD 后,就要接受 CFTC 的监管,适用美国的监管规范,即使这些机构及互换活动均位于美国境外。由于美国监管的事项不仅限于 SD 内部事项,还涉及 SD 与其交易对手之间的交易关系,美国通过规定交易报告、交易执行和中央对手清算等交易标准,将 SD 的交易对手也间接纳入 CFTC 的监管范畴。从这里可以看出,美国金融机构的市场地位和美国金融市场的全球性地位为《多德-弗兰克法案》第七章的域外适用提供了支撑。

---

① See Commodity Futures Trading Commission, Interpretive Guidance and Policy Statement Regarding Compliance with Certain Swap Regulations; Rule, Federal Register/Vol. 78, No. 144/Friday, July 26, 2013/Rules and Regulations, at 45, 316.

② 为此,ISDA 专门提供了有关跨境交易的身份陈述(跨境掉期声明书),交易对手据此判断是否需要(以及在多大程度上)遵守《多德-弗兰克法案》监管规范。

③ See Commodity Futures Trading Commission, Interpretive Guidance and Policy Statement Regarding Compliance with Certain Swap Regulations; Rule, Federal Register/Vol. 78, No. 144/Friday, July 26, 2013/Rules and Regulations, at 45, 324.

## 二、缓解管辖冲突、“推销”美式标准:“混搭”的替代合规

国际金融市场的多极化使得美国单边推行域外管辖面临较大的压力。[①]《CFTC 互换指南》充分关注到这一现实,为保护美国的利益、降低同其他国家法律的冲突,[②]对管辖域外互换活动作了一定的限制。此种限制主要表现在临时豁免适用《CFTC 互换指南》、替代合规机制这两个方面。两者“混搭”,共同推动其他国家接受《CFTC 互换指南》所确定的标准。

《CFTC 互换指南》主要是从四类人的角度界定特定监管要求是否适用:(1)“美国人”;(2)“非美国人”;(3)“美国人”担保的“非美国人”;(4)“非美国人”但属于“美国人”的附属机构。同时,这个指南还对银行分支机构、“非美国人”但利用美国境内的代理人或雇员的情形给予特殊考虑。

### (一) 豁免适用

《CFTC 互换指南》发布后,CFTC 对欧盟、加拿大、瑞士、澳大利亚、日本和中国香港地区等 6 个法域发布了豁免适用《CFTC 互换指南》的指令,允许这 6 个法域在 2013 年 12 月 21 日前不适用《CFTC 互换指南》在机构层面和交易层面的某些要求。

《CFTC 互换指南》规定,交易层面的要求不适用于“非美国人”SD/MSP 与“非美国人”之间的交易。但是,CFTC 互换交易与中介监督部门(DSIO)的工作人员 2014 年 11 月发布的一份咨询意见认为,“非美国人”SD(无论是否属于“美国人”的附属机构)在与“非美国人”的互换交易中,如果经常利用美国境内的人员或代理人来安排、谈判或执行交易,通常应被要求遵守交易层面的要求。此种要求应于 2015 年 9 月 30 日开始执行。[③]

---

① 例如,英国、日本和法国政府负责金融监管的人士联合向 CFTC 发函,强调通过“替代合规”来进行协调、合作。See Joint Letter from George Osborne, Chancellor of the Exchequer, UK Government and Others to Gary Gensler, Chairman, Commodity Futures Trading Comm'n., "US Cross Border Swaps Rules" (Oct. 17, 2012).

② See Commodity Futures Trading Commission, Interpretive Guidance and Policy Statement Regarding Compliance with Certain Swap Regulations; Rule, Federal Register/Vol. 78, No. 144/Friday, July 26, 2013/Rules and Regulations, at 45, 301.

③ See Extension of No-Action Relief: Transaction-Level Requirements for Non-U. S. Swap Dealers, CFTC No-Action Letter No. 14-140 (Nov. 14, 2014).

（二）替代合规

《CFTC 互换指南》确立的宽泛、模糊的域外管辖标准会造成过度的域外管辖，引发其他国家的对抗，并有损美国境外分支机构的竞争力。为此，《CFTC 互换指南》规定，在 SD/MSPs 遵守相关国家监管规范的情况下，其域外交易可以在机构层面和交易层面不同程度地不再适用《多德-弗兰克法案》的规定。① 在适用替代合规的情况下，互换交易当事人所需要遵守的监管规范包括美国和非美国的监管规范这两部分。在监管规范上出现了"混搭"，这是为了降低其他国家的对抗，在域外推广《多德-弗兰克法案》所确立的监管体制。替代合规成为《CFTC 互换指南》的重要支撑。

1. 替代合规的适用范围

在判断替代合规方面，CFTC 并不要求外国监管机制与美国完全一致，而是采取了要素考察法，结合监管规范的类型、交易对手等情形来综合决定。

根据《CFTC 互换指南》，非美国 SD/MSPs 需要遵守机构层面的全部要求，但视交易对手和机构层面的规范类型可以适用替代合规。在规范类型方面，机构层面的要求可以细分为两类：

第一类要求涉及机构内控和风险管理，构成机构抵御金融风险、运营风险和合规风险的第一道防线。这些要求包括：(1) 资本充足；(2) 设立首席合规官；(3) 风险管理；(4) 衍生产品交易数据存储。由于非美国 SD/MSPs 主要的互换业务一般在其母国进行，受母国的地域管辖，《CFTC 互换指南》规定不需要考虑交易对手是否为"美国人"，此类要求都可以适用替代合规机制。

第二类要求重点服务于 CFTC 的监管职能，保证 CFTC 全面及时了解市场风险的集中度并有效监测互换市场成员风险。这类要求表现为获取交易信息，涉及：(1) 交易数据报告（swap data reporting），包括实时数据报告（real-time data reporting）和监管数据报告（regulatory data reporting）；(2) 大交易商报告（large trader reporting）。对于第二类要求，只有在交易对手为"非美国人（包括'美国人'的关联机构）"，并且 CFTC 能直接获得存储在外国交易数据库中的互换数据时，才可以在 SDR 报告方面适用替代合规。

① See Commodity Futures Trading Commission, Interpretive Guidance and Policy Statement Regarding Compliance with Certain Swap Regulations; Rule, Federal Register/Vol. 78, No. 144/Friday, July 26, 2013/Rules and Regulations, at 45,343-344.

交易层面的要求分为 A、B 两类。其中，A 类涉及降低风险和增强透明度方面的八项要求，B 类涉及外部行为规则这一项要求。A 类要求可以适用替代合规，B 类要求则不适用替代合规。这些要求的替代适用需要根据具体交易情况决定，需要考察互换交易当事人的身份和地位，并会影响互换交易的双方当事人，但实践中合规证明义务大多由互换交易商承担。替代适用的一个大致的原则是，如果“美国人”不承担交易风险，则不用适用交易标准。替代适用既要服务于维护美国金融市场的稳定，也要服务于美国金融市场的竞争力，避免外国实体不愿意同美国互换交易商（或 MSP）外国分支机构进行互换交易。在《CFTC 互换指南》注释 513 中，CFTC 认为非美国互换交易商或 MSP 应遵守交易层面的要求，不得适用替代合规，详见表 6-1。

**表 6-1　替代合规的具体情形**

| 交易对手的类型 | 交易标准对“非美国人”的可适用性 |
|---|---|
| “美国人”SD | 直接适用 |
| “美国人”SD 的外国分支机构 | 直接适用，可适用替代合规 |
| “美国人”SD 的外国附属机构 | 不适用；如果交易对手的义务由“美国人”担保，则直接适用，并可适用替代合规 |
| SD 但非“美国人” | 同上 |
| “美国人”但非 SD 或 MSP | 适用如下标准，但可适用替代合规：清算、交易执行、实时报告、大交易商报告、互换数据存储和记录保存 |

2. 替代合规的决定程序

替代合规表面上限缩了《CFTC 互换指南》所确立的域外管辖的范围，减少了美国与其他国家的监管冲突，实际上是通过此种机制来推动其他国家采纳美国的监管规范。

根据《CFTC 互换指南》，有资格申请替代合规的主体包括：外国监管机构、非美国实体（单个或集体）、美国的银行（国外分支机构为 SD 或 MSP）、行业协会或代表相似实体的其他组织。上述主体可以单独或集体申请适用替代合规机制。可以看出，申请人涵盖了外国国家、私人和社会组织等三类主体。根据一方当事人请求作出的替代合规决定将适用于 CFTC 所批准的该国所有市场参与方。但是，CFTC 发布了替代合规决定后，仍然对适用该决定的市场参与方保持检查和执法权。一方面，此种做法鼓励了其他国家的私人、监管机构申请替代合规,诱导其他国家接受美国的监管规范。另一方面,美国批准替代合规后,又对这些法域实施动态管理,使得其他管辖法域始终要对美国的监管规范持"遵从"的态度。

CFTC 根据申请对外国监管机制进行评估,以决定其是否与《多德-弗兰克法案》第七章和 CFTC 的监管规范相当。在评估标准方面,CFTC 是基于单项规则要求进行比较,而不是比较监管体制这一整体。另外,CFTC 根据外国管辖法域的不同,相应调整替代合规的评估方法和具体比较事项。

监管机构层面的双边磋商对推动其他法域接受美式标准具有重要作用。由于很多国家正逐步推动互换交易监管改革,监管规范处于变动之中,CFTC 采用了双边磋商的方法,与申请人所属国进行磋商以了解该国相关的合规机制,以此影响外国监管规范的内容。例如,2013 年 7 月 11 日,CFTC 和欧盟委员会就场外衍生品市场跨境监管协调问题达成一致,替代合规成为双方协调场外互换市场跨境监管的基本原则,双方各自在监管体系中引入和实施替代合规方法,并为满足对方的替代合规要求创造足够条件。[①] 同月 13 日,CFTC 发布《特定互换监管合规的豁免指令》,确保跨境交易平稳过渡并为最终与其他国家达成一致争取时间。2013 年 12 月 20 日,CFTC 批准认定包括欧盟在内的 6 个法域同《多德-弗兰克法案》第七章的规定具有不同程度的可比性。[②]

《CFTC 互换指南》逐个比较监管要求,还要考虑"以效果为基础"的方法。根据这种方法,CFTC 会侧重实施层面的比较,不仅要看两国监管规范的条文规定,还要看这些规定的实施能否实现与《多德-弗兰克法案》相同的监管目标,[③]这就使得 CFTC 享有更大的裁量权和谈判对价能力。

值得注意的是,豁免适用与替代合规相辅相成。根据《特定互换监管合规

① See Press Releases, U. S. Commodity Futures Trading Commission, The European Commission and the CFTC Reach a Common Path Forward on Derivatives (July 11, 2013), http://www. cftc. gov/PressRoom/PressReleases/6640-13, last visited on 2020-9-12.

② See Press Releases, CFTC Approves Comparability Determinations for Six Jurisdictions for Substituted Compliance Purposes, http://www. cftc. gov/PressRoom/PressReleases/6802-13, last visited on 2020-9-12.

③ See Commodity Futures Trading Commission, Interpretive Guidance and Policy Statement Regarding Compliance with Certain Swap Regulations; Rule, Federal Register/Vol. 78, No. 144/Friday, July 26, 2013/Rules and Regulations, at 45,342-343.

的豁免指令》，对于已经进入替代合规评估程序的国家/地区，其 SD 和 MSP 除了按照本国/地区或者美国要求报告信息之外，不必履行 CFTC 在机构层面的监管要求，也不必履行 CFTC 在交易层面的监管要求（包括与美国居民担保的海外子公司之间的互换交易）。

在外国市场设施的所属国具有“可比较的全面监管”的情形下，《商品交易法》允许 CFTC 免除外国市场设施的某些合规义务。CFTC 就替代合规作出了规定。在交易数据库方面，《多德-弗兰克法案》不允许 CFTC 豁免互换数据库登记义务。在 CCP 方面，CFTC 可以有条件或无条件豁免承担互换产品清算任务的 DCO 的登记义务。SEF、DCM 和 FBOT 是 CFTC 允许的交易所或电子交易平台。CFTC 只能有条件或无条件豁免 SEF 的登记义务，但不能免除 DCO 的登记义务。

在替代合规的判断标准方面，CFTC 采纳了 IOSCO 支付与清算委员会关于 CCP 的国际标准 PFMIs。例如，CFTC 允许 FBOT 通过 CCP 进行清算，只要这些 CCP 在 CFTC 登记为 DCOs 或者遵守了 PFMIs。CFTC 还公开表示，将来豁免外国 CCP 的 DCO 登记义务时，会考虑 CCP 是否遵守了 PFMIs。

在全球衍生品市场监管协调方面，CFTC 和 EC 于 2016 年达成了调整跨境互换交易 CCP 共同方法。[①] CFTC 据此发布了在 CFTC 登记的欧盟 DCOs（双重登记 CFTC）的可比性决定（comparability determination），双重登记的 CCP 可以通过符合 EMIR 相应规定的方式来满足 CFTC 的监管要求。随后，EC 也发布了判断 CFTC 的 DCOs 的等效性决定（equivalence determination）。[②] CFTC 监管跨境中央对手主要限于 CCP 在美国境内的活动。欧盟的方法是将欧盟法适用于 CCP 的全部清算活动，包括 CCP 在欧盟境外的业务活动，而且不仅限于互换活动。

---

① See Joint Statement from CFTC Chairman Timothy Massad and European Commissioner Jonathan Hill, The United States Commodity Futures Trading Commission and the European Commission: Common Approach for Transatlantic CCPs (Feb. 10, 2016).

② See Commission Implementing Decision (EU) 2016/377 (Mar. 15, 2016), https://eur-lex.europa.eu/legal-content/EN/TXT/PDF/?uri=CELEX:32016D0377&from=EN, last visited on 2020-9-15.

## 三、《CFTC 互换指南》域外管辖标准评价

《CFTC 互换指南》宽泛地界定"美国人",并将《多德-弗兰克法案》第七章的监管要求不同程度地适用于"非美国人"的 SD/MSP。从降低系统性风险的角度考虑,此种域外管辖的做法具有一定的合理性。但是,《CFTC 互换指南》在管辖标准的设置方面过于宽泛且具有不确定性,过于激进。

### (一)《CFTC 互换指南》确立的域外管辖标准具有一定的合理性

互换交易具有跨境性,很难界定哪些交易活动是纯粹的美国"境内"活动。另外,互换市场的相互关联性使得交易方很容易通过游离于不同管辖法域交易市场的方式规避美国的监管,利用监管规范的差异进行跨境套利。在此种意义上,美国管辖域外互换交易有其理由。由于系统性风险的形成具有累积的过程,因而采用累加方法判断域外互换交易对美国的影响也有一定的道理。从《CFTC 互换指南》的前提假定和具体标准设定看,《CFTC 互换指南》参考了第三次重述第 402 (1)(c)条中的效果原则。

G20 关于衍生金融监管的规定为美国向全球推广其互换交易监管规范提供了正当性。从 G20 和美国的标准可以看出,交易报告要求以具有交易数据库为前提,交易执行以建有交易所为前提,中央对手清算以各国具有中央清算设施为前提。此外,根据《多德-弗兰克法案》第 715 条的规定,如果 CFTC 认定外国互换市场的监管损害了美国金融体系的稳定性,在经商财政部认可后,可以禁止位于该外国的实体参与美国境内的互换活动。此种立法规定无疑增强了《CFTC 互换指南》的执行力度。这说明,以本国法干预外国金融市场,需要本国完善的金融基础设施作为支撑。

### (二)《CFTC 互换指南》域外管辖的具体标准过于激进

首先,《CFTC 互换指南》宽泛地界定了"美国人"的范围,将在美国境外从事互换交易的市场参与方纳入"美国人"的范畴,其互换交易也因此被纳入《多德-弗兰克法案》的调整范围。外国市场参与方受本国和美国两个法域的监管规范约束,很容易引发冲突。

例如,当地保护隐私的法律可能不准许本地 SD 将客户数据传至美国以履行互换交易报告义务。又如,当同一企业同时从事衍生品互换和证券类互换这两种交易时,存在同时适用两种监管标准的可能。如果美国要求注册为 SD,而

这些机构的母国并不要求注册，如何利用替代合规机制？外国 SD 在与“美国人”或者“美国人”担保的外国对手方交易时，只能在注册衍生品清算机构实行集中清算。由此，相关的外国 CCP 必须在短时间内获批成为注册衍生品交易方和清算机构（或获得注册豁免）。

其次，在策略上，美国先制定管辖域外互换交易的标准，然后规定一定的豁免期间，以缓解其他国家或地区的对抗，并通过替代合规机制向其他国家的监管机构施压和协调国际监管规范。与《CFTC 互换指南》相配合，CFTC 发布了多项“无异议函”来推动《多德-弗兰克法案》的实施。

但是，这些举措并没有完全减弱《CFTC 互换指南》的激进做法所产生的影响，也使得《CFTC 互换指南》面临较尴尬的局面。2013 年 12 月，证券业与金融市场协会（SIFMA）、ISDA、国际银行家协会（IIB）等行业协会就《CFTC 互换指南》的正当性问题向美国哥伦比亚地方法院提起了诉讼，要求法院裁定撤销《CFTC 互换指南》，并裁定 CFTC 在制定适当的域外适用规则前不得管辖域外互换交易。① 此外，《CFTC 互换指南》原定于 2014 年 3 月 24 日实施，但美国已经推迟了实施时间。②

CFTC 的监管方法建立在如下假定之上：“美国人”的每一项互换交易，无论在何时何地，都会与美国的商业活动存在“直接、重要”的联系或影响，进而要求适用 CFTC 的交易规则。这种方法没有区分互换改革的两种取向：降低系统性风险的改革与解决特定市场和交易实践的改革，后者需要遵循当地交易条件。

CFTC 的管辖权应关注如何防止美国境外的系统性风险传导到美国境内，而非尽可能扩大管辖权。交易价格的透明度、市场结构、交易平台和交易执行方式并不像跨境风险传递那样直接。因此，这些规则的域外适用并非最为重要。这与《商品交易法》第 2(i)条赋予 CFTC 的职权相符合，要求 CFTC 关注能对美国产生“直接、重要”联系的美国境外活动。

《CFTC 互换指南》将降低风险的规则与增加市场透明度的规则放在一起。

---

① See Securities Industry and Financial Markets Association, International Swaps and Derivatives Association, and Institute of International Bankers v. United States Commodity Futures Trading Commission (Civil Action No. 13-CV-1916).

② See CFTC Delays Derivatives Trading Rules, http://www.efinancialnews.com/story/2014-03-24/cftc-delays-derivatives-trading-rules?ea9c8a2de0ee111045601ab04d673622, last visited on 2020-7-10.

但是,这项指南并没有明确如何考虑域外适用市场透明度规则。

CFTC 主席 J. Christopher Giancarlo 建议采取双层体系,将美国境外的监管区分为“可比” 和“不可比”,赋予“具有可比性”的国家对其监管事项以更大的控制权,只要此等被监管事项不会给美国金融体系带来风险。

鉴于《CFTC 互换指南》域外管辖标准的宽泛性和模糊性,随着我国互换市场国际化程度的提升,《CFTC 互换指南》所确立的域外管辖标准对我国从事互换活动的交易商和清算机构都会产生影响。在交易层面,我国互换交易当事人可以考虑通过互换交易协议中的“陈述与保证”条款,将交易对手的“美国人”“非美国人”的身份判断义务交由对手方承担,并规定相应的违约责任。需要进一步思考的问题是,我国境内的互换交易标准协议文本是否需要考虑域外管辖问题并作出相应的安排?我国是否需要向 CFTC 申请替代合规?以企业和监管机构的名义进行申请,哪种更合适?我国在《证券法》的修订以及“期货法”的制订过程中是否需要考虑域外管辖问题?这些都亟待进一步的研究。

## 四、CFTC 域外管辖非法互换交易的难题

《多德-弗兰克法案》对滥用互换、操纵市场和欺诈行为作出了规定。为了增加和扩展 CFTC 打击操纵市场和欺诈行为的权力、保护市场参与者和提高市场的完整性,《多德-弗兰克法案》第 753 条细化并完善了《商品交易法》第 6 (c) 条关于市场操纵、虚假信息陈述的规定,宽泛地禁止欺诈和操纵行为,以及 CFTC 处理上述违法违规行为的程序。CFTC 根据《多德-弗兰克法案》的授权,于 2011 年发布了《反操纵最终规则》,广泛地禁止与互换、州际贸易中的商品买卖合约或者根据任何登记实体的规则签订的未来交割合约有关的任何欺诈和操纵行为。

在互换交易中,即使境外的欺诈活动与本国境内的关联性很小,也可能对本国产生重大不利影响。例如,B 国当事人约定以 A 国利率为对象进行互换,A 国境内的利率操纵行为会对 B 国境内的互换交易造成重大影响,尽管此种行为本身与 B 国并无关联。

如前所述,这给《多德-弗兰克法案》互换交易监管规范的域外适用问题带来了困难。

首先,如何认定“操纵”是 CFTC 和司法机关面临的“老大难”问题。美国司

法机关在实践中通过司法案例，根据《商品交易法》第6(c)条和第9 (a)(2)条确立了认定操纵行为的四大要件：操纵的能力、操纵的故意、人为价格、因果关系。但是，这四大要件的解释仍然面临诸多难题。

在认定“操纵的故意”方面，《多德-弗兰克法案》和CFTC《反操纵实施细则》将操纵行为分为两类：“使用或者试图使用操纵手段和欺诈手段的操纵行为”和“价格操纵行为”。这两类行为所适用的“故意”判断标准存在差异。根据CFTC的解释，前者对主观故意(scienter)的要求是故意的(intentional)或者不计后果的(reckless)。后者对主观故意的要求则是特定故意的(specific)，善意的错误行为(good-faith mistakes)或者疏忽大意的行为(negligence)不构成操纵。

在人为价格的认定方面，人为价格是指人为故意造成价格背离市场供求关系，包括人为维持高价、低价或价格不变。但是，要证明此种人为因素存在较大的难度，因为市场供求因素本身是多方面力量综合作用的结果。

首先，联邦法院审理的互换交易案件并不多，司法领域并没有确立明确的域外适用标准。

其次，尽管《多德-弗兰克法案》对互换交易进行了类似交易所“场内化”交易的努力，但互换交易仍然属于场外交易。

最后，在联邦最高法院确立交易标准的Morrison案中，由于所涉及的交易属于交易所场内交易，法院没有给出场外交易情况下的“国内交易”的判断标准，B国难以适用Morrison案中的交易标准来确立管辖权。

## 五、CFTC关于互换交易规范域外适用的新动向：跨境互换交易2.0版

2018年10月1日，CFTC发布了《跨境互换交易监管条例2.0版白皮书》(以下简称“白皮书”)，呼吁根据白皮书所确立的原则对CFTC域外适用《多德-弗兰克法案》第七章进行“大改”。白皮书指出了《CFTC互换指南》面临的一些实体和程序问题。

### (一) 美国互换交易监管规范域外适用存在的不足

首先，监管规范的创制程序存在瑕疵。《CFTC互换指南》及其相关的“无异议函”没有遵守《行政程序法》的规范创制程序，并且CFTC认为自己制定影响深远的政策时无须遵守此类要求。

其次，《CFTC 互换指南》过于复杂且不具有可操作性。《CFTC 互换指南》的适用范围过于宽泛，所依靠的替代合规在某种程度上具有专断性，没有充分遵从其他国家按照 G20 互换交易监管改革要求所进行的努力。白皮书呼吁缩减《多德-弗兰克法案》第七章的域外适用范围，更多地考虑 CFTC 对他国监管机构一贯展现的礼让态度，采取更具体系化的方法进行替代合规的判断。

（二）白皮书建议的完善原则

白皮书呼吁基于如下原则区分监管规范的域外适用范围，建立《多德-弗兰克法案》第七章的跨境适用新框架：

首先，监管目标是否服务于防治系统性风险？应当基于防治系统性风险这一目标，划分域外适用监管规范的范围。如果为了降低系统性风险，则 CFTC 的监管规范应域外适用。如果要规范市场交易实践，则更适于通过该市场当地的规范来解决。但是，对于如何区分哪些规则是为了降低系统性风险，哪些规则是为了解决特定市场和交易实践问题，白皮书并没有提出具体的区分标准。

其次，监管内容是否具有可比性？白皮书呼吁 CFTC 推动创造并建设具有可比性监管规范的统一市场，以落实 G20 承诺。美国应根据互换交易活动是否发生在美国、监管规范具有可比性的法域或不具有可比性的法域，确定美国监管规范是否域外适用，避免以“美国人”为标准人为分割全球互换市场。对于实施了 G20 互换交易监管改革标准的国家，美国应将其认定为与美国互换交易监管规范具有可比性，采取更灵活的替代合规。

最后，考虑礼让因素。在替代合规方面，可以采取严格的标准。但是，这并不是要求他国监管规范与美国完全一致，应该考虑到礼让因素。

（三）白皮书的具体完善建议

基于上述原则，白皮书对非美国 CCP、交易平台、互换交易商、集中清算和强制交易执行等与域外管辖密切关联的事项提出了具体的完善建议。

1. 非美国 CCP

在母国监管规范具有可比性的基础上，白皮书呼吁 CFTC 对非美国 CCP 扩大使用“免责权”（exemptive authority）。

2. 非美国交易平台

白皮书指出，全球互换交易市场在各国被分割成两部分：与“美国人”交易的市场、其他交易市场。白皮书呼吁，对于监管规范具有可比性的法域，CFTC

应豁免这些“非美国”交易平台的 SEF 登记。

3. “非美国”互换交易商

《CFTC 互换指南》要求涉及“美国人”的互换交易被纳入交易实体的互换交易商达到“最低数量门槛”计算标准。白皮书指出，很多互换交易与美国市场并无“直接、重要”联系，也被纳入计算范畴，因而应对这些计算标准进行修改。

4. 清算与强制交易执行

白皮书呼吁区别对待清算要求。清算要求服务于降低系统性风险，在替代合规的判断方面应采取更严格的标准。交易执行要求与当地市场结构和交易习惯相关，因而在替代合规方面可以采取更为灵活的判断标准。

非美国互换交易商的交易在美国安排(arrangement)、谈判(negotiation)并执行(execution)(即 ANE 交易)，目前受 2013 年咨询意见调整，[①]适用《多德-弗兰克法案》第七章在交易层面的要求，不适用行政程序法。在遵守交易层面的要求方面，ANE 交易能获得的救济很少。白皮书认为，未来制定监管规范时，互换交易的安排、谈判应与执行相区别。美国境内执行的互换交易应适用美国互换交易执行规则。美国境内安排或谈判的互换交易也应适用交易层面的美国要求，因为美国机构增加了当地市场的知识与技能，使得该项互换事实上成为美国的交易。但是，白皮书留了一个“窗口”：CFTC 将来可以发布相关的可比性决定，并允许 ANE 交易实施替代合规。

## 第五节 SEC 关于证券基准互换监管规范域外适用的解释

《多德-弗兰克法案》第 763(g)条授权 SEC 制定规则，以合理地防止与证券基准互换相关的欺诈或操纵现象。[②] 2014 年 6 月 25 日，SEC 通过了《SEC 互换指南》，就“美国人”的界定、“门槛登记”和替代合规等作出安排。另外，这个指南还明确了以下内容：(1) “非美国人”登记为证券基准互换交易商或证券基准

---

① See Division of Swap Dealer and Intermediary Dversight Advisory: Applicability of Transaction-Level Requirements to Activity in the United States, CFTC Staff Advisory No. 13-69 (Nov. 14, 2013). https://www.cftc.gov/sites/default/files/idc/groups/public/@lrlettergeneral/documents/letter/13-69.pdf, last visited on 2020-7-12.

② 值得注意的是，此种权力源自 1934 年《证券交易法》第 9 条而非第 10(b)条。在操纵的举证责任方面，原告在第 9 条下的义务要比在第 10(b)条下更重。

互换主参与方的情形;(2) 美国境外监管机构和市场参与方申请替代合规的程序;(3) 对于美国境外以证券为基础的互换,SEC 执行反欺诈的职责范围。因此,在证券基准互换交易的域外适用中,关于"美国人"的界定尤为重要。

2016 年 2 月,SEC 完成对基于证券的互换交易行为的规则制定,该规则提供了更好的透明度与监督机制。该规则针对在美国境内有雇员的分支机构或办公室的境外公司,如果其员工从事安排、协商或执行了与其公司本身交易活动相关的一个证券掉期交易,那么在考核该公司是否符合登记为合法证券掉期交易商的内容中应包括这笔交易。该规则在《多德-弗兰克法案》之下被采用,将有助于确保美国以及外国的经销商在美国境内参与基于证券的掉期交易活动时遵从《多德-弗兰克法案》第七章的规定。最终的规则将在《联邦公报》发布后的 60 天后生效,但是具体的合规要求需要在《联邦公报》发布后的 12 个月或者以证券为基础的互换(SBS)公司注册日二者中较后的日期后才会被采用。

## 一、《多德-弗兰克法案》证券基准互换域外适用的标准

在《多德-弗兰克法案》关于互换交易域外管辖权限方面,SEC 的权限要比 CFTC 的权限窄,《SEC 互换指南》整体上采用了属地方法监管证券基准互换。

### (一)"美国人"的界定

根据《SEC 互换指南》的规定,《多德-弗兰克法案》关于证券基准互换的监管规定适用于如下情形:(1)"美国人"与"非美国人"之间的互换交易;(2) 双方均为"美国人"的情形;(3) 双方均为"非美国人",但交易原本发生在美国境内。"美国人"的界定成为关键。

SEC 主要从交易地点的角度界定"美国人",含义较为狭窄且更具属地性。根据《SEC 互换指南》的规定,"美国人"包括:(1) 居住在美国境内的自然人;(2) 依美国法成立(或主营业地位于美国)的公司、合伙、信托、投资工具或其他法人;(3)"美国人"的账户(无论是否全权委托);(4) 被继承人(死亡时为美国居民)的遗产。"美国人"包括"美国人"的外国分支、代理机构或办公室,但排除了外国央行、国际多边组织(如世界银行、国际货币基金组织、联合国等类似组织或其代理机构与退休金计划)。

1.《SEC 互换指南》与《CFTC 互换指南》的相似之处

首先,两者在很大程度上都是将《多德-弗兰克法案》第七章的适用建立在

区分市场参与方为“美国人”和“非美国人”的基础之上，尽管两者对“美国人”的界定方法存在差异。

其次，《多德-弗兰克法案》第七章的监管要求都适用于市场参与方为“美国人”的交易，并对“美国人”的非美国分支机构登记为四类交易商给予特殊待遇。

最后，两者都规定了替代合规机制。

2.《SEC 互换指南》与《CFTC 互换指南》的不同之处

首先，CFTC 在对“美国人”的界定上更为复杂。

其次，“美国人”为“非美国人”提供担保与 CFTC 监管规范的适用具有很大的关系，但《SEC 互换指南》并没有将此种担保放在很重要的位置。

最后，SEC 对“美国人”的界定并没有采纳《CFTC 互换指南》中的投资基金受益所有权标准。因此，在美国境外成立、“美国人多数持有”却由“非美国人”管理的基金，可能被 CFTC 界定为“美国人”，但不会被 SEC 界定为“美国人”。相反，基金如果仅对“非美国人”发行、由美国资产经理管理，可能不属于 CFTC 所界定的“美国人”，但可能构成 SEC 界定的“美国人”。对此，SEC 的解释是，与消极投资工具（或多数人所有的运营公司）所有权利益相关的风险并不属于《多德-弗兰克法案》第七章所要解决的问题。

（二）“交易在美国境内进行”

除了根据交易对手的类型划分来界定《多德-弗兰克法案》第七章以证券互换为基础的监管要求外，《SEC 互换指南》的另一划分标准是交易是否在美国境内进行。

“交易在美国境内进行”包括交易参与方在美国境内征集、谈判、执行或簿记证券基准互换或由其代理进行。[①] 证券基准互换在美国境内清算、报告或管理担保不构成“交易在美国境内进行”。

## 二、监管标准的适用范围：“门槛登记”制度

《SEC 互换指南》规定了“门槛登记”制度，即一旦市场参与方持仓数量达到了规定的最低标准，就需要向 SEC 登记。其中，“美国人”需要将其所有的证券基准互换交易数量（无论交易对手是否为“美国人”，包括通过其外国分支机构

---

① See SEC Proposal at 31206 (proposed Exchange Act Rule 3a71-3(a)(5)).

进行的交易）进行合并计算。“非美国人”的“最低数量门槛”计算标准则存在差异：(1) 如果交易对手为“美国人”（不包括外国分支机构），则无论交易是否发生在美国境内，均应纳入计算范围；(2) 如果交易对手为“非美国人”或“美国人”的外国分支机构，则只计算美国境内的证券基准互换交易。《SEC 互换指南》允许“非美国人”（导管关联机构除外）将某些交易头寸排除在“最低数量门槛”计算标准之外：(1) 交易完全发生在美国境外，或发生于证券基准互换交易商登记规定生效前 60 天；(2) 通过美国银行（登记为证券基准互换交易商）的境外分行进行交易。“非美国人”如果是“美国人”的导管关联机构，则需要将所有的交易都纳入“最低数量门槛”计算标准之中。

与《CFTC 互换指南》的规定一样，《SEC 互换指南》也将监管要求分为机构层面和交易层面的要求。与《CFTC 互换指南》的规定不同的是，此种分层只适用于证券基准互换交易商和证券基准互换主参与方特定监管要求，报告、清算和交易执行要求适用于所有市场参与方。

### 三、替代合规

根据《SEC 互换指南》的规定，如果境外监管规范与美国的监管规范具有可比性，证券基准互换市场参与方可以通过遵守境外监管规范的方式满足美国的监管合规要求。《SEC 互换指南》还规定了决定境外监管规范与美国监管规范是否具有可比性的程序。

在考虑替代合规请求时，SEC 评估外国证券基准互换监管机制与美国的监管要求是否具有可比性，主要涉及的内容要素包括监管范围、监管目标、监管合规计划与执行的合规性、监管效果等方面。但是，SEC 并不是完全逐条对比分析外国监管要求与美国监管要求是否完全一致。即使两国监管机制没有达到整体上的一致，SEC 仍然可以在特定领域的监管要求上采取替代合规的措施。SEC 在作出可比性决定前，会与相关外国监管机构签订监督、执法谅解备忘录。

替代合规分为机构层面和交易层面两个层面的要求。由于各国金融机构在结构上存在较大差异，实施机构层面的替代合规要比交易层面更难。对此，SEC 和 CFTC 一样，没有采取“一刀切”的方法，而是仅在某些业务行为和交易规则方面适用替代合规。例如，在监管报告、公共数据传播、强制性清算和强制性交易执行方面，如果涉及利用外国基础设施提供方，在登记义务方面可以适用替代合规；而在交易商、经纪商登记要求等方面，则没有适用替代合规。

CFTC 和 SEC 在替代合规方面最终都采取了结果导向的方法，但两者在政策方面存在差异。CFTC 关注交易当事人，监管所有“非美国”互换交易商、“非美国”互换主参与方与“美国人”从事的互换交易活动，评估互换交易活动（或涉及一个或多个此类当事人的交易）对美国商业造成影响的程度。[①] SEC 对“美国人”的界定主要从交易地点的角度，相对简单。SEC 更多采取的是属地方法，关注交易地点。

### 四、《SEC 互换指南》简评

《SEC 互换指南》的机制设计存在一定的不足，综合现有讨论分析，可以从如下三个方面反映出来：

首先，“美国人”的界定和域外管辖规定促使“非美国人”避免与“美国人”从事互换交易活动，不仅使得美国交易商丧失了交易业务，美国互换基础设施也丧失了服务交易的机会。

其次，替代合规方案实施后，一方监管规范的变动可能使得原先的功能性等同受到影响。对于如何应对一方监管规范变动的情形，《SEC 互换指南》并没有作出明确的预案安排。

最后，人为地将互换交易市场分割为“美国人”的市场和“非美国人”的市场，不利于增强互换市场的流动性和降低系统性风险，也有悖于《多德-弗兰克法案》第七章的初衷和域外管辖的正当性。

## 第六节　联邦法院管辖域外互换交易案件的标准

### 一、互换交易领域借鉴证券法域外管辖标准存在立法上的基础

《商品交易法》本身的条文并没有就其域外适用作出明文规定。1934 年《证券法》与《商品交易法》两者确立的监管在结构、方法和监管目标上都存在差异，但将证券欺诈领域的域外管辖标准适用于互换交易领域存在可能性。《多德-

① See CFTC, Interpretive Guidance and Policy Statement Regarding Compliance with Certain Swap Regulations, 78 Fed. Reg. 45292 (July 26, 2013) at 45, 308.

弗兰克法案》通过修改《商品交易法》的方式允许 CFTC 对于某些特定的域外活动行使管辖权,并在司法管辖和诉讼实践中借鉴了证券领域的做法。

首先,《多德-弗兰克法案》将证券基准互换纳入 1933 年《证券法》和 1934 年《证券交易法》中的"证券"范畴。长期以来,CFTC 在禁止和惩治商品和相关衍生市场领域欺诈、操纵价格和虚假报告方面享有宽泛的职权。《多德-弗兰克法案》第七章在立法上扩充并澄清了禁止欺诈、操纵行为的职权,特别体现为《多德-弗兰克法案》第 753 条修改了《商品交易法》第 6(c)条。修改后的《商品交易法》第 6(c)(1)条借鉴了 1934 年《证券交易法》10(b)条款的规定,宽泛地禁止基于欺诈的操纵行为,规定不得将《多德-弗兰克法案》的规定解释为影响《商品交易法》第 9(a)(2)条(禁止市场操纵和虚假报告)的可适用性。

为解决操纵行为的界定问题,2010 年 11 月,CFTC 根据《多德-弗兰克法案》第 753 条发布了 180.1 规则和 180.2 规则征求意见稿。180.1 规则借鉴了 1934 年《证券交易法》10(b)条款。根据 180.2 规则,以干预市场正常供求关系为目的,操纵(或意图操纵)州际互换、商品(或商品期货)合同价格的行为属于非法。180.2 规则与 180.1 规则存在很高的相似度。这似乎表明《商品交易法》第 6(c)(1)条也会宽泛地解释证券市场欺诈行为。

其次,《多德-弗兰克法案》在司法管辖问题上几乎照搬 1934 年《证券交易法》相关条文,修改《商品交易法》条款,可以据此推断国会的意图是:此类法律条款解释应借鉴 1934 年《证券交易法》相关判例。

在讨论上述两项规则的过程中,CFTC 专门提及公开市场操纵问题及相关案例。CFTC 认为,在证明要求方面,被指控导致公开市场操纵的行为本身不需要存在欺诈或其他非法行为。

## 二、互换交易领域存在借鉴《证券法》域外管辖标准的实践

从司法实践看,联邦法院认可 CFTC 根据《多德-弗兰克法案》第七章创制规范以及确定这些规范域外适用范围的权力。CFTC 也认为私人诉讼是对其监管权的补充,有助于实现其职责使命。

### (一)互换交易领域借鉴《证券法》域外管辖标准存在实践基础

联邦法院在审理涉及《商品交易法》的违法案件的司法实践中,在很大程度上借鉴了《证券法》领域的判例。

《证券法》领域的行为标准、效果标准等域外适用分析标准常被用于《商品交易法》领域的案件。法院采取基于特定事实的“行为”和“效果”来评估《商品交易法》的域外适用。[①]

在 Tamari v. Bache & Co. (Lebanon)案中，联邦法院首次将《商品交易法》域外适用于违反该法的行为，并通过类比《证券法》领域的案件确立了商品期货法的管辖权。[②] 在 Psimenos v. E. F. Hutton & Co., Inc. 案中，居住在希腊的希腊公民对美国商品中介商提起求偿诉讼。美国第二巡回上诉法院判决认为，《证券法》领域存在更多的域外违法行为的诉讼实践，可以将《证券法》领域的做法类比适用于期货领域。纽约南区法院享有事项管辖权，即使交易协议是在被告位于雅典的办公室签署。[③] 美国第七巡回上诉法院判决认为，地方法院对于美国交易所的交易纠纷享有事项管辖权，即使当事人是非美国居民的外国人、合同在美国境外缔结。[④] 在Starshinova v. Batratchenko 案[⑤]和 LIBOR 金融工具反垄断诉讼案[⑥]中，联邦法院则直接确认 Morrison 案所确立的交易标准同样适用于《商品交易法》。

但是，相反的观点则认为，《多德-弗兰克法案》在域外适用条款中明确提及《证券法》《证券交易法》和《投资顾问法》，表明国会没有打算将这些条款适用于《商品交易法》。Morrison 案所确立的交易标准被认为不宜用于解决《商品交易法》的域外适用问题。[⑦] 结合前文关于域外适用意图的推定，本书的认识是，只要立法没有明文禁止域外适用，法院在实践中仍然可能解释个案所“聚焦”的《商品交易法》某个条款指向的行为发生在美国境内，进而适用美国法。

---

① See Gary E. Kalbaugh, Derivatives Law and Rrgulation 25 (2014), at 451.

② See Tamari v. Bache & Co. (Lebanon), 547 F. Supp. 309, 311 (N. D. Ⅲ. 1982).

③ See 722 F. 2d 1044 (2d Cir. 1983).

④ See 730 F. 2d 1105-1106 (7th Cir. 1984).

⑤ See Starshinova v. Batratchenko, No. 1:11-cv-09498, 2013 WL 1104288 (S. D. N. Y. March 15, 2013).

⑥ See In re LIBOR-Based Fin. Instruments Antitrust Litig., No. 11 MD 2262, 2013 WL 1285338 (S. D. N. Y. March 29, 2013).

⑦ 关于这个问题的讨论和分析，可参见 Gabrielle Schwartz, “Deriving” an Understanding of the Extraterritorial Applicability of the Commodity Exchange Act, *St. John's Law Review*, Vol. 91, No. 3, 2017, pp. 769-790。

### (二)互换交易领域存在适用《证券法》域外管辖标准的实践

近些年来,联邦法院在涉及互换交易的多个案件中,都借鉴使用了《证券法》领域的域外管辖标准。

1. Elliott Associates v. Porsche Automobil Holding SE 案

在 Elliott Associates v. Porsche Automobil Holding SE 案中,联邦法院直接涉及 Morrison 案所确立的交易标准是否适用于证券基准互换跨境交易欺诈这一问题。[①]

本案的原告系 35 家对冲基金公司,以德国大众公司的股票价格为对象从事证券基准互换交易。根据交易安排,如果大众公司的股价下跌,原告可以获益,反之则受损。德国籍被告保时捷公司是大众公司 2007 年的最大股东,持股约 31%。保时捷公司在 2008 年前三个季度持续增持大众公司股票,但声称不会收购大众公司。2008 年 11 月 26 日,保时捷公司宣布持有大众公司 75%的股票,大众公司股票因此上涨,原告遭受了损失。原告在美国提起诉讼,指控被告存在欺诈,违反了 1934 年《证券交易法》10(b)条款。法院认为,本案中的证券基准互换在经济实质上是属于外国交易所和市场的行为,不属于第 10(b)条款保护的国内交易,无法域外适用美国《证券法》。[②] 尽管联邦法院在本案中没有适用联邦《证券法》,但在互换交易领域适用了 Morrison 案所确立的交易标准分析方法。

2. Loginovskaya v. Batratchenko 案

在 Loginovskaya v. Batratchenko 案(以下简称"Loginovskaya 案")中,原告 Ludmila Loginovskaya 系俄罗斯居民,Thor 集团是位于纽约的一家国际金融服务企业,主要从事商品期货和不动产投资管理。2006 年至 2007 年间,原告与 Batratchenko、Thor 集团各签订了投资合同一份,并依合同将 72 万美元转入 Thor 集团位于纽约的账户。嗣后,原告获知 Thor 集团使用投资资金的方式存在违约行为,遂根据《商品交易法》第 22 条的规定在纽约南区法院提起诉讼,指控被告存在欺诈行为,违反了《商品交易法》第 40 条。

纽约南区法院认为,该案诉讼不符合 Morrison 案确立的交易标准,遂以

---

① See Elliott Assocs. v. Porsche Auto. Holding SE, 759 F. Supp. 2d 469, 474-476 (S. D. N. Y. 2010).

② Ibid., 476 (S. D. N. Y. 2010).

《商品交易法》无法适用于该案为由驳回了诉讼。[①] 案件上诉至第二巡回上诉法院后，该法院适用了联邦最高法院在 Morrison 案中确立的"两步法"进行了分析并维持了一审判决。

首先，"反对域外适用"推定。第二巡回上诉法院指出，《商品交易法》整体上以及第 22 条、第 40 条这两条具体条文都没有明确规定域外适用，因而只能推定《商品交易法》关注的是美国境内事项。据此，法院需要考察国会在《商品交易法》中关注的焦点。

其次，法院对国会关注的焦点进行了分析。法院指出，在解释与《证券法》类似的《商品交易法》条款时，传统上都会参照《证券法》的相关判例。本案中，法院也应参照联邦最高法院在 Morrison 案中确立的交易标准，考察提起私人诉讼的门槛标准——《商品交易法》第 22 条和原告指控欺诈的实体请求依据——《商品交易法》第 40 条之域外适用范围。

法院判决认为，《商品交易法》第 22 条这一程序性条款规定了私人诉因的四种情形，其共同的主线是原告必须在商品市场实际进行交易。因此，原告只有证明第 22 条项下的四种交易之一发生在美国，才享有私人诉权。但是，原告并没有满足上述证明要求。原告达成的购买协议和实施的购买行为发生在俄罗斯而非美国，也没有证明所有权转移或其不可撤销的责任承担发生在美国。被告 Batratchenko 在俄罗斯向原告招揽投资，投资信息资料使用的是俄语，投资合同在俄罗斯谈判和签署。尽管原告将资金转账到被告的纽约账户，但此种转账行为并非交易行为本身，而只是俄罗斯境内所达成交易的部分履行行为。同时，法院还参照了 Absolute Activist Value Master Fund Ltd. v. Ficeto 案确立的所有权转移和不可撤销的责任承担两项标准，分析原告的交易没有发生在美国境内。此外，虽然 Thor 集团位于美国，但当事人的居住地或国籍身份与交易地点的确定并没有关系。据此，根据《商品交易法》第 22 条提起的诉讼必须基于发生在美国境内的交易。

第二巡回上诉法院同意纽约南区法院的判决意见。二审多数意见承认，国会在《商品交易法》第 40 条中关注的是国内市场的"参与方"而非国内交易，因

---

① See Loginovskaya v. Batratchenko, 936 F. Supp. 2d 357, 367-375 (S. D. N. Y. 2013).

而 Morrison 案所确立的交易标准不适用《商品交易法》第 40 条。[①] 反对意见认为,这个判决误解了《商品交易法》,并错误适用了 Morrison 案中的"反对域外适用"推定。例如,Raymond J. Lohier 法官及原告在反对意见中指出,"反对域外适用"推定仅适用于《商品交易法》第 40 条这样的实体条款,而不是用于第 20 条这样的程序条款,后者并不调整任何行为。

围绕判决,联邦法院法官之间存在不同看法。Lohier 法官就上诉法院的判决发表了判决异议。判决认为《商品交易法》没有就域外适用问题作出明确规定,进而适用"交易标准",这种观点显然忽视了《商品交易法》第 2(i)条关于该法域外适用的规定。另外,联邦最高法院在 Morrison 案中确立的"交易标准"能否适用于证券领域之外,并不清楚,本案南区法院的判决和法官的判决异议都表明了这一点。[②]

鉴于第二巡回上诉法院的判决意见在金融监管领域的影响力,在 Loginovskaya 案判决意见公布后,CFTC 致函第二巡回上诉法院,要求纠正对《商品交易法》条款的一些错误解读,特别是法院认为《商品交易法》没有就域外适用问题作出规定。[③] CFTC 的努力没有改变上诉法院对这个案件的判决意见。上诉法院判决后,纽约南区法院基于 Loginovskaya 案的判决意见,就《商品交易法》发表了很多观点,并在一些案件中认为《商品交易法》不具有域外适用性。[④]

在外国交易所基准利率反垄断诉讼案[⑤]中,法院援引了 Morrison 案和 Loginovskaya 案判决中关于"反对域外适用"的推定解释。原告认为,《商品交易法》不存在域外适用,但是 CFTC 明确允许外国交易所进入美国,美国投资者借助于互联网上的电子交易平台进入外国交易所从事交易活动,从而构成了

---

① 由于《商品交易法》第 22 条的分析具有决定性,二审多数意见没有涉及如何利用"反对域外适用"推定来界定第 40 条反欺诈条款适用的地域范围。如果《商品交易法》第 40 条反欺诈条款调整其他国家国内市场参与方的行为,则国会似乎允许通过 CFTC 执法来为受害方提供救济,但是判决没有解决政府执行《商品交易法》反欺诈条款的域外适用问题。

② See Loginovskaya I, 936 F. Supp. 2d 357, 368 (S. D. N. Y. 2013).

③ See Letter on Behalf of the U. S. Commodity Futures Trading Comm'n, Requesting a Change to Be Made to the Opinion Filed at 1, Loginovskaya v. Batratchenko, 764 F. 3d 266 (2d Cir. 2014) (No. 13-01624) 2014 BL 245952.

④ See MBC Fin. Servs. v. Boston Merch. Fin, LLC, 15-cv-00275 (DAB), 2016 U. S. Dist. LEXIS 140195, at 29 (S. D. N. Y. Oct. 4, 2016); Sullivan v. Barclays PLC, No. 13-cv-2811 (PKC), 2017 U. S. Dist. LEXIS 25756, at 87-88 (S. D. N. Y. Feb. 21, 2017).

⑤ See No. 13 Civ. 7789, 2016 U. S. Dist. LEXIS 128237, at 67 (S. D. N. Y. Sept. 20, 2016).

《商品交易法》所调整的“国内交易”。[①] 法院驳回了这一主张，认为投资者下单时位于美国境内的事实并没有改变交易发生在外国交易所这一结论。[②]

3. Commodity Futures Exchange Commission v. Vision Financial Partners, LLC 案

在 Commodity Futures Exchange Commission v. Vision Financial Partners, LLC 案（以下简称“Vision Financial 案”）中，位于佛罗里达的被告 Vision Financial 通过美国境外的三个平台募集资金投资于二元期权。但是，被告所募集的大多数资金被用于被告负责人 Neil Pecker 的个人挥霍。被告抗辩认为，根据《商品交易法》，二元期权不属于 CFTC 的管辖范围；本案期权的买方为美国境外投资者，并在美国境外的交易平台进行交易，因而法院对本案不享有管辖权。[③] 法院没有支持这些抗辩意见，而是指出《商品交易法》明确规定了其可以适用于域外交易。[④]

值得注意的是，Loginovskaya 案与 Vision Financial 案存在如下两个方面的差异：首先，Loginovskaya 涉及的是原告的私人诉权，Vision Financial 案则涉及 CFTC 提起诉讼的问题。Morrison 案所确立的交易标准针对的是私人诉权问题，并没有涉及官方执法诉讼问题。《商品交易法》第 13a-1 条明确规定 CFTC 有权针对违反《商品交易法》任何条款的行为提起诉讼。其次，Loginovskaya 案指向的欺诈行为是互换，Vision Financial 案指向的欺诈行为则是二元期权的投资行为。

其后，在 Sullivan v. Barclays PLC 案中，法院明确指出，《商品交易法》项下的行为同样适用 Morrison 案所确立的判决标准，无论其发生于《多德-弗兰克法案》前或后。原告根据《商品交易法》提起诉讼，必须证明所有权的转移或不可撤销的义务发生在美国。[⑤] 法院同时注意到，《商品交易法》在域外适用问题上区分了私人民事诉讼和官方执法诉讼。[⑥]

---

① See No. 13 Civ. 7789, 2016 U. S. Dist. LEXIS 128237, at 94-95 (S. D. N. Y. Sept. 20, 2016).

② Ibid., at 96 (S. D. N. Y. Sept. 20, 2016).

③ See 190 F. Supp. 3d 1126-1130 (S. D. Fla. 2016).

④ See 190 F. Supp. 3d 1131 (S. D. Fla. 2016).

⑤ See Sullivan v. Barclays PLC, No. 13-cv-2811, 2017 U. S. Dist. LEXIS 25756, at 87-91 (S. D. N. Y. Feb. 21, 2017).

⑥ Ibid., at 91 (S. D. N. Y. Feb. 21, 2017).

4. Choi v. Tower Research Capital LLC 案

在这个案件中,被指控的欺诈行为发生在韩国交易所(KRX)上市 DE KOSPI200 合约盘后交易中。在盘后交易期间,KRX 利用 GME 集团位于伊利诺伊州的电子交易平台 Globex 配对期货交易,并在第二天早上通过韩国的交易系统进行清算。一审法院拒绝将《商品交易法》域外适用于 2012 年在韩国证券交易所下单的交易。① 案件上诉后,第二巡回上诉法院根据 Morrison 案所确立的交易标准,认为利用 Globex 执行不可撤销的、有约束力的交易为原告提供了充分的依据证明交易属于美国境内的交易,本案可以适用《商品交易法》第 22(a)(1)(D)(i)条。②

在 MBC Fin. Servs. v. Boston Merch. Fin., LLC 案中,法院认为采取电汇方式向美国境内转账(但没有证明互换或商品或不可撤销的义务发生在美国境内)构成交易履行行为的一部分,但并不等于交易本身,不足以证明存在《商品交易法》项下的行为构成"国内交易"。③

可以看出,Morrison 案所确立的证券法领域的交易标准是否适用于互换交易领域尚存在争论,但这并不影响类比借鉴的可能性。互换交易领域的域外管辖诉讼面临与证券领域同样的问题。鉴于美国在互换交易基础设施方面的重要地位,《多德-弗兰克法案》关于互换交易"场内化"的努力为美国管辖域外互换交易提供了更多的现实连接点依据。据此,联邦法院为《多德-弗兰克法案》在互换领域的监管规范域外适用提供了支撑。

---

① See Choi v. Tower Research Capital LLC, No. 14 CV 9912, 2017 U.S. Dist. LEXIS 18174, at 1-2, 9-13 (S.D.N.Y. Feb. 8, 2017).

② See Choi v. Tower Research Capital, No. 17-648-cv, 14-15 (2d Cir. Mar. 29, 2018).

③ See MBC Fin. Servs. v. Boston Merch. Fin., LLC, No. 15-cv-00275, 2016 U.S. Dist. LEXIS 140195, at *6, *30-32 (S.D.N.Y. Oct. 4, 2016).

# 结论与展望：金融与国际法的互动探索朝前再迈一小步

管辖权是国际法上的基础理论和实践问题，并与国内法存在密切的互动关系。美国通过国内法的域外管辖推动了美国法的跨国化，这一现象在金融领域尤为明显，并支撑着美国其他法律领域的域外管辖。围绕美元国际货币地位构建的美国金融体系及其基础设施为美国法的域外管辖提供了支撑。管辖权成为探讨金融与国际法互动关系的一个较好的切入点和"实证"领域。

在金融市场"互联互通"日益增强的情况下，金融市场参与方需要考虑如何降低美国金融法域外适用所引发的法律风险，监管机构需要考虑应采取何种立场回应外国金融法的域外适用。金融法域外适用的行为标准、效果标准和交易标准等技术性探讨固然具有重要价值和实践操作意义，但不能仅限于此。学术界不但要评判美国法过度域外管辖的不法性或非正当性，更需要挖掘此种域外适用的背景需求、正当性、支撑机制等更为基础性的问题，唯此才能更具前瞻性地解决金融法域外管辖领域的微观层面问题，更为日益走向世界的中国国内法提供厚实的理论依据和法律技术支持。

金融与国际法如何有效互动？继对主权债务领域的研究①之后，金融法规的域外管辖问题是本书作者探索这一问题的新尝试，希望能朝前再迈进一小步！

---

① 关于主权债务领域的问题探讨，详见郭华春：《主权债务关系的跨国法治研究》，北京大学出版社2017年版。

# 参考书目

1. 白钦先主编:《各国衍生金融市场监管比较研究》,中国金融出版社 2003 年版。

2. 常健、管斌、饶常林:《金融法学专论》,对外经济贸易大学出版社 2010 年版。

3. 陈春山:《证券投资信托契约论》,台湾五南图书出版公司 1996 年版。

4. 陈善昂主编:《金融市场学》(第三版),东北财经大学出版社 2016 年版。

5. 陈欣:《保险法》(第三版),北京大学出版社 2010 年版。

6. 丁邦开、周仲飞主编:《金融监管学原理》,北京大学出版社 2004 年版。

7. 董安生主编:《票据法》(第三版),中国人民大学出版社 2009 年版。

8. 董安生主编:《证券法原理》,北京大学出版社 2018 年版。

9. 范健、王建文:《证券法》(第三版),法律出版社 2020 年版。

10. 方嘉麟:《信托法之理论与实务》,中国政法大学出版社 2003 年版。

11. 方乐华:《保险与保险法》,北京大学出版社 2009 年版。

12. 符启林主编:《中国证券交易法律制度研究》,法律出版社 2000 年版。

13. 符启林主编:《证券法:理论·实务·案例》,法律出版社 2007 年版。

14. 高岚:《日本投资信托及投资法人法律制度研究》,云南大学出版社 2007 年版。

15. 高凌云:《被误读的信托——信托法原论》,复旦大学出版社 2010 年版。

16. 顾功耘主编:《经济法教程》(第三版),上海人民出版社、北京大学出版社 2013 年版。

17. 顾功耘、吴弘主编:《商法学概论》,上海人民出版社 2013 年版。

18. 官学清:《现代商业银行新趋势:把风险作为产品来经营——现代商业银行风险经营论》,中国金融出版社 2011 年版。

19. 管斌:《金融法的风险逻辑》,法律出版社 2015 年版。

20. 郭德香:《金融信托法律制度研究》,郑州大学出版社 2003 年版。

21. 郭锋等:《中华人民共和国证券法制度精义与条文评注》,中国法制出版社 2020 年版。

22. 郭锋、陈夏等:《证券投资基金法导论》,法律出版社 2008 年版。

23. 郭雳:《中国银行业创新与发展的法律思考》,北京大学出版社 2006 年版。

24. 郭庆平主编:《中央银行法的理论与实践》,中国金融出版社 2016 年版。
25. 郭文英、徐明:《投服研究》(第 1 辑 · 2018 年),法律出版社 2018 年版。
26. 韩长印、韩永强编著:《保险法新论》,中国政法大学出版社 2010 年版。
27. 韩世远:《合同法总论》(第四版),法律出版社 2018 年版。
28. 何旭艳:《上海信托业研究(1921—1949 年)》,上海人民出版社 2007 年版。
29. 贺绍奇:《证券投资基金的法律透视》,人民法院出版社 2000 年版。
30. 洪艳蓉:《金融监管治理——关于证券监管独立性的思考》,北京大学出版社 2017 年版。
31. 胡旭鹏:《信托财产独立性与交易安全平衡论》,法律出版社 2015 年版。
32. 黄达、张杰编著:《金融学(精编版)》(第五版),中国人民大学出版社 2020 年版。
33. 霍玉芬:《信托法要论》,中国政法大学出版社 2003 年版。
34. 江朝国:《保险法基础理论》(新修订五版),瑞兴图书股份有限公司 2009 年版。
35. 李东方:《上市公司监管法论》,中国政法大学出版社 2013 年版。
36. 李惠主编:《走近私募基金》,经济科学出版社 2001 年版。
37. 李开远:《票据法论》,台湾五南图书有限公司 2014 年版。
38. 李开远:《证券交易法理论与实务》,台湾五南图书出版公司 2016 年版。
39. 李明良:《期货市场风险管理的法律机制研究》,北京大学出版社 2005 年版。
40. 李绍章:《中国票据法原理》,中国法制出版社 2012 年版。
41. 李勇:《信托业监管法律问题研究》,中国财政经济出版社 2008 年版。
42. 李玉泉:《保险法》(第三版),法律出版社 2019 年版。
43. 梁宇贤:《保险法新论》(修订新版),中国人民大学出版社 2004 年版。
44. 林国全:《证券交易法研究》,中国政法大学出版社 2002 年版。
45. 刘成墉:《金融衍生品内幕交易问题研究》,法律出版社 2018 年版。
46. 刘定华主编:《金融法教程》(第三版),中国金融出版社 2010 年版。
47. 刘俊海:《现代证券法》,法律出版社 2011 年版。
48. 刘隆亨:《银行金融法学》(第六版),北京大学出版社 2010 年版。
49. 刘少军:《金融法学》(第二版),中国政法大学出版社 2016 年版。
50. 刘心稳:《票据法》(第四版),中国政法大学出版社 2018 年版。
51. 刘正峰:《美国商业信托法研究》,中国政法大学出版社 2009 年版。
52. 刘智英、刘晓宇主编:《货币银行学》(第 2 版),清华大学出版社 2018 年版。
53. 马蔚华编著:《风险之本:商业银行风险管理理论与招商银行实践》,华夏出版社 2007 年版。
54. 〔美〕劳伦斯 · M. 弗里德曼:《遗嘱、信托与继承法的社会史》,沈朝晖译,法律出版社

2017 年版。

55. 〔美〕理查德·斯考特·卡内尔、乔纳森·R. 梅西、杰弗里·P. 米勒:《美国金融机构法》(第五版)(上册·银行法),高华军译,商务印书馆 2016 年版。

56. 〔美〕路易斯·罗思、乔尔·赛里格曼:《美国证券监管法基础》,张路等译,法律出版社 2008 年版。

57. 〔美〕托马斯·梅耶、詹姆斯·S. 杜森贝里、罗伯特·Z. 阿利伯:《货币、银行与经济》(第六版),林宝清、洪锡熙等译,上海三联书店、上海人民出版社 2007 年版。

58. 倪振峰等:《银行法学》,复旦大学出版社 2010 年版。

59. 宁敏:《国际金融衍生交易法律问题研究》,中国政法大学出版社 2002 年版。

60. 潘英丽、黄益平主编:《新时代开启中的金融改革:结构重整与制度创新》,人民出版社 2019 年版。

61. 钱小安:《金融期货的理论与实践》,商务印书馆 1997 年版。

62. 强力、王志诚:《中国金融法》,中国政法大学出版社 2010 年版。

63. 全国人大《信托法》起草工作组:《〈中华人民共和国信托法〉释义》,中国金融出版社 2001 年版。

64. 〔日〕铃木竹雄著,前田庸修订:《票据法·支票法》,赵新华译,法律出版社 2014 年版。

65. 〔日〕三菱日联信托银行编著:《信托法务与实务》(第五版),张军建译,中国财政经济出版社 2010 年版。

66. 〔日〕田中和明、田村直史:《信托法理论与实务入门》,丁相顺、赖宇慧等译,中国人民大学出版社 2018 年版。

67. 〔日〕新井诚:《信托法》(第 4 版),刘华译,中国政法大学出版社 2017 年版。

68. 〔日〕中野正俊:《信托法判例研究》,张军建译,中国方正出版社 2006 年版。

69. 上海期货交易所"境外期货法制研究"课题组:《美国期货市场法律规范研究》,中国金融出版社 2007 年版。

70. 上海期货交易所《"期货法"立法研究》课题组编著:《"期货法"立法研究》,中国金融出版社 2013 年版。

71. 邵挺杰主编:《证券法》,法律出版社 1999 年版。

72. 施茂林编著:《证券交易法律风险探测》,台湾五南图书出版有限公司 2018 年版。

73. 施天涛:《商法学》(第六版),法律出版社 2020 年版。

74. 石广生主编:《世界贸易组织基本知识》,人民出版社 2011 年版。

75. 石广生主编:《中国对外经济贸易改革和发展史》,人民出版社 2013 年版。

76. 孙南申、彭岳、周莺:《国际投资法体系下跨国证券投资法律制度》,法律出版社 2016

年版。

77. 覃有土主编:《保险法概论》(第二版),北京大学出版社 2001 年版。

78. 唐波:《中国期货市场法律制度研究——新加坡期货市场相关法律制度借鉴》,北京大学出版社 2010 年版。

79. 唐波主编:《金融法学案例评析》,上海人民出版社 2012 年版。

80. 唐波等:《国际化背景下中国衍生品市场法律问题研究》,法律出版社 2017 年版。

81. 陶广峰主编:《金融法》(第三版),中国人民大学出版社 2020 年版。

82. 汪世虎:《票据法律制度比较研究》,法律出版社 2003 年版。

83. 汪鑫主编:《金融法学》(第四版),中国政法大学出版社 2011 年版。

84. 王秉乾编著:《比较票据法案例选评》,对外经济贸易大学出版社 2013 年版。

85. 王伯庭主编:《现代金融问题法律分析》,吉林人民出版社 2003 年版。

86. 王连洲、王巍主编:《金融信托与资产管理》,经济管理出版社 2013 年版。

87. 王苏生:《证券投资基金管理人的责任》,北京大学出版社 2001 年版。

88. 王文灵、于瑾编著:《衍生工具定价理论》,经济科学出版社 1998 年版。

89. 王文宇主编:《金融法》(修订十版),台湾元照出版有限公司 2019 年版。

90. 王小能编著:《票据法教程》(第二版),北京大学出版社 2001 年版。

91. 王志诚:《票据法》(修订六版),台湾元照出版有限公司 2015 年版。

92. 王志诚:《信托法论》,台湾五南图书出版公司 2018 年版。

93. 吴弘主编:《证券法教程》(第二版),北京大学出版社 2017 年版。

94. 吴弘主编:《金融法律评论》(2019 年卷·总第 10 卷),法律出版社 2020 年版。

95. 吴弘、贾希凌、程胜:《信托法论——中国信托市场发育发展的法律调整》,立信会计出版社 2003 年版。

96. 吴弘、李有星:《金融法》,高等教育出版社 2013 年版。

97. 吴庆宝、江向阳主编:《期货交易民事责任——期货司法解释评述与展开》,中国法制出版社 2003 年版。

98. 吴晓灵主编:《投资基金法的理论与实践——兼论投资基金法的修订与完善》,上海三联书店 2011 年版。

99. 吴晓求等:《中国金融监管改革:现实动因与理论逻辑》,中国金融出版社 2018 年版。

100. 吴志攀:《中央银行法制》,中国金融出版社 2005 年版。

101. 吴志攀:《金融法概论》(第五版),北京大学出版社 2011 年版。

102. 吴志攀、白建军主编:《海外金融法》,法律出版社 2004 年版。

103. 吴志攀、刘燕编著:《金融法》,北京大学出版社 2008 年版。

104. 谢怀栻著,程啸增订:《票据法概论》(增订二版),法律出版社 2017 年版。

105. 邢会强主编：《证券法学》（第二版），中国人民大学出版社 2020 年版。

106. 徐冬根主编：《国际金融法律与实务研究》，上海财经大学出版社 2000 年版。

107. 徐冬根：《高风险金融交易法律规制研究》，上海交通大学出版社 2015 年版。

108. 徐家力、李京生、吴运浩：《期货交易法律理论与实务》，中国政法大学出版社 2000 年版。

109. 徐孟洲主编：《信托法学》，中国金融出版社 2004 年版。

110. 徐孟洲主编：《信托法》，法律出版社 2006 年版。

111. 徐孟洲：《金融法》（第三版），高等教育出版社 2014 年版。

112. 徐卫：《信托受益人利益保障机制研究》，上海交通大学出版社 2011 年版。

113. 许崇苗：《保险法原理及疑难案例解析》，法律出版社 2011 年版。

114. 颜军梅主编：《金融学》，武汉大学出版社 2018 年版。

115. 杨迈军、汤进喜编著：《金融衍生品市场的监管》，中国物价出版社 2001 年版。

116. 杨玉川主编：《金融期货期权市场研究与策划》，经济管理出版社 2000 年版。

117. 叶林主编：《证券法教程》，法律出版社 2010 年版。

118. 叶林：《证券法》（第四版），中国人民大学出版社 2013 年版。

119. 叶林主编：《期货期权市场法律制度研究》，法律出版社 2017 年版。

120. 余辉：《英国信托法：起源、发展及其影响》，清华大学出版社 2007 年版。

121. 岳彩申、盛学军主编：《金融法学》（第三版），中国人民大学出版社 2020 年版。

122. 曾欣、〔加拿大〕陈万华：《期货交易所公司治理改革》，中国金融出版社 2014 年版。

123. 张淳：《信托法原论》，南京大学出版社 1994 年版。

124. 张淳：《信托法哲学初论》，法律出版社 2014 年版。

125. 张蕾：《证券投资基金法律制度》，学苑出版社 2004 年版。

126. 张路、罗旭、郭晓婧编译：《中美英基金法比较与实务》，法律出版社 2007 年版。

127. 张玉智：《中国金融衍生品市场监管体系重构》，中国金融出版社 2009 年版。

128. 赵廉慧：《信托法解释论》，中国法制出版社 2015 年版。

129. 郑振龙、陈蓉、陈森鑫、邓弋威：《外汇衍生品市场：国际经验与借鉴》，科学出版社 2008 年版。

130. 中国审判理论研究会民事审判理论专业委员会编著：《民法典人格权编条文理解与司法适用》，法律出版社 2020 年版。

131. 中国证券投资基金业协会组编：《证券投资基金》（上册），高等教育出版社 2015 年版。

132. 周大中：《现代金融学》（增订），北京大学出版社 2000 年版。

133. 周小明：《财产权的革新——信托法论》，贵州人民出版社 1995 年版。

134. 周小明:《信托制度的比较法研究》,法律出版社 1996 年版。

135. 周英:《金融监管论》,中国金融出版社 2002 年版。

136. 周友苏主编:《证券法新论》,法律出版社 2020 年版。

137. 周玉华:《投资信托基金法律应用》,人民法院出版社 2000 年版。

138. 周玉华主编:《信托法学》,中国政法大学出版社 2001 年版。

139. 周战地主编:《金融学教程》,中国金融出版社 1998 年版。

140. 周仲飞:《银行法研究》,上海财经大学出版社 2010 年版。

141. 周仲飞等:《国际金融中心法制环境研究》,经济科学出版社 2017 年版。

142. 周仲飞、郑晖编著:《银行法原理》,中信出版社 2004 年版。

143. 朱宝宪:《金融市场》,辽宁教育出版社 2001 年版。

144. 朱崇实主编:《金融法教程》(第三版),法律出版社 2011 年版。

145. 朱崇实、刘志云主编:《金融法教程》(第四版),法律出版社 2017 年版。

146. 朱大明译:《日本金融商品交易法》,法律出版社 2015 年版。

147. 朱大旗:《金融法》(第三版),中国人民大学出版社 2015 年版。

148. 朱鹤编著:《银行法理论与实务》,清华大学出版社 2020 年版。

149. 朱锦清:《证券法学》(第四版),北京大学出版社 2019 年版。

150. 朱少平主编:《〈证券投资基金法〉解读》,中国金融出版社 2004 年版。

151. 朱伟一:《证券法》,中国政法大学出版社 2018 年版。

152. 朱小川:《营业信托法律制度比较研究》,法律出版社 2007 年版。

153. 最高人民法院民法典贯彻实施工作领导小组主编:《中华人民共和国民法典合同编理解与适用(一)》,人民法院出版社 2020 年版。

154. 最高人民法院民法典贯彻实施工作领导小组主编:《中华人民共和国民法典合同编理解与适用(二)》,人民法院出版社 2020 年版。

155. 最高人民法院民法典贯彻实施工作领导小组主编:《中华人民共和国民法典侵权责任编理解与适用》,人民法院出版社 2020 年版。